알기쉬운 **학교폭력의
이해와 대책**

알기쉬운

학교폭력의 이해와 대책

김동현, 서 미 **지음**

Σ 시그마프레스

알기쉬운 학교폭력의 이해와 대책

발행일 2014년 9월 10일 1쇄 발행

지은이 김동현, 서미
발행인 강학경
발행처 (주)시그마프레스
디자인 이상화
편집 김은실

등록번호 제10−2642호
주소 서울특별시 영등포구 양평로 22길 21 선유도코오롱디지털타워 A401∼403호
전자우편 sigma@spress.co.kr
홈페이지 http://www.sigmapress.co.kr
전화 (02)323−4845, (02)2062−5184∼8
팩스 (02)323−4197

ISBN 978−89−6866−201−0

이 도서의 국립중앙도서관 출판시도서목록(CIP)은 서지정보유통지원시스템 홈페이지
(http://seoji.nl.go.kr)와 국가자료공동목록시스템(http://www.nl.go.kr/kolisnet)에서 이용
하실 수 있습니다.(CIP제어번호 : CIP2014025399)

차례

현대사회는 개인과 조직 모두에게 변화와 혁신을 요구한다. 변화와 혁신을 요구하는 흐름은 학교 현장이라고 예외일 수 없다. 최근 초·중등학교에서 강조하고 있는 중요한 교육과제를 꼽는다면 안전한 학교와 행복한 학교를 건설하는 것이다. 그리고 그 핵심은 학교폭력 없는 안전하고 건강한 학교 문화를 만드는 데 있다.

본문에서 자세히 설명하겠지만 학교폭력은 문제가 있는 일부 학생의 단순한 일탈행위가 아니다. 가해를 일으키는 학생, 피해를 받는 학생, 학교폭력을 목격하는 학생 등이 학급이라는 집단적인 맥락 속에서 상호작용하는 가운데 벌어지는 복잡한 폭력행동이다. 또한 학교폭력은 다양한 요인들에 의해 발생하는 만큼 그 해결책 또한 쉽지 않다.

다행히도 학교폭력에 대한 사회적 관심과 학문적 연구가 급증하여 다양한 서적들과 이론들이 제시되고 있다. 이 책은 이러한 연구적 성과를 바탕으로 현재 학교현장에서 발생하고 있는 학교폭력 현상을 이해하고 이에 효과적인 대처방안을 제시하는 것을 목적으로 저술되었다. 1장에서 자세히 기술하겠지만 이 책은 대학 또는 대학원 수업에서 '학교폭력 예방 및 대책' 과목의 교재로 우선적으로 집필되었으며 앞으로 현장에서 학교폭력 업무를 담당하게 될 예비교사 또는 현직 교사를 위해 쓰였다. 또한 이론적 설명과 더불어 이를 뒷받침할 객관적인 자료를 충실히 제공하고자 노력하였다.

또한 저자는 가정에서 충분한 사랑과 양육을 경험하지 못한 나머지 공격적인 가해 학생이 교실 또는 학교에 존재하는 것은 사실이지만 학교폭력 전문가들과 교사들이 노력한다면 가해 학생들로부터 피해 학생들을 보호할 수 있다는 믿음을 가지고 이 책을 저술하였다. 우리 사회의 모든 학생들이 안전하고 건강한 학교에서 자신들의 꿈과 미래를 준비할 수 있는 데 미약하나마 기여할 수 있기를 소망한다.

이 책이 나오기까지 많은 분들의 도움이 있었다. 언제나 제자의 편에 서서 이 책이 나오기까지 관심과 사랑을 아끼지 않으셨던 이규미 교수님, 바쁜 와중에도 8장에서 11장까지 공동 집필로 함께 수고해 주신 서미 교수님, 안전하고 행복한 학교를 조성하는 가장 좋은 모범을 보이셨던 장승택 교장 선생님, 학교폭력 업무처리의 정석을 알려주신 최양석 교감 선생님께 감사드린다. 특히 학교폭력 장면 사진을 제공해 주신 용인흥덕고등학교 2학년 5반 학생들과 담임교사 이현주 선생님에게 감사드린다. 또한 이 책의 저술을 흔쾌히 수락해 주신 (주)시그마프레스 강학경 사장님과 김경임 부장님, 교정을 맡아 준 김은실 과장님께 감사드린다.

끝으로 항상 옆에서 응원과 기도를 아끼지 않았던 부모님과 목장 식구들 그리고 언제나 나의 편이 되어 주었던 아내와 두 자녀 현진, 세현에게 깊은 감사를 전한다.

2014년 8월
역자 대표 김동현

제1장

학교폭력의 소개

다른 민족들과 구별되는 한국인들의 특성 중 하나는 바로 특정한 사회적 이슈에 대해 온 국민이 몰입하며 또한 그것에 대해 상상을 초월한 힘과 에너지를 쏟아 붓는 사회적 열정과 응집력이 있다는 것이다. 어느덧 10년이라는 세월이 훌쩍 지난 이야기이지만, 2002년 당시 월드컵 응원문화를 통해 나타났던 우리 민족의 열정과 응집력은 CNN와 BBC를 비롯한 세계 주요 뉴스매체들이 앞을 다투어 보도할 만큼 놀라운 것이었다. 우리 사회가 가지고 있는 이러한 특성은 본 장에서 소개하려고 하는 학교폭력 분야에도 고스란히 드러나고 있다.

학교폭력에 대한 심각성과 이를 경고하는 목소리는 우리 사회에서 오래전부터 있어 왔다. 1990년 대 이후 집단따돌림을 대표하는 '왕따' 또는 '은따' 등의 새로운 단어들이 언론을 통해 등장하였고 이에 정부에서도 학교폭력에 대한 조치들을 마련하기 시작했다. 하지만 우리 사회가 학교폭력의 심각성을 절감하고 이에 대한 해결방안을 전 사회적으로 고민한 것은 불과 수년 전의 일이라 할 수 있다. 구체적으로 말하면 2011년 12월경 대전과 대구에서 학교폭력에 견디다 못한 학생들이 연달아 자살하는 사건이 발생하면서부터이다.

당시 상황을 잠시 되짚어 보면, 동료 학생을 죽음으로 내몰았던 가해 학생들의 치밀하고 잔인한 폭력행동과 자신들이 얼마나 큰 잘못을 했는지조차 깨닫지 못하는 무책임하고 비도덕적인 태도, 이에 비해 학교폭력에 대한 너무나 미숙한 학교의 대응방법 그리고 자식을 처참하게 잃어버린 피해 가정의 혹독한 슬픔이 이 사건들로 인해 우리 사회에 구체적으로 알려지게 되었다. 이후 마치 2002년 월드컵 때의 사회적 관심과 열정이 학교폭력에 대해 쏟아졌고, 그 결과 이전과는 다른 획기적인 방안과 대책들이 마련되기 시작했다. 2012년 초 역사상 최초로 학교폭력의 정확한 실태를 파악하기 위한 설문조사가 전국의 모든 초등학교 4학년부터 고등학교 3학년 학생을 대상으로 우편을 통해 실시되었다. 곧 이어 학교폭력 예방 및 근절을 위한 국가 수준의 대책이 국무총리를 통해 발표되었다. 국가 수준의 학교폭력 대책에 의해 학교폭력 실태조사(6개월마다), 복수 담임제, 학교폭력 자치위원회 신설 및 운영, 체육교육의 강화, 학교폭력 예방 교육의 의무화, 상담인력 확충, 117(학교폭력

긴급번호) 신고체계, 교원양성 기관에서의 학교 폭력 예방 및 대책 과목 신설 등 다양한 정책들이 마련되고 일선 학교에서 실시되었다.

우리 사회가 거쳐 가고 있는 일련의 과정들은 1980년대 노르웨이의 상황과 매우 흡사하다. 노르웨이에서는 1982년 말 또래들의 집단 괴롭힘에 못 이겨 세 명의 학생들이 자살하는 사건이 발생했다. 물론 대중매체의 역할이 큰 비중을 차지하였지만, 이 사건들로 인해 노르웨이 전반에 학교폭력에 대한 관심이 집중되었으며, 이듬해인 1983년부터 국가차원에서 학교폭력 방지 캠페인과 프로그램들이 운영되기 시작했다. 그 결과 노르웨이는 효과적인 학교폭력 예방 대책과 프로그램을 마련할 수 있었으며, 특히 Olweus가 중심이 되어 계발한 OBPP(Olweus Bullying Prevention Program)는 노르웨이뿐 아니라 전 세계적으로 현재까지 유용하게 사용되고 있다.

노르웨이를 비롯한 핀란드, 영국, 프랑스의 유럽 지역, 미국과 캐나다를 비롯한 북미 지역, 그리고 일본과 홍콩을 중심으로 한 아시아 지역에서 학교폭력에 대한 연구가 활발히 진행된 것에 비해 우리나라의 학교폭력에 대한 연구는 이제 시작 단계라 할 수 있다. 하지만 그 집중력과 폭발력은 가히 세계 최상위라 할 수 있겠다. 이를 뒷받침하듯이 최근 학교폭력에 관련된 다양한 서적과 출판물 등이 발행되고 있다. 이러한 학교폭력에 대한 관심과 노력들이 계속해서 이어진다면 머지않아 우리는 한국 실정에 가장 적합한 학교폭력 예방책을 마련할 것으로 기대한다. 또한 결과적으로 우리와 유사한 사회 · 정서를 가지고 있는 아시아권 국가들에게 학교폭력에 대한 좋은 예방 및 대책을 제시할 수 있을 것이다. 같은 맥락에서 이 책은 우리 학교 현장에 꼭 필요한 학교폭력에 대한 이해와 효과적인 예방 대책을 마련하는 데 작은 힘을 보태려는 마음에서 시작되었다.

학교폭력 관련 이론 및 대책에 대해 구체적으로 설명하기에 앞서 독자들의 이해를 돕기 위해 다음 몇 가지 사항을 설명하고자 한다.

- 이 책은 '학교폭력의 예방 및 대책' 강의 교재로 쓰였다. '학교폭력의 예방 및 대책' 강의를 담당하고 있던 차에 강의 내용으로 어떤 것들이 담겨져야 가장 효과적인 강의가 될 것인가를 고민한 끝에 이 책의 내용들을 정리하게 되었다.
- 이 책은 학교폭력 업무를 담당하는 교사와 이와 관련된 사안으로 도움이 필요한 교사

및 예비교사들을 위해 쓰였다. 학교폭력이 발생하면 가장 먼저 필요한 조치를 수행하는 전문가들이 교사이고, 학교폭력 예방책을 궁극적으로 실행하는 전문가 역시 교사이다. 학교폭력을 예방하고 근절하는 데 가장 중요한 교사의 역할에 반해 아직까지 일선 교사들이 쉽게 접근할 수 있는 전문 서적은 소수에 불과한 실정이다. 따라서 앞으로 설명하게 될 각 장의 내용들은 학교, 학급 등 현장에서 필요한 것들을 중심으로 정리되었다.

- 이론적 설명과 더불어 각종 통계자료 및 연구 결과 등 객관적인 데이터들을 제시하고자 하였다. 학교폭력과 관계된 이론들을 설명함에 있어 가능하면 설명을 뒷받침할 수 있는 통계자료 또는 연구 결과를 제시하였다.

- 마지막으로 학교폭력의 피해 아동은 학교 또는 학급에서 예방될 수 있다는 믿음에서 이 책은 시작되었다. 학교폭력 예방을 위해 애쓰고 있는 전문가들과 교사들이 함께 노력한다면 학교에서 폭력으로 상처받고 두려움에 떠는 학생들이 사라지고 이제는 자신들의 미래와 꿈을 위해 안전하게 달려갈 수 있는 학교를 만들어 줄 수 있다는 믿음을 저자들은 지지한다.

1. 학교폭력의 정의

학교폭력에 대한 연구가 활발하게 진행됨에 따라 학자들마다 학교폭력의 대한 다양한 정의를 내리고 있다. 이 절에서는 먼저 학교폭력의 한 유형으로 사회적으로 가장 많이 알려진 집단 괴롭힘에 대한 정의를 살펴보고자 한다. 그리고 교사들이 꼭 인지해야 할 법률적인 내용을 중심으로 학교폭력에 대한 정의를 살펴볼 것이다.

1) 집단 괴롭힘

집단 괴롭힘(bullying)은 괴롭힘, 따돌림, 또는 집단 따돌림 등으로 불린다. 사실 학교폭력이 사회적으로 주목을 받기 시작한 것은 또래들로부터 조직적인 집단 괴롭힘을 견디다 못한 학생들이 자살하는 비극적인 사건들이 알려졌기 때문이다. 안타깝게도 자살이라는 최악의 선택으로 생을 마감한 학생들은 친구들과의 사소한 갈등에서 발생한 한두 번의 단순한 폭력 때문에 이같은 극단적인 선택을 한 것이 아니다. 이들 거의 대부분은 한 명 이상의 또래들에게 치밀하고도 무자비한, 그리고 수없이 반복되는 폭력의 의해 희생되었다. 말하자면 고의적이고 집단적이며, 반복적인 폭력에 노출된 것이다. 학교폭력 연구의 선구자인 Olweus는 오래전부터 이 집단 괴롭힘 행동에 관심을 가지고 많은 연구를 진행하였는데 그는 집단 괴롭힘을 다음과 같이 정의한 바 있다.

> 집단 괴롭힘이란 한 명의 학생 또는 그 이상의 학생들로부터 반복적이며 지속적인 부정적 행동에 노출된 것을 의미한다. 여기서 부정적 행동이란 공격적인 행동을 말하는 것으로 상대방에게 상해를 입히거나 불편을 초래하는 것을 의미한다. 부정적인 행동에는 협박, 위협, 놀림, 별명 부르기 등의 언어적 폭력과 때리기, 밀기, 차기, 감금하기 등의 신체적 폭력과 그리고 언어적 폭력과 신체적 폭력에 속하지 않지만 상대방을 자극할 목적으로 하는 인상 찌푸리기, 혐오감을 일으키는 몸짓하기, 따돌리기, 무시하기 등의 행동을 포함한다(Olweus, 1993, p. 9).

Olweus의 정의에 따르면 한두 차례로 끝나는 일시적인 학생들 간의 말다툼이나 싸움은 집단 괴롭힘의 범주에 포함되지 않는다. 예를 들어 수차례 친구들의 폭력에 시달려온 학생이 어느날 갑자기 수업 중에 가해 학생에게 보복 행동을 한 경우 이는 집단 괴롭힘에 해당되지 않는다. 또한 힘과 덩치가 비슷한 학생끼리 여러 번 신체적 폭력을 휘둘렀다고 해서 이 역시 집단 괴롭힘에 해당되지 않는다. 학교에서 발생하는 폭력 사안이 집단 괴롭힘으로 인정받기 위해서는 적어도 세 가지 요건이 충족되어야 한다. 집단 괴롭힘 행동에서 발견되는 세 가지 특징은 힘의 불균형, 반복성, 의도성이다.

(1) 힘의 불균형

집단 괴롭힘으로 인한 폭력에는 이를 행사한 가해 학생과 폭력을 당한 피해 학생 사이에 힘이 불균형이 존재한다. 한 명이든 여러 명이든 가해 학생은 피해 학생에 비해 우월한 위치를 차지한다. 우월한 위치는 덩치와 같은 신체적 능력, 지적 능력, 우수한 성적, 연령, 경제적 지위, 또래 지위 등을 예로 들 수 있다. 가해 학생과 피해 학생 간의 힘의 불균형이 존재하기 때문에 일반적으로 피해 학생들은 가해 학생들이 휘두르는 폭력에 대해 쉽게 저항하거나 적절히 대응하지 못하게 된다.

(2) 반복성

집단 괴롭힘은 주기적으로 반복해서 벌어지는 폭력을 의미한다. 집단 괴롭힘에 노출된 학생들은 격주 단위로 또는 일주일 단위로 심하면 매일매일 폭력에 시달리기도 한다. 끊임없이 반복되는 집단 괴롭힘의 이러한 특성 때문에 피해 학생들은 마침내 어떠한 저항할 수 없는 무기력한 상태에 빠지게 된다.

(3) 의도성

집단 괴롭힘은 뚜렷한 의도를 가진 폭력을 의미한다. 상대방에게 해를 끼치거나 불편을 초래하기 위한 고의적인 행동을 말한다. 그런 의미에서 일시적으로 우발적으로 일어난 폭력은 집단 괴롭힘에 해당되지 않는다.

위에서 본 것처럼 집단 괴롭힘은 힘이 우세한 가해 학생 한 명이 또는 여럿이 힘이 약한 피해 학생에게 해를 끼치려는 의도를 가지고 반복적으로 하는 공격적 행동이다. 생활 속에서 겪게 되는 어려움을 견딜 만한 건강한 자아가 아직 형성되지 못한 학생들이 만약 집단 괴롭힘에 노출된다면 이들은 신체적으로 또한 심리적으로 엄청난 타격을 받게 된다. 스스로 반항하거나 저항할 만한 힘이 없는 상태에서 고의적인 폭력이 수없이 반복된다고 가정해 보자. 하루하루를 버티기도 힘든데 이러한 지옥 같은 날들이 끊임없이 계속된다면 과연 어떤 선택을 할 수 있을까? 집단 괴롭힘은 겪어보지 않는 사람은 상상할 수 없을 만큼 잔인하며 그 피해 정도가 극심한 폭력이다. 이런 이유로 인해 학교폭력 관련 종사자와 연구가들은 무엇보다도 집단 괴롭힘에 주목하고 있다.

2) 학교폭력

우리나라에서는 학교폭력(school violence)을 예방할 목적으로 2004년 '학교폭력 예방 및 대책에 관한 법률'을 처음으로 제정하였다. 이후 여러 차례의 개정 과정을 거쳐 현재에 이르고 있다. 이 법률은 학교폭력의 정의를 비롯하여 학교폭력 예방교육, 전담기구의 설치 및 운영, 학교폭력 자치위원회의 설치 및 운영, 피해 학생과 가해 학생의 조치 등 학교폭력 사안 사전조치 및 사후조치에 관한 전반적인 내용을 다루고 있는 중요한 법률이다. 보다 자세한 내용은 제8장에서 살펴보기로 하고 여기서는 학교폭력의 정의 및 용어의 의미에 대해서 알아보고자 한다. '학교폭력 예방 및 대책에 관한 법률'에서는 학교폭력을 다음과 같이 정의하고 있다.

> 학교폭력이란 학교 내외에서 학생을 대상으로 발생한 상해, 폭행, 감금, 협박, 약취 · 유인, 명예훼손 · 모욕, 공갈, 강요 · 강제적 심부름 및 성폭력, 따돌림, 사이버 따돌림, 정보통신망을 이용한 음란 · 폭력 정보 등에 의하여 신체 · 정신 또는 재산상의 피해를 수반하는 행위를 말한다(학교폭력 예방 및 대책에 관한 법률 제2조 1항).

이 조항이 규정하는 학교폭력의 의미를 정확히 알아보기 위해서는 먼저 법률적 용어에 대한 이해가 필요하다. 〈표 1.1〉은 중요한 용어들의 의미를 간추려 정리한 것이다.

'학교폭력 예방 및 대책에 관한 법률'에서는 따돌림과 사이버 따돌림에 대한 구체적인 의미를 밝힌 반면 상해를 비롯하여 폭행, 감금, 협박, 약취 · 유인, 명예훼손 · 모욕, 공갈, 강요 · 강제적 심부름 및 성폭력 등은 뚜렷한 의미를 밝히지 않고 있다. 이러한 이유는 상해를 비롯한 다른 용어들이 형법상 용어와 동일하기 때문이다. 보다 자세한 의미를 파악하고자 한다면 형법[1] 또는 법률구조공단에서 서비스를 제공하고 있는 법률용어사전용어[2]을 참조하기 바란다.

몇 가지 중요한 점을 살펴보면 상해의 경우 심리 · 정서적 증상을 포함한다는 사실을 기억해야 한다. 간접적으로 물건을 던지거나 부수는 것도 폭력에 해당하는 사실도 기억해 둘만하다. 협박과 공갈의 차이도 이해해 두면 좋겠다. 공갈이 좀 더 죄질이 무거운 것을 알수 있다. 감금에 비해 약취와 유인은 생소한 용어일 것이다. 쉽게 말하면 자신 또는 누군가의 하수인으로 만드는 것이 약취와 유인에 해당한다. 따돌림은 앞서 설명한 집단 괴롭힘과

---

1 http://www. law.go.kr/lsSc.do?menuId=0&subMenu=1&query=%ED%98%95%EB%B2%95#liBgcolor4
2 http://www.klac.or.kr/html/view.do?code=71

표 1.1 법률적 용어 정리

용어	의미
상해	상대방 신체에 상처를 내거나 정신적 기능을 훼손하여 육체적으로 또는 정신적으로 병적 상태를 증가시킨 행위를 의미한다. 타박, 골절과 같은 신체적 외상뿐 아니라 수면장애, 섭식장애 등 정신적 장애를 일으킨 경우도 상해에 포함된다.
폭행	상대방에 대한 직접 또는 간접의 난폭한 힘을 행사하는 것을 말한다. 물건에 대해 난폭한 힘을 사용할지라도 간접적으로 사람을 대상으로 한 행동이면 폭행에 해당한다.
협박	상대방에게 공포심을 일으킬 목적으로 생명, 신체, 자유, 명예, 재산, 정조, 신용 등에 대해 손해를 끼치겠다고 알리는 행위를 의미한다. 손해에 대한 구술 통지, 문서 통지, 타인을 통한 통지, 암묵적 통지 등은 고지 방법에 관계없이 모두 협박에 해당한다.
감금	상대방을 일정한 장소 밖으로 나가지 못하게 하여 신체적 활동의 자유를 장소적으로 제한하는 것을 의미한다.
약취와 유인	폭행이나 협박을 통해서 상대방을 자신 또는 제3자의 실력적 지배 아래에 두게 만드는 행위를 의미한다. 감금이 한정된 장소에서 상대방을 구속하거나 탈출하지 못하게 하는 것을 본질로 하는 데 반해, 약취와 유인은 장소적 제한 없이 실력적 지배를 설정하는 데 본질이 있다.
공갈	재물을 빼앗거나 재산상의 이익을 얻기 위해 상대방을 폭행 또는 협박하여 공포심을 일으키는 행위를 의미한다.
따돌림	학교 내외에서 두 명 이상의 학생들이 특정인이나 특정 집단의 학생들을 대상으로 지속적이거나 반복적으로 신체적 또는 심리적 공격을 가하여 상대방이 고통을 느끼도록 하는 일체의 행위를 의미한다(학교폭력 예방 및 대책에 관한 법률 제2조 1-2항).
사이버 따돌림	인터넷, 휴대전화 등 정보통신기기를 이용하여 학생들이 특정 학생들을 대상으로 지속적·반복적으로 심리적 공격을 가하거나, 특정 학생과 관련된 개인정보 또는 허위사실을 유포하여 상대방이 고통을 느끼도록 하는 일체의 행위를 의미한다(학교폭력 예방 및 대책에 관한 법률 제2조 1-3항).

동일한 의미를 지니는 것으로 볼 수 있다.

다소 내용의 복잡함에도 불구하고 법률 용어들을 자세히 제시한 이유는 학교 현장에서 폭력 사안이 발생할 경우 관련 법률 용어를 정확히 인지하고 있는 것이 도움이 되기 때문이다. 말하자면 각각의 폭력 사안이 학교폭력에 해당하는지 혹은 아닌지를 명확히 구분할 수 있고 또한 사안 처리 시 확실한 법률적 근거를 피해 및 가해 당사자들에게 제공할 수 있기 때문이다. 이제 좀 더 현행 법률이 규정하고 있는 학교폭력의 정의에 대한 몇 가지 중요한 쟁점들을 살펴보자.

특정인에 대한 허위 글이나 개인의 사생활에 관한 사실을 인터넷, SNS, 카카오톡 등을 통해 불특정 다수에 공개하는 사이버 폭력, 사이버 따돌림이 급속히 증가하는 추세이다.

학교 이외의 장소에서 발생한 사안도 학교폭력이 될 수 있다

법률은 학교 안뿐 아니라 학교 밖에서 발생한 사안도 학교폭력으로 규정하고 있다. 따라서 학교 부근의 학원, 문구점, 편의점 등에서 발생한 사안은 학교폭력에 해당한다고 볼 수 있다. 또한 비록 학교 내는 아니지만 교육이 실질적으로 이루어지고 있는 수학여행지, 체험학습지 및 야외활동지에서 발생한 사안 역시 학교폭력에 해당한다.

학교폭력의 피해 대상은 학교에 재학 중이거나 휴학 중인 학생이다

법률에서는 학교를 초등학교, 중학교, 고등학교, 특수학교 및 각종 학교와 '초·중등교육법' 61조에 따라 운영하는 학교로 규정하고 있다(학교폭력 예방 및 대책에 관한 법률 제2조 2항). 따라서 대학생과 일반인은 학교폭력의 피해 대상이 되지 않는다. 즉 학생이 대학생, 일반인 및 교사를 폭행한 경우 해당 학생에게 본 법을 적용할 수 없다. 이 경우는 가해 학생에게는 형법 또는 소년법이 적용된다. 반면 학생이 대학생, 일반인 및 교사에게 폭행

표 1.2 학교폭력의 유형별 예시(교육과학기술부, 2012)

유형	학폭법 정의	예시 상황
신체 폭력	• 상해 • 폭행 • 감금 • 약취 · 유인	• 일정한 장소에서 쉽게 나오지 못하도록 하는 행위(감금) • 신체를 손, 발로 때리는 등 고통을 가하는 행위(상해, 폭행) • 강제(폭행, 협박)로 일정한 장소로 데리고 가는 행위(약취) • 상대방을 속이거나 유혹해서 일정한 장소로 데리고 가는 행위(유인) ▶ 장난을 빙자해서 꼬집기, 때리기, 힘껏 밀치는 행동 등도 상대 학생이 폭력행위로 인식한다면 이는 학교폭력에 해당
언어 폭력	• 명예훼손 • 모욕 • 협박	• 여러 사람 앞에서 상대방의 명예를 훼손하는 구체적인 말(성격, 능력, 배경 등)을 하거나 그런 내용의 글을 인터넷, SNS 등으로 퍼뜨리는 행위(명예훼손) ▶ 내용이 진실이라고 하더라도 범죄이고, 허위인 경우에는 형법상 가중 처벌 • 여러 사람 앞에서 모욕적인 용어(생김새에 대한 놀림, 병신, 바보 등 상대방을 비하하는 내용)를 지속적으로 말하거나 그런 내용의 글을 인터넷, SNS 등으로 퍼뜨리는 행위(모욕) • 신체 등에 해를 끼칠 듯한 언행(죽을래 등)과 문자메시지 등으로 겁을 주는 행위(협박)
금품 갈취	• 공갈	• 돌려 줄 생각이 없으면서 돈을 요구하는 행위 • 옷, 문구류 등을 빌린다며 되돌려주지 않는 행위 • 일부러 물품을 망가뜨리는 행위 • 돈을 걷어오라고 하는 행위 등
강요	• 강제적 심부름 • 강요	• 속칭 빵 셔틀, 와이파이 셔틀, 과제 대행, 게임 대행, 심부름 강요 등 의사에 반하는 행동을 강요하는 행위(강제적 심부름) • 폭행 또는 협박으로 상대방의 권리행사를 방해하거나 해야 할 의무가 없는 일을 하게 하는 행위(강요) ▶ 속칭 바바리맨을 하도록 강요하는 경우, 스스로 자해하거나 신체에 고통을 주는 경우 등이 강요죄에 해당
따돌림	• 따돌림	• 집단적으로 상대방을 의도적이고 반복적으로 피하는 행위 • 싫어하는 말로 바보취급 등 놀리기, 빈정거림, 면박주기, 겁주는 행동, 골탕 먹이기, 비웃기 • 다른 학생들과 어울리지 못하도록 막기 등
성폭력	• 성폭력	• 폭행 · 협박을 하여 성행위를 강제하거나 유사 성행위, 성기에 이물질을 삽입하는 등의 행위 • 상대방에게 폭행과 협박을 하면서 성적 모멸감을 느끼도록 신체적 접촉을 하는 행위 • 성적인 말과 행동을 함으로써 상대방이 성적 굴욕감, 수치감을 느끼도록 하는 행위 등
사이버 폭력	• 사이버 따돌림 • 정보통신망을 이용한 음란 · 폭력 정보 등에 의해 신체 · 정신 또는 재산상 피해를 수반하는 행위	• 특정인에 대해 모욕적 언사나 욕설 등을 인터넷 게시판, 채팅, 카페 등에 올리는 행위 • 특정인에 대한 허위 글이나 개인의 사생활에 관한 사실을 인터넷, SNS, 카카오톡 등을 통해 불특정 다수에 공개하는 행위 • 성적 수치심을 주거나, 위협하는 내용, 조롱하는 글, 그림, 동영상 등을 정보통신망을 통해 유포하는 행위 • 공포심이나 불안감을 유발하는 문자, 음향, 영상 등을 휴대폰 등 정보통신망을 통해 반복적으로 보내는 행위

을 당한 경우에는 학교폭력 예방 및 대책에 관한 법률에 따라 보호를 받을 수 있다.

신체적 폭력뿐 아니라 협박, 비난, 욕설, 놀림, 따돌림 등 언어적 및 관계적 폭력의 심각성을 강조
하고 있으며 또한 학교폭력으로 인한 정신적 피해에 주목한다

학교폭력 하면 때리기, 발로 차기, 밀치기 등과 같은 신체적 폭력을 떠올리기 쉽지만 현행
법률은 협박, 모욕, 비난 등의 언어적 폭력과 무시, 거부, 비웃기 등의 관계적 폭력을 학교
폭력의 중요한 범주로 명시하고 있다. 또한 정신적 피해 역시 신체적 피해와 동일하게 학
교폭력의 피해 범주에 포함시켜 피해 학생의 정신적 피해(예를 들면 불안, 우울, 대인기피
증, 수면장애 등)를 보상받을 수 있게 하고 있다.

3) 집단 괴롭힘과 학교폭력

집단 괴롭힘은 힘의 불균형, 반복성 및 의도성이 담긴 폭력이다. 이에 반해 학교폭력은 상
해, 폭행, 감금, 협박, 약취 · 유인, 명예훼손 · 모욕, 공갈, 강요 · 강제적 심부름 및 성폭력,
따돌림, 사이버 따돌림, 정보통신망을 이용한 폭력을 모두 포함한다. 또한 〈표 1.2〉를 보면
학교폭력 예방 및 대책에 관한 법률에서는 집단 괴롭힘을 따돌림과 동의어로 쓰고 있음을
알 수 있다. 이렇게 볼 때 학교폭력이 집단 괴롭힘을 포함하는 보다 넓은 범위의 개념이며
집단 괴롭힘은 학교폭력 유형 중 하나인 것을 알 수 있다.

집단 괴롭힘의 정의에서 알 수 있듯이 학생들 사이에서 발생한 폭력 사안이 집단 괴롭힘
으로 인정받기 위해서는 집단 괴롭힘으로 인정할 만한 특징들이 나타났는가를 확인해야
한다. 그러므로 모든 폭력 사안이 집단 괴롭힘이 아닌 것은 자명한 일이다. 반대로 학교폭
력이 정의에서 살펴보았듯이 학생들 간의 사소한 다툼이나 갈등도 학교폭력에 해당할 수
있다. 우리 법률은 학교폭력을 상당히 광범위하게 규정하고 있기 때문이다. 예를 들면 어
떤 학생이 복도에서 길을 막고 있기에 그 학생을 밀어버린 행위, 쉬는 시간에 친구를 잠시
동안 째려 본 행위, 카카오톡에서 장난으로 욕을 한 경우 등도 사안에 따라 얼마든지(특히
피해 당사자가 정신적 피해를 주장하는 경우) 학교폭력에 해당될 수 있다. 이렇게 따지자
면 학급에서 일어난 대부분의 사건이 학교폭력인데 그것을 어떻게 모두 처리할 수 있는가
라고 항변할 수 있다. 저자도 이 의견에 동의한다. 학교폭력 관련 법률이 학교 현장의 목소

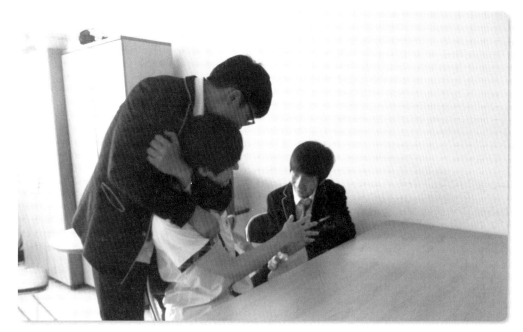

학생들 간의 사소한 다툼이나 갈등, 과격한 장난도 학교폭력에 해당될 수 있다.

리를 반영하지 못한 채 사소한 행동마저 학교폭력으로 규정할 수 있는 여지를 제공하고 있는 것이 사실이다. 하지만 이러한 논의를 진행할 때 꼭 되짚어 보아야 할 점이 있다.

학교 또는 학급 문화가 상당히 폭력적이다

욕을 포함한 거친 말투, 친구들을 무시하거나 놀리는 말투 등 언어 폭력이 학교현장에 난무하다. 장난이라지만 주먹, 발, 또는 몸을 이용해서 치고받는 과격한 행동들이 자연스럽게 수용된다. 학교폭력 관계법이라는 잣대를 내밀지 않더라도 조금만 상식적으로 생각해 보면 상대방에게 신체적 · 정신적으로 상처를 주는 행동들이 학교현장에 상당히 존재한다.

학생과 교사들이 폭력에 대하여 관대하다

다음은 과격한 장난을 하는 초등학교 4학년 학생들을 지도할 때 상황이다. 교사는 적당한 거리를 두고 두 학생을 떨어뜨려놓고 위험한 장난이나 행동이 다른 큰 사고로 이어질 수 있다는 것을 지도하였다. 그때 주위에서 이를 목격한 동학년 학생이 이렇게 말하였다. "선생님, 아이들은 다 싸우면서 크는 거예요." 또한 다음은 교사들의 대화 속에서 이따금씩 들을 수 있는 말이다. "선생님, 내버려두세요! 그냥 내버려두면 자기네들이 다 알아서 해결 해요."

학교폭력에 대한 관심이 증가하면서 학급 또는 학교 내에서 발생하는 사소한 갈등과 폭력에 대하여 신속하고 민감하게 대처하는 교사와 학교가 증가하는 것은 사실이지만 아직까지도 학생들과 교사들 사이에서는 폭력을 성장기 동안 거쳐야 하는 과정쯤으로 인식하는 면이 있다.

마지막으로 이 장을 마무리하면서 앞으로 다루게 될 장에서는 때때로 집단 괴롭힘과 학교폭력이 동일한 의미를 가질 수 있음을 미리 알려둔다. 외국문헌들은 주로 집단 괴롭힘을 중심으로 기술되었기 때문이다. 또한 두 용어를 굳이 구분해서 사용할 필요가 없을 때에 한해서 사용할 것임을 알려둔다.

제2장

국내외 학교**폭력** 실태 분석

학교폭력과 관련된 이론과 대책들을 알아보기 전에 꼭 필요한 과정이 있다면 학교폭력에 대한 개념의 정의와 학교폭력 실태를 분석하는 것이다. 학교폭력의 정의 및 중요한 쟁점들은 앞 장에서 살펴보았고 이 장에서는 학교폭력의 실태를 파악하는 것에 중점을 두고자 한다. 학교폭력 실태를 정확하게 이해하는 것은 얼마나 많은 학생들이 학교폭력으로 피해를 입고 있는지, 가해 학생은 어느 정도나 되는지, 가장 빈번하게 발생하는 학교폭력의 유형은 무엇인지, 학교폭력이 가장 심한 연령과 시기는 언제인지 등에 대한 유용한 정보와 더불어 이를 방지하고 예방할 수 있는 효과적인 대책을 위한 소중한 단서와 실마리를 제공한다.

이 장에서는 국내뿐 아니라 외국의 학교폭력 실태도 함께 소개할 것이다. 여러 나라의 실태와 함께 비교해 봄으로써 우리나라의 학교폭력 실태와 특징을 보다 자세히 파악할 수 있을 것이다. 마지막으로 세계보건기구(WHO)의 자료를 중심으로 전 세계적인 학교폭력 실태를 살펴보겠다.

1. 외국의 학교폭력 실태

노르웨이와 영국을 중심으로 한 유럽은 1980년대 이후부터 학교폭력에 대해 관심을 갖고 실태조사를 실시해 오고 있다. 캐나다와 미국을 중심으로 하는 북미 지역은 1990년대 이후부터 실태조사가 활발하게 시작되었다. 본 장에서는 학교폭력 연구가 가장 활발하게 진행되었던 노르웨이를 비롯하여 영국, 캐나다, 미국의 실태를 중심으로 살펴보고자 한다. 국가별 학교폭력 실태자료는 전국 단위의 표본을 가진 조사 결과 및 세계보건기구와 같은 국제기구가 발표한 자료를 중심으로 살펴볼 것이다. 실태조사 결과가 의미하는 바를 좀 더 명확히 하기 위해 각 조사마다 핵심 결과를 정리하였다.

1) 노르웨이

노르웨이는 Owelus를 중심으로 학교폭력에 대한 체계적인 연구를 가장 먼저 시작한 나라이다. 또한 학교폭력 연구를 국가 차원에서 전폭적으로 지지한 결과 가장 먼저 전국 규모의 학교폭력 실태조사를 실시하고 결과에 따른 대책을 마련한 국가이기도 하다. 아직까지도 노르웨이에서 개발한 학교폭력 예방 대책이 전 세계적으로 사용되고 있는 실정이다.

노르웨이의 학교폭력 실태를 알아보기 위해 두 개의 자료를 살펴보고자 한다. 하나는 1980년대에 실시한 국가적 실태조사이며 다른 하나는 최근 세계보건기구가 발표한 학생 건강 행동 조사(Health Behavior in School-aged Children Survey, 2012)이다.

(1) 국가적 실태조사

- 조사 대상 : 568,000명, 학생 전수 조사(초등학생부터 고등학생, 1983년 조사)
- 조사 방법 : 설문조사
- 조사 결과
  - 피해율 9%(52,00명)
  - 가해율 7%(41,000명)
  - 피해-가해율 1.6%(학교폭력으로 피해도 입는 동시에 가해도 하는 인원, 9,000명)
  - 남학생이 여학생에 비해 신체적 및 언어적 폭력을 많이 겪음
- 자세한 내용은 Olweus(1993, p. 13~14)를 참고할 것

핵심 결과
- ▶ 약 15% 학생들이 학교폭력에 관여된다.
- ▶ 남학생이 학교폭력에 노출되기 쉽다.

(2) 학생건강행동 조사(Health Behavior in School-aged Children Survey, 2010)

- 조사 대상 : 4,697명(11세, 13세, 15세 학생)

※ 조사 방법 : 설문조사, 2005~2006년 실시

※ 조사 결과

- 피해율 : 11세(남학생 13%, 여학생 9%), 13세(남학생 9%, 여학생 6%), 15세(남학생 7%, 여학생 6%)

- 가해율 : 11세(남학생 8%, 여학생 1%), 13세(남학생 5%, 여학생 1%), 15세(남학생 10%, 여학생 3%)

- 1년에 세 번 이상 신체적 싸움(physical fight)과 관련 : 11세(남학생 23%, 여학생 4%), 13세(남학생 15%, 여학생 3%), 15세(남학생 15%, 여학생 3%)

※ 자세한 내용은 학생건강행동 조사[1]를 참고할 것

핵심 결과

▶ 11세부터 연령이 증가할수록 학교폭력 피해 및 가해는 줄어드는 편이다.
▶ 집단 괴롭힘과 비교하여 볼 때 남학생의 신체적 싸움 발생률이 월등히 높다.
▶ 1983년 자료와 비교해 볼 때 학교폭력 피해율과 가해율은 다소 감소했다.
▶ 하지만 20년 이상의 국가적 노력을 고려해 볼 때 그 효과성에 대해서는 깊이 생각해 볼 여지가 있다.

2) 영국

영국의 학교폭력 실태의 경우 역시 두 개의 조사 결과를 소개한다. 첫 번째는 2006년에 온라인 설문조사 형태로 국가 수준에서 실시된 학교폭력 실태조사 결과이다. 일반적인 실태조사와 같이 횡단 연구의 방법으로 동일한 한 시점에서 대상자들에게 학교폭력에 대한 경험들을 조사하여 관련 정보들을 제시한 것이다. 두 번째는 Green, Collingwood과 Ross(2010)가 작성한 보고서로 2004년부터 2006년까지 3년 동안 동일한 학생을 대상으로 수집된 자료를 분석한 결과이다. 이 종단연구 보고서는 영국 학교폭력 실태에 대한 많은 흥미로운 정보를 담고 있기 때문에 함께 살펴보겠다.

---

1 http://www.euro.who.int/_data/assets/pdf_file/0005/53852/E91416.pdf

(1) 2006 국가 학교폭력 조사(National Bullying Survey)

- 조사 대상 : 학생 4,772명, 학부모 2,160명, 교사 323명

- 조사 방법 : 온라인을 통한 설문조사

- 조사 결과

  - 피해율 69%

  - 피해 유형 : 외모와 체중에 대한 놀림 56%, 신체적 폭행 50%, 사이버 폭력 7%

  - 피해 장소 : 운동장 30%, 교실 25%, 복도 21%, 급식실 14%

  - 피해 반응 : 학교에 가기 싫음 65%, 실제 5일 이상 결석 21%

  - 피해 목격 : 피해 목격률 85%, 피해 목격 시 도움을 주려고 함 82%

  - 피해 보고 : 부모 또는 교사에게 보고 75%, 교사에게 5회 이상 보고 48%, 교사가 피해 사실에 대해 심각하게 받아들이지 않음 60%

  - 보고 결과 : 발생한 폭력 사안 중 폭력이 줄지 않음 55%, 발생한 폭력 사안 중 가해 학생에게 아무런 조치가 내려지지 않음 31%

  - 학생들이 제시한 효과적인 예방 대책 : 상담 53%, 또래 도움 51%, 가해 학생에 대한 엄정한 대처 50%, 동아리 활동 45%, 명상 40%, 비난 금지 34%(중복 응답 결과)

  - 부모의 74%가 학교의 예방 대책이 효과 없다고 응답

  - 피해 학생 부모 34%는 자녀가 자살할까 봐 걱정된다고 응답

  - 교사의 83%가 학교폭력을 목격하지 못했다고 응답

  - 교사의 68%가 학교 예방 대책이 효과 있다고 응답

  - 학교폭력에 개입한 경험이 있는 교사의 56%가 폭력이 중지되었다고 응답

  - 교사의 38%가 학생들로부터 폭력을 당했다고 응답

- 결과를 해석함에 있어 본 조사가 온라인으로 실시됨 점을 감안해야 할 것이다. 말하자면 학교폭력으로 피해를 당한 학생들과 학부모들이 좀 더 적극적으로 조사에 참여했을 가능성이 높다. 자세한 자료는 국가 학교폭력 조사[2]를 참고할 것

---

2 National Bullying Survey; http://parentingtt.files.wordpress.com/2011/05/thenationalbullyingsurvey_results.pdf 2006

핵심 결과

▶ 영국에서도 상당한 학교폭력의 피해가 발생하고 있다.

▶ 학교폭력에 대한 학교의 후속조치에 대한 학생과 학부모의 만족도가 매우 낮다.

▶ 학생 및 학부모와 교사의 응답 사이에는 상당한 차이가 있다.

(2) 학교폭력 피해 학생의 특징 보고서(Green, Collingwood & Ross, 2010)

- 사용 자료 : 영국청소년종단연구(Longitudinal Study of Young People in England)

- 조사 기간 : 2004년부터 2006년까지 3년

- 조사 대상 : 연구 시작 시 15,500명(14세), 연구 종료 시 12,500명(16세), 최종 12,500명

- 조사 결과

  - 피해율 47%(14세 기준)

  - 연령이 증가할수록 피해율 감소(15세 41%, 16세 23%)

  - 피해 유형 : 놀림과 사이벌 폭력 30%, 협박 18%, 신체적 폭력 18%

  - 여학생(14~16세)이 남학생보다 폭력에 노출되기 쉬움

  - 여학생은 따돌림 같은 관계적 폭력, 남학생은 협박 및 신체적 폭력에 노출되기 쉬움

  - 일반 학생보다 특수교육 대상 학생과 장애 학생이 폭력에 더 시달림

  - 사회경제적 지위와 학교폭력은 무관함. 사회경제적 지위가 낮다고 해서 학교폭력을 더 당하는 것은 아님

  - 오히려 교육수준이 높고 전문직 종사자인 어머니를 둔 학생들이 학교폭력을 더 당하기 쉬움

  - 14, 15세 때 학교폭력 피해를 신고한 가정의 학생들은 16세 때 학교폭력 피해가 감소함

  - 남학생만 다니는 학교에서 학교폭력 발생률이 가장 높고, 여학생들만 다니는 학교에서 발생률이 가장 낮음

  - 피해 학생의 성적이 일반 학생에 비해 유의미하게 낮음

- 보다 자세한 내용은 학교폭력 피해의 특징 보고서[3]를 참고

핵심 결과

- ▶ 14세 이후 연령 증가와 더불어 학교폭력은 줄어든다.
- ▶ 중학교와 고등학교 저학년에서 여학생의 학교폭력 발생률은 남학생보다 높다.
- ▶ 특수교육 대상 아동과 장애 아동같이 위험으로부터 자신을 효과적으로 대처하지 못하는 학생일수록 학교폭력을 당하기 쉽다.
- ▶ 학교폭력에 대한 가정의 적극적 대처가 폭력을 감소시킨다.
- ▶ 남학교, 여학교 등 학교 성별에 따라 학교폭력 발생률이 달라질 수 있다.
- ▶ 학교폭력은 성적에 부적정인 영향을 끼친다.

3) 캐나다

(1) Paul과 동료들의 연구(Paul et al., 1997)

- 조사 대상 : 4,743명(1학년부터 8학년)
- 조사 방법 : 설문조사
- 조사 결과
  - 피해율 15%
  - 가해율 6%
  - 피해-가해율 2%
  - 피해 목격 시 친구를 돕겠다는 응답률 41%
  - 친구를 돕겠다는 응답률은 학년이 높아짐에 따라 감소
  - 만약 피해자가 자신이 싫어하는 학생일 경우 나도 폭력에 동조한다는 응답 31%
  - 가해 동조율은 학년이 높아짐에 따라 증가

---

3 http://www.natcen.ac.uk/our-research/research/characteristics-of-bullying-victims-in-schools

핵심 결과

▶ 학년이 높아짐에 따라 학교폭력에 동조하겠다는 비율은 높아지는 반면 피해 학생을 돕겠다는 비율은 낮아진다.
▶ 연령 증가와 더불어 폭력을 인정하는 태도도 함께 증가한다.

4) 미국

(1) Nansel, Overpeck, Pilla, Ruan, Simons-Morton, Scheidt(2001) 연구

- 조사 대상 : 15,686명(6~10학년, 1998년 국제보건기구의 학생건강행동조사에 참여한 학생)
- 조사 방법 : 설문조사
- 조사 결과
  - 피해율 10.6%
  - 가해율 13%
  - 피해-가해율 6.3%
  - 남학생은 학교폭력 가해 및 피해자가 될 가능성이 높음
  - 6, 7, 8학년에서의 폭력 발생 빈도가 9, 10학년보다 높음
  - 가해 학생은 심리사회적으로 낮은 적응력을 보임
  - 피해-가해 학생은 가해자에게서 나타나는 심리사회적 문제와 더불어 피해자가 가지고 있는 문제까지 보임

핵심 결과

▶ 학교폭력 관련 학생(피해, 가해 포함)은 대략 30%이다.
▶ 학년 증가는 학교폭력의 감소와 관련이 있다. 6~8학년에서 가장 높은 학교폭력 발생률을 보인다.
▶ 피해-가해 학생은 피해자나 가해자보다 심각한 심리사회적 문제를 가진다.

(2) Wang, Iannotti, Nansel(2009) 연구

- 조사 대상 : 7,182명(6~10학년, 2005년 국제보건기구의 학생건강행동조사에 참여한 학생)
- 조사 방법 : 설문조사
- 조사 결과
  - 피해율 : 신체적 피해 12.8%, 언어적 피해 36.5%, 관계적 피해 41%, 사이버 피해 9.8%
  - 가해율 : 신체적 가해 13.3%, 언어적 가해 37.4%, 관계적 가해 27.2%, 사이버 가해 8.3%
  - 남학생은 신체적 폭력(피해, 가해, 피해-가해)과 언어적 폭력(피해-가해)에 연관될 가능성이 높음
  - 여학생은 관계적 폭력의 피해 및 피해-가해자가 많음
  - 사이버 폭력의 경우 남학생은 가해자, 여학생은 피해자가 많음
  - 부모의 지지가 높을수록 학생들은 학교폭력에 관여하지 않음
  - 친구가 많으면 피해자가 될 가능성 낮으나 가해자가 될 가능성은 높음
  - 사이버 폭력은 친구의 수와 관련이 없음
  - 학교폭력 발생률 가장 높은 시기는 6, 7학년 때임

핵심 결과
- ▶ 2001년 조사 결과와 비교해 볼 때 미국 학교폭력의 피해 및 가해율은 증가 추세에 있다.
- ▶ 사이버 폭력은 주목해야 할 새로운 폭력의 형태로 등장하고 있다.
- ▶ 중학교 시기에 학교폭력 발생률이 높다.

(3) 학교폭력에 대한 최근 기사(LA 중앙일보, 2011/01/10일자)

다음은 최근 실시된 실태조사를 바탕으로 작성된 학교폭력 기사를 소개한다.

미국 내 고등학교에 집단 괴롭힘(bullying)이 만연되어 있는 것으로 조사되었다.

샌프란시스코 크로니클지는 31일 LA에 있는 조지프슨윤리연구소의 조사 결과를 인용해 이 연구소가 미국 내 고교생 43,321명을 대상으로 물리적으로 놀림이나 괴롭힘을 당한 적이 있는지 묻는 질문에 응답자의 43%가 경험이 있다고 답했다. 또 응답자의 50%는 다른 사람을 괴롭힌 적이 있다고 시인했다.

이 연구소 소장인 마이클 조지프슨은 이번 조사 결과가 집단 괴롭힘이 고등학교에도 만연되어 있다는 것을 보여주는 것이라면서 지금까지는 집단 괴롭힘은 중학교 때 정점을 이루는 것으로 알려져 있었다고 설명했다. 조지프슨은 또 확산성이나 영구성 등의 특징이 있는 인터넷이 조롱이나 위협의 효과를 훨씬 커지게 하고 있다고 지적했다.

이와 함께 조사결과 응답자의 10%는 한 번 이상 학교에 무기를 가지고 온 적이 있다고 답했으며, 16%는 학교에서 술에 취해 있었던 적이 있다고 답했다. 이는 집단 괴롭힘의 피해자가 폭력적으로 보복할 가능성이 있음을 보여주는 것이라고 조지프슨은 우려했다.

핵심 결과

▶ 고등학교에서도 집단 괴롭힘 형태의 학교폭력이 심각하다.
▶ 인터넷을 이용한 사이버 폭력이 심각해지고 있다.
▶ 무기를 소지한 채 학교에 등교하는 학생들에 대한 조치가 필요하다.

2. 국내 학교폭력 실태

국내 학교폭력 실태는 청소년폭력예방재단과 교육과학기술부의 보고서를 통해서 파악하고자 한다. 청소년예방재단은 2001년 이후 매년 전국 규모의 표집을 통하여 학교폭력 실태조사를 실시하고 있다. 조사 대상은 주로 초등학교 4학년부터 고등학교 2학년에 재학 중인 학생이며, 최근 실시된 조사에서는 2012년에 5,530명, 2011년에는 9,174명이 조사 대상으

표 2.1 교육과학기술부 학교폭력 실태조사 개요

조사	조사방법	참여대상	참여인원(참여율)
2012년 1차	우편 설문조사	초등4~6학년, 중·고등학생	137만 명(25.0%)
2012년 2차	온라인 설문조사	초등4~6학년, 중·고등학생	379만 명(73.7%)
2013년 1차	온라인 설문조사	초등4~6학년, 중·고등학생	423만 명(81.7%)
2013년 2차	온라인 설문조사	초등4~6학년, 중·고등학생(고3학생은 참여하지 않음)	406만 명(89.4%)

로 참여하였다. 교육과학기술부는 2012년부터 6개월 단위로 실태조사를 실시하고 그 결과를 공개하고 있다. 조사 대상은 초등학교 4학년부터 고등학교 3학년 학생(2013년 2차 조사에서는 고3학생 미참여)이다. 교육과학기술부 조사의 가장 큰 특징은 대상 학년의 모든 학생들을 모집단으로 하는 것이다. 조사 첫 해인 2012년 1차 조사 때는 우편을 통한 설문조사를 실시하였다. 설문 응답에 대한 비밀을 보장해 주기 위한 조치였다. 하지만 설문 회수율이 기대에 미치지 못하고(25%) 비용도 많이 소요되기 때문에 2회 조사부터는 온라인 설문조사로 방법을 달리해서 조사를 실시하였다.

1) 청소년폭력예방재단 실태조사

(1) 피해율

청소년폭력예방재단에서 실시한 학교폭력 실태조사에 따르면, 피해율은 2006년 17.3%, 2007년 16.2%, 2008년 10.5%, 2009년 9.4%, 2010년 11.8%, 2011년 18.3%, 2012년 12%로 나타났다(그림 2.1). 연도에 따라 차이가 나지만 대략적으로 우리나라 학교폭력 피해율은 9~18% 정도임을 알 수 있다.

(2) 가해율

〈그림 2.2〉에서 보듯이 가해율은 2006년 12.6%, 2007년 15.1%, 2008년 8.5%, 2009년 12.4%, 2010년 11.4%, 2011년 15.7%, 2012년 12.6%로 조사되었다. 학교폭력 가해율은 대략 8~16% 정도임을 알 수 있다.

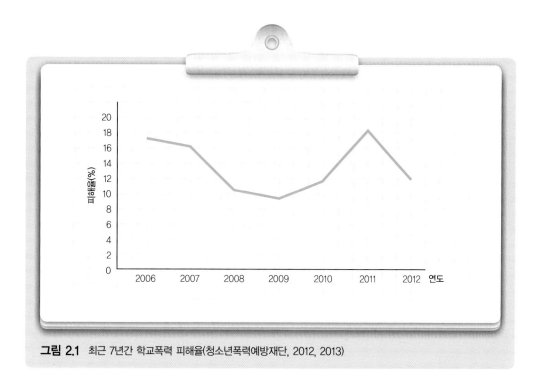

그림 2.1 최근 7년간 학교폭력 피해율(청소년폭력예방재단, 2012, 2013)

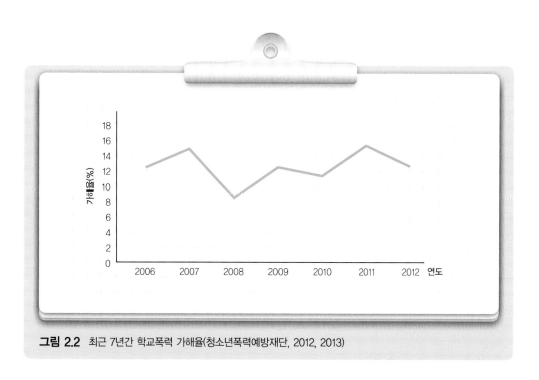

그림 2.2 최근 7년간 학교폭력 가해율(청소년폭력예방재단, 2012, 2013)

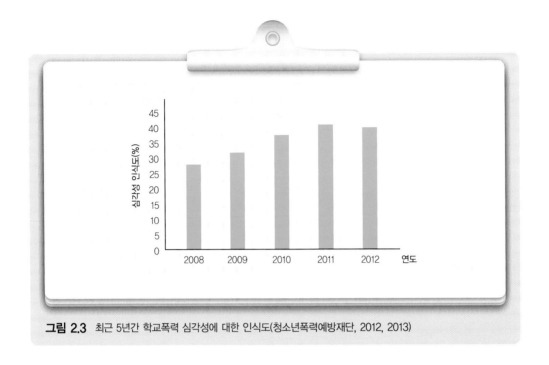

그림 2.3 최근 5년간 학교폭력 심각성에 대한 인식도(청소년폭력예방재단, 2012, 2013)

(3) 심각성 인식도

학교폭력의 심각성 인식도를 살펴보면 2008년 28.6%, 2009년 32.8%, 2010년 38.1%, 2011년 41.7%, 2012년 40.8%로 나타났다. 피해율과 가해율은 조사년도에 따라 증감이 나타난 데 비해 인식도는 2012년만 제외하고 꾸준히 증가하고 있음을 알 수 있다. 이는 학교폭력 예방과 방지를 위한 사회 전반의 노력에도 불구하고 많은 학생들이 학교폭력을 당할까 봐 염려하고 있음을 나타낸다(그림 2.3 참조).

(4) 기타 주요 실태 결과

다음은 학교폭력 피해율과 가해율 및 심각성 인식도 외에 실태조사 결과의 중요한 부분을 정리한 것이다(청소년폭력예방재단, 2013).

- 피해 실태
  - 학생들이 가장 심각하다고 생각하는 학교폭력 유형은 괴롭힘(24.4%)과 신체적 폭력(23.3%)이다.
  - 학교폭력을 당한 학생들 중 자살을 생각한 비율은 44.7%로 피해 학생이 겪는 고통

이 상당히 심각하다.

- 피해를 당한 후 복수하고 싶은 충동에 응답한 비율은 73.6%로 피해 학생은 분노, 억울함, 증오 등의 정신적 고통을 경험한다.

- 처음 피해를 당한 시기가 초등학교 1~3년(30.5%), 초등학교 4~6학년(47.8%)로 피해 학생의 저연령화가 심각해졌다. 학교폭력 예방교육이 효과적으로 이루어지지 못하면 초등학교 저학년부터 피해를 당할 수 있음을 알 수 있다.

- 사이버 폭력의 심각성이 2011년에는 1.8%에서 2012년에는 4.7%로 큰 폭으로 증가했다. 사이버 폭력에 대한 대책마련이 필요하다.

- 피해 학생 중 33.8%는 부모, 친구, 교사 등 아무에게도 도움을 요청하지 않았다. 이는 피해 학생 세 명 가운데 한 명에 해당하는 것으로 실태조사에도 파악되지 않는 학교폭력의 사각지대가 존재함을 의미한다.

- 도움을 청하지 않는 이유로는 '일이 커질 것 같아서'(29.8%), '이야기해도 소용이 없을 것 같아서'(25.8%)로 부모, 교사 등으로부터 실질적인 도움을 받지 못하는 피해 학생들이 상당수 있다.

가해 실태

- 가해를 한 후 받게 된 조치로는 단순한 사과 36.4%, 무조치가 27.6%로 나타났다. 학교폭력 발생 후 학교현장에서 적절한 조치가 취해지지 않는 것을 알 수 있다.

- 가해를 한 이유에 대해 장난이 33.1%, 상대방 잘못이 17.3%로 나타났다. 가해 학생들은 자신들이 저지른 폭력에 대한 책임의식이 부족하고 피해 학생에 대한 이해, 배려, 공감을 하지 못한다는 것을 알 수 있다.

- 폭력을 그만두게 된 이유에 대해 '스스로 나쁜 행동임을 알게 되어서'가 48.5%로 나타났다. 학교폭력의 위험성과 해악을 스스로 자각할 수 있는 프로그램 도입이 필요하다.

목격 및 방관 실태

- 학교폭력을 목격 후 모른 척 했다는 응답이 44.5%로 나타났다. 목격자 또는 방관자의 교육이 요구됨을 알 수 있다.

- 학교폭력을 당하는 학생을 목격한 느낌에 대해 '도와줄 수 없어서 무기력하다'는 응

답이 21%로 나타났다. 학교폭력의 목격자 역시 간접적인 피해를 경험하는 것을 알 수 있다.

2) 교육과학기술부 실태조사

(1) 피해율

교육부 보도 자료에 의하면 피해율은 12년 1차 12.3%, 12년 2차 8.5%, 13년 1차 2.2%, 그리고 가장 최근 조사인 13년 2차 때는 1.9%로 나타났다. 이 결과로만 본다면 우리나라 학교폭력은 2013년을 기점으로 급격히 줄어 현재 피해율은 1%에 대에 진입하였음을 알 수 있다(그림 2.4 참조).

이와 같은 결과에 대해 교육부는 학교폭력 예방 및 근절 대책의 효과가 나타났기 때문이라고 보도하고 있으나 일부에서는 설문 참여율을 높이려는 교육당국의 무리한 행정압력 때문에 실태조사가 파행적으로 실시되었고, 따라서 조사 결과도 신뢰할 수 없다고 주장하고 있다(경인일보 2013/10/28일자). 13년 2차 온라인 실태조사의 경우 참여율이 90%에 다다르는 것으로 나타났는데 온라인 조사의 특성을 감안할 때 이는 지나치게 높은 수치임이 분명하다. 따라서 학생들의 자발적 참여라고 보기 어려운 점이 있다.

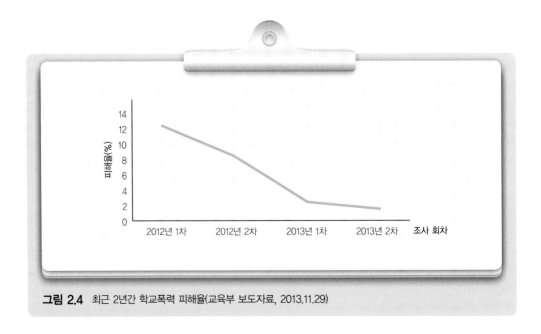

그림 2.4 최근 2년간 학교폭력 피해율(교육부 보도자료, 2013.11.29)

또한 학교·급 별로 피해 실태(2013년 2차 실태조사)를 보면 초등학교 2.7%, 중학교 2.0%, 고등학교 0.9% 순으로 나타났다. 초등학교에서 가장 많은 학교폭력 피해를 보고한 것이다. 하지만 학교·급 별 학교폭력자치위원회 심의 건수를 살펴보면 초등학교 0.2건, 중학교 3.2건, 고등학교 1.2건으로 중학교에서 가장 많이 학교폭력자치위원회가 열린 것으로 나타났다. 중학교에서 가장 많은 학교폭력 사안이 발생했음을 의미한다. 결과적으로 피해율과 심의 건수의 두 통계자료가 서로 일치하지 않음을 알 수 있다. 따라서 지금보다 신뢰로운 통계결과를 얻기 위해 조사방법에 대한 새로운 대책이 필요할 것으로 보인다.

그러나 이러한 논란이 있음에도 불구하고 피해율이 지속적으로 감소하고 있다는 것은 반가운 일이 아닐 수 없다.

(2) 가해율

가해율은 12년 2차 4.1%, 13년 1차 1.1%, 13년 2차 1.0%로 나타났다(그림 2.5, 12년 1차 조사에서는 가해율을 측정하지 않았음). 매번 조사 때마다 가해율이 줄어들고 있음을 알 수 있다.

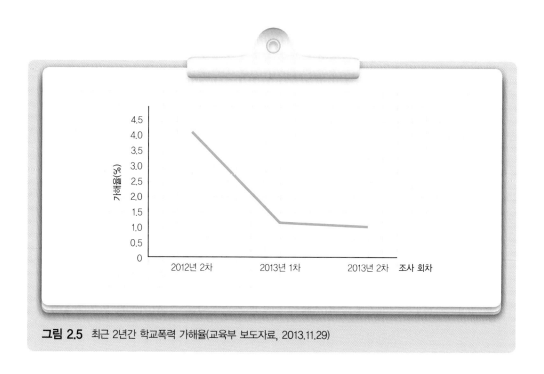

그림 2.5 최근 2년간 학교폭력 가해율(교육부 보도자료, 2013.11.29)

학교폭력자치위원회는 학교폭력의 예방 및 대책에 관련된 사항을 심의하는 기구를 말한다. 일반적으로 자치위원회는 각 학교마다 설치되어 있다. 학교폭력 사안이 발생할 경우 이 기구를 통해 피해 학생의 보호조치와 가해 학생의 선도조치가 내려지게 된다.

학교 · 급 별 자치위원회 개최 횟수를 살펴보면 중학교에서 가장 많이 자치위원회가 개최되고 있는 것을 알 수 있다. 그리고 초등학교에서 가정 적게 개최됨을 알 수 있다(그림 2.6). 또한 학교 · 급 별 자치위원회 심의 건수의 경우도 크게 다르지 않다(그림 2.6). 학교폭력 사안을 가장 많이 심의하는 곳은 중학교, 고등학교, 초등학교 순서임을 알 수 있다. 특히 초등학교 경우는 6개월 동안 한 차례도 심의하지 않는 것으로 나타났다. 반면에 중학교는 두 건 정도의 사안을 심의하는 것을 알 수 있다. 결론적으로 중학교에서 학교폭력 사안이 가장 많이 발생하고 있음을 확인할 수 있다.

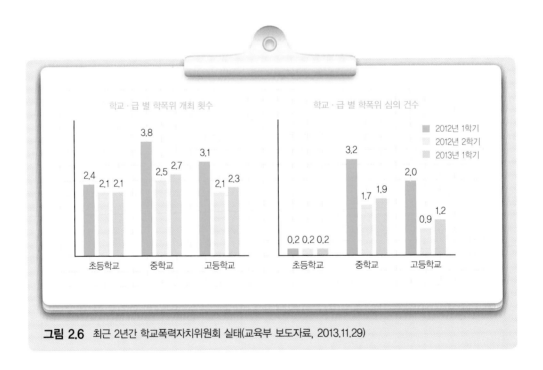

그림 2.6 최근 2년간 학교폭력자치위원회 실태(교육부 보도자료, 2013.11.29)

앞서 살펴본 학교폭력 피해율, 가해율 및 학교폭력자치위원회 실태 외에 중요한 결과를 2013년 2차 실태자료를 중심으로 요약하면 다음과 같다.

- 피해 실태
  - 피해 유형은 언어폭력(35.3%), 괴롭힘(16.5), 폭행 및 감금(11.5%), 사이버 폭력 (9.7%) 순으로 나타났다.
  - 피해는 쉬는 시간, 점심 시간 등 학교 일과시간 중(63.6%)에서 발생했고 피해 장소 는 교실을 비롯한 학교 안(71.6%)으로 나타났다.
  - 사이버 폭력으로 인한 피해가 꾸준히 증가하고 있으며, 특히 여학생과 중학생의 피 해가 많다.
  - 정신적 고통이 큰 폭력 유형은 괴롭힘, 사이버 폭력, 스토킹 순으로 나타났다.
  - 피해를 당한 후 이를 보고한 비율은 76.1%였으며, 나머지 23.9%는 보고하지 않는 것으로 나타났다.
- 가해 실태
  - 가해 학생의 24.4%는 피해경험도 있는 것으로 나타났다. 다시 말하면 학교폭력의 피해를 당하는 동시에 다른 학생에게 폭력을 가하는 피해-가해자가 증가하고 있음 을 알 수 있다.
  - 폭력을 행사한 이유에 대해 '장난삼아'(29.7%), '피해 학생이 맘에 안 들어서' (23.9%), '상대방이 먼저 괴롭혀서'(16.8%), '특별한 이유 없이'(10.2%)로 나타났다. 다른 조사와 일관되게 가해 학생들은 자신들이 저지른 폭력에 대해 반성하거나 책 임지려는 생각이 결여되어 있음을 알 수 있다.
  - 가해를 중단하게 된 이유를 묻는 질문에는 '스스로 나쁜 행동임을 알게 되어서' (43.2%), '학교의 처분이나 선생님한테 혼나서'(27.0%), '피해 학생이 싫어해서' (12.8%), '예방교육'(8.3%)으로 나타났다. 엄정한 대처와 더불어 잘못을 스스로 인 식하게 하는 대책마련이 필요함을 알 수 있다. 한 가지 안타까운 것은 예방교육의 효과가 8.3%로 낮게 나온 것이다.

- 방관 및 학부모 실태
  - 학교폭력을 목격했을 때 '모른 척 했다' 응답은 23.9%로 나타났다. 학교폭력에 대해 방관하는 비율이 높은 상황이다.
  - 학교폭력 인식조사에 참여한 학부모의 49.4%(2013년 2차 조사에서 처음 실시)가 학교폭력이 심각하다고 생각하는 것으로 나타났다. 학부모 중 33.4%만이 자녀가 학교폭력으로부터 안전하다고 생각한다고 응답했다.
  - 학부모들은 학교폭력의 원인으로 인터넷 등 대중매체(34.4%), 경쟁적 학교 문화와 학업스트레스(17.0%), 가정환경(13.7%), 나쁜 친구(12.9%), 사회적 분위기(12.3%), 가해 학생 인성(9.7%)을 응답했다. 스마트폰, 컴퓨터 등 전자통신기기와 대중매체의 위험성을 학교폭력의 주된 원인으로 지목했다.

3. 학교폭력 실태조사의 시사점

- 학교폭력은 전 세계적인 문제이다. 지금까지 살펴본 바와 같이 학교폭력은 유럽과 북미에서도 심각하게 받아들이고 있는 문제이다. 피해율과 가해율만을 단순 비교해 보았을 때, 우리나라의 학교폭력이 이들 선진국들에 비해서 특별히 심각하다고 볼 수 없다.

  〈그림 2.7〉은 폭력으로 인한 인구 100,000명당 10~29세 사망률의 전 세계적 분포를 나타낸 것이다. 색이 짙을수록 사망자가 많음을 의미한다. 우리나라는 유럽의 국가와 더불어 비교적 안전한 나라임을 알 수 있다. 폭력으로 인한 사망자는 남미와 아프리카가 매우 심각한 것을 알 수 있다. 물론 이 자료는 학교폭력이 아니라 사회에서 발생한 모든 폭력을 바탕으로 조사된 것이다. 하지만 간접적으로 전 세계적인 관점에서 우리나라의 학교폭력의 실태를 비교할 수 있는 자료이기에 소개하였다.

- 학교폭력 발생 연령 학교폭력이 가장 많이 발생하는 연령대는 대략 14~16세 정도로 볼 수 있다. 우리나라의 중학교에 해당하는 연령이다. 학교폭력은 초등학교에부터 발생하지만 중학교 시기에 가장 절정을 이루고 고등학교 시기에 들어 줄어드는 경향을 보인다.

- 집단 괴롭힘의 중요성 학교폭력 유형 중에서 집단 괴롭힘이 학생들에게 가장 큰 피해

그림 2.7 폭력으로 인한 10~29세의 사망률(WHO, 2002)

를 초래한다. 피해를 입은 학생들이 보이는 대표적인 반응은 복수 충동과 또한 자살 생각이다. 피해 학생은 자신이 당한 괴롭힘을 되갚아 주려는 마음과 죽고 싶은 마음을 동시에 경험하는 가운데 심리·정서적으로 엄청난 괴로움을 겪는다.

- **사이버 폭력** 사이버 폭력이 급속히 증가되고 있다. 정보통신기기가 발달하면서 인터넷상에서 집단적으로 피해 학생을 비난, 모욕, 험담, 위협, 협박하는 유형의 사이버 폭력이 확산되고 있다.

- **피해자의 침묵** 피해 학생들은 학교폭력으로 인해 심리·정서적으로 상당한 어려움을 겪고 있음에도 불구하고 학교폭력을 신고하지 않는 비율이 높다. 그 대표적인 이유는 '신고해봐야 별 소용이 없다'와 '신고하면 더 문제만 복잡하게 된다'이다. 피해 학생들은 학교폭력을 한 번 빠지게 되면 쉽게 벗어날 수 없는 '덫'과 같이 여긴다. 피해 학생들은 교사, 친구, 부모, 경찰들로부터 실질적인 도움을 받지 못하고 있다.

- **목격 학생의 방관자적인 태도** 피해를 당하고도 보고하지 않는 비율이 높은 것과 더불어 학교폭력을 목격하고도 이를 방관하는 학생들이 많다. 마치 맹수의 공격 가운데 희생된 동료를 멀리서 멀뚱히 지켜만 보고 있는 초식동물의 무리들처럼 학교폭력을 목격

학교폭력 유형 중에서 집단 괴롭힘은 피해 학생들에게 심리·정서적 측면에서 가장 큰 피해를 초래한다.

한 학생들 중 상당수가 피해 학생을 위해 아무런 조치를 취하지 않는다. 목격 학생과 관련하여 또 하나의 주목할 점은 폭력현장에 있었다는 것만으로 이들도 피해를 입는다는 것이다. '나는 왜 아무런 도움을 주지 못할까?'하는 자책과 무기력 및 폭력 사건 이후에도 잔인한 장면이 떠오르는 심리적 증상 등을 경험한다. 자세한 내용은 6장에서 살펴볼 것이다.

제3장

학교**폭력**의 원인

이 전 장들에서 우리는 학교폭력의 정의 및 실태를 살펴보았다. 다소 생소한 부분이 있었겠지만 전반적으로 이해하기에 어려운 부분은 없었으리라 생각된다. 특히 우리는 학교폭력 실태를 통해 중요한 정보들을 많이 알게 되었다. 대략적으로 학교폭력으로 인해 어느 정도 피해가 발생하고 있는지, 성별에 따라 피해 유형이 어떻게 다른지 또한 피해를 당했지만 보고하지 않는 학생들이 많다는 점, 가해 학생들은 폭력 행동에 대해 무책임한 반응을 보인다는 점, 목격하고도 방관하는 학생이 많다는 점 등이다.

학교폭력 예방과 대책을 마련함에 있어 이러한 정보는 매우 중요하다. 그러나 그 이전에 살펴보아야 할 것이 또 있다. 그것은 학교폭력이 왜 발생하는가에 대한 문제이다. 문제의 원인을 잘 파악하고 있다면 해결책을 제시하는 것이 훨씬 쉽기 때문이다. 이번 장에서는 학교폭력의 원인을 살펴보고자 한다.

1. 학생과 학부모의 견해

선행연구와 문헌들을 중심으로 학교폭력의 원인을 살펴보기에 앞서 이와 관련된 흥미 있는 통계자료를 소개하고자 한다. 〈그림 3.1〉은 설문조사 업체인 오픈 서베이가 전국의 중·고등학생 1,952명을 대상으로 모바일을 이용해서 조사한 것이다(중복응답 포함).

그림에서 보듯이 학생들은 폭력 저지른 가해 학생에 대한 부적절한 처벌을 학교폭력 원인의 1순위로 꼽고 있다. 이러한 결과는 학교폭력이 발생하더라도 가벼운 징계에 그치는 학교 조치에 대한 불만을 표시한 것으로 볼 수 있지만 동시에 학교폭력의 두려움과 심각성을 반영한 것으로도 볼 수 있다. 교사나 성인들이 우려하고 있는 것보다 직접 목격하거나 당하고 있는 학생들은 이를 훨씬 더 민감하고 심각하게 받아들이고 있는 것이다.

다음으로 학생들은 경쟁적인 사회 및 교육환경을 원인으로 들고 있다. 그리고 가해 학생, 친구, 선배 등 인적 자원의 문제를 들고 있다. 모두가 공감할 수 있는 부분이다. 한편, 가정과 학교에서의 지도는 비교적 낮은 순위에 들었다. 상식적으로 가정환경이 학교폭력

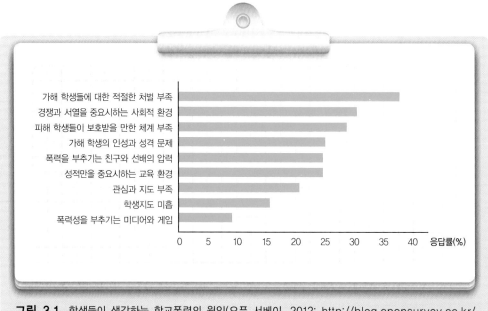

그림 3.1 학생들이 생각하는 학교폭력의 원인(오픈 서베이, 2012; http://blog.opensurvey.co.kr/
wordpress/?p=701)

과 긴밀하게 관련된다고 생각하기 마련인데 학생들은 이와는 다른 생각을 가지고 있는 것을 볼 수 있다.

안타까운 점은 피해 학생들이 보호받을 수 있는 체계가 부족하다는 점이 학교폭력의 원인들 중 상위에 포함된 것이다. 이는 정부대책들이 계속해서 피해 학생 보호를 강조하고 있음에도 불구하고, 학생들이 체감할 수 있는 실효성 있는 보호대책들이 아직은 부족함을 보여주는 증거라 할 수 있다. 흥미롭게도 부모와 교사들이 일치된 마음으로 학교폭력의 원인으로 지목하고 있는 미디어와 게임은 가장 낮은 순위를 보였다. 이와 관련된 부분은 다시 언급하기로 한다.

〈그림 3.2〉는 같은 업체에서 동일한 설문을 가지고 2013년에 실시한 것이다. 학부모가 함께 참여한 것이 변화된 점이라 할 수 있다.

학생들의 의견은 약간의 변화가 있지만 크게 다르지 않음을 알 수 있다. 학생들은 여전히 가해 학생에 대한 조치가 적절하지 못하고 피해 학생 보호가 미흡하다고 생각하고 있다. 학생들의 견해는 앞에서 충분히 다루었기 때문에 여기서는 학부모를 중심으로 살펴보자.

학부모들은 미디어 매체와 게임을 학교폭력 원인 1순위로 생각하고 있다. 이 결과는 2장

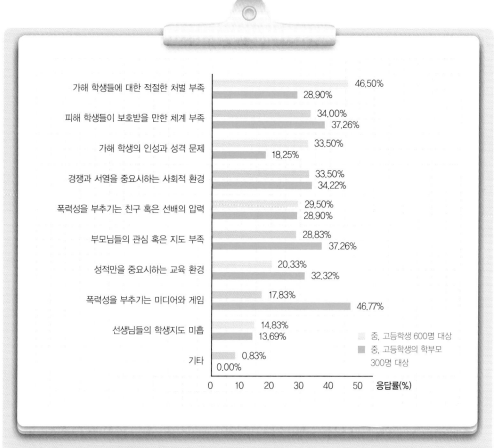

그림 3.2 학생과 학부모들이 생각하는 학교폭력의 원인(중복응답)(오픈 서베이, 2013; http://blog.open survey.co.kr/wordpress/?p=1742)

에서 살펴본 교육부 실태조사와 일치하는 것이기도 하다. 영화, 드라마, 웹툰, 폭력적인 스포츠, 슈팅 게임을 비롯한 폭력적인 게임 등이 학생들의 폭력성에 악영향을 미친다고 우려하는 것이다. 더욱이 스마트폰의 발달로 언제, 어디서든지 원하는 때에 이러한 매체를 접할 수 있다는 점들이 학부모를 더욱 불안하게 한다.

다음으로 부모의 관심과 지도를 중요한 원인으로 들고 있다. 학생들이 가장 영향을 많이 받는 곳이 가정이고 또한 부모가 자녀교육에 영향력 있는 존재임을 인정하는 것으로 볼 수 있다. 경쟁적인 사회와 학교 분위기, 친구와 또래 압력, 부적절한 가해 학생 처벌, 가해 학생의 인성 등을 다음으로 지목했다.

흥미로운 것은 미디어 매체와 게임에 대해 학생과 학부모의 의견이 상반되는 것에 비해 피해 학생에 대한 보호조치가 부족하다는 의견에는 서로가 일치된 견해를 보인다. 이것이 무엇을 의미하는지는 굳이 설명하지 않아도 될 것이다. 또한 학생과 학부모가 동일하게 교사의 부적절한 지도를 마지막으로 지목하였다. 이러한 결과는 학교가 학교폭력 예방과 근절 교육을 잘 수행한다는 것을 의미한다고는 생각되지 않는다. 오히려 학생과 학부모들은 교사가 학교폭력 방지를 위해 기여할 수 있는 일이 별로 없다는 것을 의미하는 것으로 생각해 볼 수 있다.

지금까지 통계자료를 바탕으로 일반 학생들과 학부모의 관점에서 학교폭력 원인을 살펴보았다. 이제부터 연구자들이 주장하는 원인에 대해 알아보기로 하겠다.

2. 전문가의 견해

학교폭력의 원인과 관련된 선행연구들을 살펴보면 다소 간의 차이는 있지만 크게 두 가지 의견에 동의하는 것을 볼 수 있다. 첫째는 학교폭력 원인이 매우 다양하다는 것이다. 우리는 가장 근본적인 하나 또는 소수의 원인만을 찾기를 원하지만 다른 분야의 원인탐색 연구가 그러하듯(암의 원인을 밝히는 연구, 학업성취가 낮아지는 원인을 밝히는 연구 등), 몇 가지 원인으로 학교폭력이 발생하는 이유를 설명하기란 어렵다. 둘째는 학교폭력을 일으키는 다양한 원인들을 일반적으로 네 가지 범주로 구분할 수 있다는 것이다. 개인 요인, 가정 요인, 학교 요인, 사회 요인이 그것이다. 본 절에서도 이 네 가지 범주에 따라 학교폭력의 원인을 설명하고자 한다. 또한 이들 요인들 중에서 세부적으로 몇 가지를 더욱 중점적으로 살펴보겠다.

1) 개인 요인

(1) 충동성과 공격성

학교폭력을 저지르는 학생들에게서 나타나는 공통된 특성이다. 충동적이고 공격적인 학생들은 자기의 감정에 충실하기 때문에 화가 나거나 분노가 쌓이면 즉시 폭력적으로 반응한다. 이들은 학교규칙과 질서를 무시하며, 자기중심적으로 행동하고, 분노를 조절하거나 화를 참는 능력이 부족하다(정종진, 2012). 또한 외부 자극이나 변화 등 스트레스 요인을 받아들이고 대처하는 능력이 취약하다.

(2) 신체적 조건과 장애

신체적으로 외소하거나 개인적인 장애(신체적 장애, 주의력 결핍, 과잉행동 장애 등)를 가지면 학교폭력에 노출되기가 매우 쉽다. 영국의 실태조사에서도 보았듯이 일반 학생들보다 특수교육 대상자나 장애를 가진 학생들이 폭력을 쉽게 당한다. 신체적 불리함 때문에 보다 배려받아야 할 학생들이 오히려 폭력에 노출되는 사실은 안타까운 일이지만 반드시 기억해야 할 진실이다. 신체적 약하거나 장애가 있는 학생들이 폭력에 노출되기 쉬운 이유는 사회적으로 잘 기능하지 못하고 폭력에서 자신을 보호할 수 있는 능력이 부족하기 때문이다(김창군, 임계령, 2010)

(3) 성별

남학생이 여학생보다 학교폭력에 휘말리게 될 가능성이 높다. 다른 나라의 연구 결과와 우리나라의 실태조사 결과도 이를 뒷받침한다. 남자로 태어난 깃 자체만으로 학교폭력에 연루될 확률이 높다는 것은 수업현장 또는 학교현장에 있어 본 사람이면 쉽게 받아들일 수 있는 사실이다. 남학생들은 징난으로 또는 사소한 일로 투닥투닥 치고받고 싸우는 경우가 많다. 그러나 사소한 일로 시작한 일이 때로는 걷잡을 수 없는 폭력에 이를 때가 종종 있다. 따라서 교사들에게 남학생들, 특히 폭력성이 있는 남학생들은 늘 경계해야 할 대상이다.

그러나 2000년 들어 여학생의 폭력성에 새로운 시각을 가지게 되었다. 여학생들도 사용하는 폭력의 유형이 다를 뿐 여전히 폭력적이라는 사실에 주목하기 시삭한 것이다. 말하지면 여학생들은 남학생들처럼 치고받고 싸우는 신체적 폭력을 사용하는 대신 나쁜 소문 퍼뜨리기, 무시하기, 활동에 끼워주지 않기, 소외시키기 등 상대방의 심리사회적인 면에 타격을 입히는 관계적 폭력을 사용한다는 사실이다. 요약하면 전반적으로 남학생이 여학생보다 학교폭력에 연루될 가능성이 높지만 상대방을 왕따시키거나 따돌리는 관계적 폭력은 여학생에게 더 많이 나타난다.

왜 남학생은 신체적 폭력을 여학생은 관계적 폭력을 더 많이 사용하는 것인가? 간단히 답하면 그것이 상대방에게 가장 큰 타격을 주는 방법이기 때문이다. 이에 대한 설명은 공격성을 설명하는 부분에서 좀 더 자세히 다루기로 한다.

2) 가정 요인

(1) 가정폭력

가정에서 폭력을 자주 목격하거나 경험한 학생들은 학교폭력의 가해자가 되기 쉽다. 부모 간의 심한 다툼과 언쟁 및 폭력을 목격하거나 또는 부모로부터 직접적으로 언어적 폭력(특히 인격적 모독이 담긴 거친 말투)과 신체적 폭력(신체를 이용한 구타, 도구를 이용한 체벌 등)을 많이 경험한 학생들은 가정에서 습득한 내용을 학교장면에서 다시 재현한다. 부모의 폭력이라는 나쁜 전통이 자녀들을 통해 계속해서 대물림된다는 사실은 국내의 연구들(김성일, 2005, 김정옥, 박영규, 2002; 정승님, 박영주, 2012, 조춘범, 조남흥, 2011)을 통해서 확인된 바 있다.

한 가지 더 주목할 점은 우리나라의 가정폭력 발생률이 심각한 수준이라는 것이다. 중고생 913명을 대상으로 한 조춘범과 조남흥(2011) 연구에서는 가정폭력 노출경험이 71.4% 나타났다. 중학생 295명을 대상으로 한 이승출(2012)의 연구에서는 부모로부터 50% 이상의 학생들이 고함, 욕설, 모욕적인 언어폭력을 당하였고, 약 25% 학생들이 매와 같은 신체적 폭력을 당하는 것으로 조사되었다. 일반 청소년과 비행청소년 110을 대상으로 한 김정옥과 박경규(2002)의 연구에서는 일반 청소년의 경우 언어적 폭력 63%, 신체적 폭력 37%를 경험하는 반면 비행 청소년의 경우 74%, 신체적 학대 66%를 경험하는 것으로 나타났다. 또한 가정폭력에 많이 노출된 학생들은 인터넷 중독에 빠져들기도 쉽다(정승민, 박영주, 2012).

(2) 양육태도

- **강압적 양육태도** : 특히 남아에게 지시, 통제, 명령, 체벌 등의 강압적인 양육태도는 폭력적인 성향을 증가시킨다. 권위적이고 강압적인 양육태도는 우연한 사건들도 상대방이 의도적으로 자신을 공격하려고 했다고 적대적으로 해석하는(적대적 편향귀인)

경향을 증가시킨다.

  - 지나친 온정적 양육태도 : 남학생의 부모의 과잉적인 보호와 관심을 받고 자란 학생들은 학교폭력의 피해자가 되기 쉽다.
  - 방임적 양육태도 : 학생이 지켜야 할 명확한 선(형제자매 간의 싸움, 친구를 향한 공격적 행동, 부모에 대한 버릇없는 행동 등)을 제시하지 않고 지나치게 허용적으로 양육한 가정의 학생들은 학교폭력의 가해자가 되기 쉽다.
  - 냉담한 양육태도 : 부모로부터 냉담한 양육을 받은 여학생들은 학교폭력 피해자가 되기 쉽고 남학생들은 가해자가 되기 쉽다.

양육태도와 관련하여 Olweus(1993)는 '어린 시절 너무 적은 사랑과 관심 그리고 너무 많은 자유'가 학교폭력의 중요한 요인임을 지적했다.

(3) 부모와 자녀 관계

부모와 갈등적인 관계에 있는 학생일수록 폭력을 휘두르기 쉽다. 일반적으로 가해 학생들은 가족들과 반목하고 갈등적인 관계를 유지한다. 가정에서 발생한 갈등과 긴장 상태는 학교폭력에 큰 요인으로 작용한다. 또한 가해 학생들은 가족과의 깊은 유대감을 느끼지 못한다. 가해 학생의 가정 구성원들은 각자 생활에만 몰두하는 경향이 있어 구성원에게 어떤 중요한 일이 일어났는지, 요즘 관심을 가지고 있는 것은 무엇인지에 대해 알지 못한다. 다시 말하면 가해 학생들은 무늬만 가정인 곳에서 생활한다.

(4) 부모 감독

부모의 관리와 감독이 소홀하면 학생들은 폭력에 연루되기 쉽다. 지금 어디서 무엇을 하고 있는지, 누구와 함께 어울리는지, 앞으로 중요한 일정은 무엇인지 등 자녀에 대한 부모의 관리와 감독이 부족하면 학교폭력에 휘말리기 쉽다.

(5) 가족 구조

한부모 가정에서 자란 학생들과 부모의 이혼을 경험한 학생들은 가해 학생이 될 가능성이 높다. 5,300명의 아동을 대상으로 영국, 스코틀랜드, 웨일즈에서 진행된 연구에 따르면 출생 후부터 10세까지 동안 부모의 이혼을 경험한 학생들은 21세가 되기 이전까지 폭력 사안으로 처벌을 받을 가능성이 높은 것으로 밝혀졌다(Wadsworth, 1978).

(6) 가족 경제력

가정의 낮은 사회경제적 지위에서 자란 학생들이 폭력에 연루될 가능성이 높다. 미국에서 진행된 연구(Elliott, Huizinga, Menard. 1989)에 따르면 경제적으로 중류층에 속한 학생에 비해 하류층에 속한 학생들은 폭력과 절도를 저지를 확률이 두 배 정도 높은 것으로 나타났다.

3) 학교 요인

(1) 학교 문화

학교 문화는 학교가 중요시하는 가치 및 기대와 관련된 것으로 전통적으로 내려오거나 현재 교사와 학생들이 만들어가는 문화 모두를 포함한다. 다음과 같은 학급 문화를 가진 학교에서는 학교폭력이 증가한다(황혜자, 김종운, 2007).

- 교직원 또는 또래 지위가 높은 학생들이 학교폭력의 모델링이 되는 경우(교사가 언어적 폭력을 자주 행사한다든지, 인기 학생들이 집단으로 어울려 다니며 친구를 괴롭히는 경우)
- 사소한 학교 폭력을 정상적인 행동으로 인정하는 분위기
- 가해 학생에 대한 조치가 지나치게 혹독하거나 반대로 느슨할 경우
- 불분명하고 일관되지 않는 학교규칙과 생활지도

(2) 학급 문화

다음과 같은 특징을 나타내는 학급에서는 학교폭력이 발생하게 될 가능성이 높다.

- 학생과 학생 사이의 갈등이 높은 학급

- 교사와 학생 사이의 갈등이 높은 학급
- 학생들 사이에 위계질서가 뚜렷한 학급

(3) 교사 인식과 태도

학교폭력을 바라보는 교사의 인식과 이에 대처하는 태도는 학교폭력 발생과 밀접한 관련이 있다. 만일 교사가 다음과 같은 인식과 태도를 가지고 있다면 학교폭력이 증가하게 된다.

- 학교폭력의 가벼운 유형들(욕설, 큰 부상 없이 종료된 신체적 폭력, 피해 학생이 심각하다고 보고하지 않은 따돌림 등)은 크게 신경 쓰지 않아도 된다.
- 학교폭력은 학생들이 성장하는 과정에서 발생하는 자연스러운 과정이므로 부득이한 경우를 제외하고 교사가 크게 개입해서는 안 된다.
- 학생들은 스스로 학교폭력을 해결할 수 있는 힘을 가지고 있다. 또한 그런 힘을 길러야 한다. 따라서 도움을 요청할 때만 개입하면 된다.

(4) 교사의 관리와 감독

교사의 관리와 감독이 미치지 못하는 공간이 많을수록 학교폭력은 증가한다.

(5) 또래

- **또래관계** : 또래관계가 원만하지 못해 친구가 없거나 극히 소수인 학생들은 학교폭력의 피해자가 되기 쉽다. 초등학교 고학년 이후부터는 또래관계는 학교생활에서 가장 중요한 부분이다. 또래에게 수용되는가 혹은 배척되는가에 따라 학교생활은 천국이 될 수 있고 반면 지옥이 될 수 있다. 또래집단에 수용된 학생들은 소속감, 친밀감, 안정감 등을 경험하고 순조로운 생활을 하게 되지만 또래집단에서 배척된 학생들은 외로움, 소외감, 낮은 자존감 등을 경험하면서 험난한 생활을 하게 된다. 또한 학생들은 자신들이 또래집단에서 배척을 당할까 봐 두려워서 수용되지 못한 학생들을 배척한다. 따라서 한 번이라도 집단적으로 또래집단에서 배척을 당한 학생들은 다시 수용되기가 어렵다. 이렇게 배척을 당한 학생들은 혼자이거나 극소수의 친구가 있을 뿐이고

이들은 쉽게 학교폭력의 피해자가 된다.

- 비행 친구들과의 어울림 : 사회적으로 용인되지 않는 비행을 저지른 학생들과 함께 어울리면 학교폭력에 연루될 가능성이 매우 높다. 비행 청소년들은 갈등을 타협과 양보로 해결하기보다 폭력적인 방법을 사용한다. 따라서 이들과 함께 자주 접촉하게 되면 자연스럽게 폭력적인 해결방법을 동조하고 내면화하게 된다.

4) 사회 요인

(1) 전자기기와 대중매체

텔레비전, 영화, 동영상, 웹툰 등 폭력적인 장면과 선정적인 장면을 전달하는 매체들은 학교폭력을 증가시킨다. 호기심과 모방심리가 높은 사춘기 학생들에게 폭력적인 영상과 이미지 등은 문제해결을 방법으로 폭력을 수용하도록 학습시키는 역할을 한다(정종진, 2012). 대중매체에 대해서는 다음 절에서 좀 더 자세히 살펴보겠다.

(2) 유해환경

강력범죄가 자주 발생하는 주변에 주거하는 경우, 경제적으로 낙후된 지역에 거주하는 경우 등 사회적으로 유해한 환경에 노출될수록 학교폭력에 연루될 가능성이 크다.

이상으로 우리는 학교폭력의 원인에 대하여 네 부분으로 나누어서 살펴보았다. 개인 요인으로는 충동성과 공격성, 신체적 조건, 성별을 살펴보았고, 가정 요인으로는 가정폭력, 양육태도, 보모와의 관계, 가족 구조, 가정의 사회경제적 지위를 살펴보았으며, 학교 요인으로는 학교와 학급 문화, 또래관계를 중심으로 살펴보았다. 마지막으로 사회 요인으로는 대중매체와 유해환경에 대해 알아보았다. 지금부터는 여러 가지 요인들 중에서 주목해야 할 필요성이 있는 공격성, 대중매체의 영향 및 집단성에 대하여 좀 더 세부적으로 살펴볼 것이다.

3. 공격성, 대중매체, 집단성의 영향

1) 공격성

공격성은 상대방에게 해를 주려는 의도를 가지고 하는 일체의 행동을 말한다. 상대방에게 해를 가하는 방법이 직접적인가 간접적인가에 따라 직접 공격성과 간접 공격성으로 구분되며, 겉으로 드러나는지 여부에 따라 외현적 공격성과 내현적 공격성으로 구분되며, 주도성 여부에 따라 주도적 공격성과 반응적 공격성으로 구분되기도 한다. 만일 사람에게 공격성이 없다고 가정하면 폭력 사안이 발생할 수 있을까? 우연한 사고 이외에 별다른 폭력 사건이 발생하지 않을 것이다. 그렇게 되면 굳이 우리가 학교폭력에 대해 심각한 고민을 하지 않아도 될 것이다. 따라서 공격성을 없애거나 아니면 적어도 감소시키는 방법을 찾아내는 것은 중요한 일임을 알 수 있다. 그러기 위해서는 공격성이 어떻게 발현되는지에 대한 지식이 필요하겠다.

(1) 본능으로의 공격성

잠시 아래 그림을 먼저 살펴보자. 첫 장면에서는 눈이 커다랗고 우아한 자태를 자랑하는 사슴을 볼 수 있다. 조그만 소리나 움직임에도 겁을 먹고 도망가는 사슴은 숲 속 생태계에서 폭력을 싫어하는 평화의 상징이라 할 수 있다. 그러나 다음 장면에서는 사슴의 새로운 면을 보게된다. 암컷을 차지하기 위한 숫사슴들이 치열한 싸움이 그것이다. 깊은 상처를 주고받는 가운데 한 치의 양보도 없는 이 싸움은 결국 두 사슴의 죽음이라는 비극적인 종

사슴의 공격성

말로 끝을 맺는다. 겁 많고 평화의 상징으로 불려도 손색이 없는 사슴 안에도 공격성이라는 본능이 숨겨져 있다.

- **정신분석학** : 이처럼 공격성을 설명하는 첫 번째 이론은 공격성이 인간이 본능이라는 것이다. 인간은 태어나면서부터 공격성을 가지고 태어난다. 정신분석학 이론에 의하면 인간에게는 살고자 하는 삶의 본능과 무생물로 돌아가려는 죽음의 본능이 있는데 이 죽음의 본능이 자신이 아닌 외부로 돌려지게 되는 것이 곧 공격성이다(박민철, 1999). 따라서 이 이론에 의하면 특정인에게만 공격성이 있는 것이 아니다. 누구에게나 공격성 나타나게 마련이고 단지 정도의 차이만 있을 뿐이다.
- **동물 행동학** : 동물 행동학에 의하면 인간을 포함한 모든 동물들은 같은 종끼리 공격하는 투쟁본능을 가진다. 먹이를 지키려는 목적으로 또는 종족을 보존하는 목적으로 목숨을 건 싸움을 한다. 사자, 하이에나, 곰, 호랑이 등 다양한 종류의 육식동물들은 공통적으로 자신들의 영역을 표시하고 이를 침범한 동족을 가차 없이 공격한다. 앞에서 본 사슴이 예처럼 초식동물들은 주로 짝짓기 과정에서 암컷을 차지하기 위해 상대방을 공격한다. 이러한 맥락에서 인간도 자신을 보호하고 종족을 유지하기 위해 본능적으로 공격성을 사용한다고 볼 수 있다.
- **좌절-공격이론** : 좌절-공격이론에 따르면 개인의 욕구가 환경적인 방해로 충족되지 않을 때 자동적으로 공격성이 표출된다는 이론이다. 동물 행동학의 이론가 유사한 면이 있지만 좌절-욕구이론은 인간의 다양한 공격 행동을 설명할 수 있는 장점이 있다. 좌절-공격이론이 너무 단순하다는 비판이 제기되어 〈그림 3.3〉과 같은 모델로 수정되었다.

먼저 좌절과 고통 등 불쾌한 자극은 분노와 같은 부정적 정서를 일으킨다. 만약 분노가 수용할 수 없을 정도로 크거나 또는 공격적 단서(그날 있었던 또 다른 나쁜 감정, 던지기 쉬운 물체 등)가 더해지면 공격적 행동으로 표출된다. 표출된 공격적 행동은 그 빈도가 높아질수록 공격적 습관으로 굳어지게 된다. 이렇게 형성된 공격적 습관은 다시 부정적 정서에 영향을 주게 되는데, 결과적으로 사소한 자극에도 극심하게 분노를 느끼게 된다.

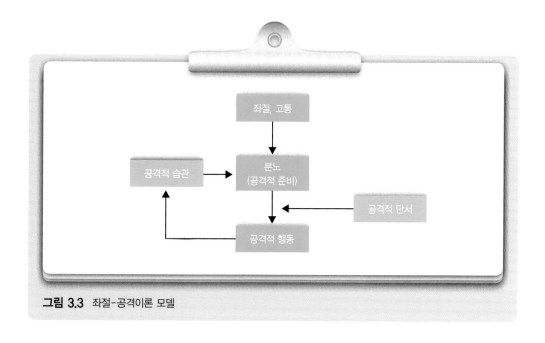

그림 3.3 좌절-공격이론 모델

이후 좌절-공격이론은 인지적 신연합주의로 조금 수정되었으나 본 절에서는 다루지 않기로 한다. 정리해 보면 좌절-공격이론은 본능적으로 작용하는 공격성에 좌절이라는 외부 자극이 더해질 경우 폭력적 행동으로 표출된다.

(2) 사회학습이론

사회학습이론에 따르면 인간의 공격성은 본능에 근거한 것이 아니라 사회적 상호작용 과정에서 학습된 것이다. 공격적인 행동을 했을 때 이에 따르는 결과, 즉 보상과 벌을 확인하고 자신에게 유익이 된다고 판단되면 공격성을 사용한다는 것이다. 학습의 방법으로는 직접체험, 모방, 관찰학습 등이 있다.

(3) 인간의 공격성

앞에서 설명한 이론을 바탕으로 인간의 공격성을 정리해 보면, 인간은 본능적으로 공격적이며 또한 지능을 사용하여 공격성을 학습하는 존재이다. 사회학습이론과 정보처리이론 등 최근 이론에서는 본능적으로 공격적인 인간을 부인하는 경향이 짙지만 인류가 거쳐 온 역사를 잠시만 되짚어 보더라도 이를 부인하기는 쉽지 않다.

걸프 전쟁, 베트남 전쟁, 중동 전쟁, 한국 전쟁, 제1, 2차 세계대전, 아편 전쟁, 미국 독립

그림 3.4 2013년 현재 전시 상황에 준하는 지역(위키피디아 사전)

전쟁, 십자군 전쟁 등 수많은 전쟁들이 일어났으며 현재도 전쟁이 그치지 않고 있다. 인류의 역사는 곧 전쟁이 역사라고 할 수 있을 정도이다. 또한 전시 상황이긴 했지만 인간이 저지른 폭력의 참담함은 상상할 수 없을 정도이다. 대표적으로 600만 명의 생명을 앗아간 유태인 학살사건, 4년간 약 1,700만 명이 생명을 잃은 캄보디아 대학살(크메루즈 대학살), 그리고 일본군부가 저질렀던 731부대의 생체실험사건, 종군 위안부 사건, 난징 대학살 사건 등[1]을 들 수 있다.

인간의 비이성적인 공격성은 전시 상황에만 국한되지 않았다. 로마의 원형극장에서의 검투사들 간의 사투, 십자가 처형제도를 포함한 잔인한 사형제도, 그 밖의 다양한 형태의 고문도구들은 평상시에 목격하거나 사용되었던 것들이었다. 현대에 이르러 잔인한 사형제도나 고문이 사라졌다고 인간이 공격성이 감소했다고 생각하면 큰 오해를 하고 있는 것이다. 우리나라의 경우만을 놓고 보더라도 5대 강력사건은 2003년 이후 매년 400,000만 건 이상 발생하고 있다. 학교폭력 실태조사에서도 학생들의 가해 정도가 해가 갈수록 심각한 것으로 나타나고 있다.

이제까지 살펴본 내용을 바탕으로 공격성에 대해 주목해야 할 점을 정리하면 다음과 같다.

---

1 http://blog.naver.com/PostView.nhn?blogId=my58my&logNo=190946225

- 인간은 본능적으로 공격적이며 사회적 상호작용을 통해 공격성을 학습하기도 한다.
- 공격성은 누구나 가지고 있으며 조건만 맞으면 표출될 수 있다.
- 인간의 공격성은 치명적이어서 인류 역사에 치유할 수 없는 상처를 주었다.
- 공격성은 반드시 관리되어야 할 요인이다.

2) 미디어와 대중매체

대중매체가 학교폭력을 증가시키는 요인이라는 것은 연구자들의 일치된 의견이며, 또한 학부모도 학교폭력의 주범으로 지목한 요인이기도 하다. 대중매체에 대한 우려는 최첨단 스마트폰 보급률과 인터넷 속도가 세계적으로 가장 앞서는 나라들 중 하나인 우리나라의 사회적 여건과 무관하지 않다. 이러한 사회적 여건 속에서 미디어와 대중매체를 통해 전달된 영향력은 실로 대단하다. 유명 연예인들의 옷차림, 사용하는 전자기기 등은 전파를 타고 순식간에 전국에 알려져 유행을 일으킨다. 볼 만한 영화라고 입소문이 난 몇몇 영화들은 짧은 기간 내에 1,000만 명이 관람하여 사회적 이슈가 되기도 한다. 우리가 우려하는 것은 폭력적인 내용이 담긴 수많은 영상과 이미지들이 영화, 텔레비전, 신문, 인터넷 기반 매체 등 대중매체를 통해 학생들에게 쉴 새 없이 전달된다는 것이다. 다음은 대중매체 중 텔레비전의 영향력과 관련된 연구가 있어 소개하고자 한다.

(1) 미국 텔레비전 폭력연구

이 연구는 1994년부터 3년 동안 조사된 종단연구이다. 300여 명의 연구 인력이 참여하여 23개 채널 3,000편 이상의 텔레비전 프로그램을 분석한 결과이다.

- 폭력적인 프로그램 비율
  - 텔레비전 프로그램의 60%가 폭력적인 내용을 담고 있으며 해마다 그 비율은 증가한다.
  - 텔레비전을 주로 많이 보는 저녁 시간대에는 폭력성 있는 프로그램들이 더 많이 방영된다. 전체적으로는 텔레비전 프로그램 중 60%가 폭력적인 것으로 나타났지만 주목해야 할 점은 온 가족들이 함께 텔레비전을 시청하는 저녁 시간 때 폭력성 짙은

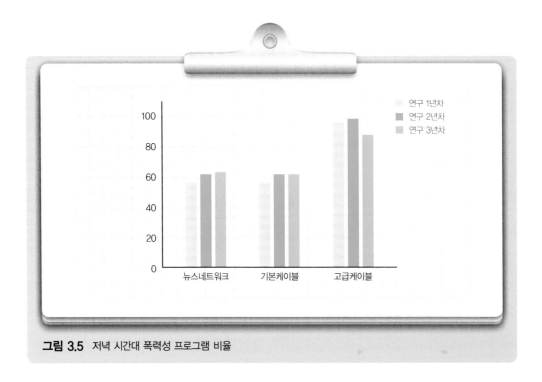

그림 3.5 저녁 시간대 폭력성 프로그램 비율

프로그램들이 집중된다는 것이다. 〈그림 3.5〉는 이를 잘 보여주고 있다. 특히 많은 비용을 지불해야 하는 고급케이블 프로그램의 경우 연구 1차년도부터 3차년도까지 각각 91%, 97%, 87%의 프로그램이 폭력적인 것으로 나타났다.

- 폭력을 강화하는 프로그램의 내용분석
  - 좋은 캐릭터의 공격성 : 프로그램상에서 발생한 폭력의 40%가 좋은 캐릭터로 설정된 인물에 의해 주도 되었다.
  - 폭력에 대한 무조치 : 폭력을 저지른 나쁜 캐릭터의 인물 1/3 이상이 폭력에 대해 아무런 제재와 벌을 받지 않았다.
  - 피해에 대한 무감각성 : 프로그램상에서의 폭력장면 중 50%는 폭력으로 인해 피해자가 입게 되는 신체적 고통 또는 정신적 고통을 다루지 않았다.
  - 폭력의 유머화 : 폭력장면의 40%가 폭력을 유머와 연관지어 표현했다.

결론적으로 이 연구는 텔레비전 프로그램이 전달하고 있는 메시지(매력적인 공격자, 폭력을 폭력으로 해결하는 방법의 정당화, 가해자에 대한 아무런 처벌이 없는 점 등)가 어린 학생들과 청소년들의 폭력성을 강화시키는 역할을 한다고 주장하였다. 한편 다른 연구에서는 미국 학생의 경우 초등학교 기간 동안 텔레비전을 통해 8,000건 이상의 살인과 100,000건 이상의 폭력장면을 목격하게 된다고 한다(Bushman, & Huesmann, 2001).

이와 같은 연구 결과는 우리나라에도 시사하는 바가 크다. 인기 있는 개그 프로그램의 경우만 생각해 보더라도 사람의 외모를 비웃고, 조롱하고, 폄하하고, 웃음을 유발하는 소재로 이용하는 장면이 무수히 많다. 유명 예능 프로그램을 보더라도 소위 캐릭터란 이름으로 다른 사람을 비하하거나 조롱하는 것은 자연스러운 웃음 소재이다. 또한 장난이라지만 신체적 폭력을 가하는 모습이 자주 방영되며, 폭력을 폭력으로 해결하는 방법이 가장 많이 보인다.

이런 모습은 텔레비전에서만 나타나는 것이 아니다. 영화, 뮤직드라마, 웹툰, 동영상, 비디오 게임 등 어디에서건 쉽게 목격할 수 있는 장면이다. 또한 스마트폰 보급률을 고려해 볼 때, 우리 학생들은 늘상 폭력적인 영상과 함께한다고 해도 과언이 아니다. 학생들 사이에서 "욕이 없으면 문장이 만들어지지 않는다."는 말이 있다. 욕과 함께 폭력적인 영상도 학생들은 늘상 함께하고 있으며 이는 학교폭력의 강력한 발생요인이다.

3) 집단성과 집단주의 문화

문화는 개인주의와 문화와 집단주의 문화로 구분할 수 있다. 개인주의 문화는 개인의 가치, 신념, 느낌, 판단을 집단의 것보다 중요시하는 반면 집단주의 문화는 집단의 이익, 규범, 판단 등이 개인의 것보다 중요시하는 문화를 말한다. 개인문화가 발달한 서구사회에서는 감정, 생각, 느낌, 기호, 나아가 정치적 신념이나 종교적 신앙 등을 표현하는 것이 자연스러운 일인 동시에 무엇보다도 우선시 되는 일이나. 그에 비해 집단문화가 발달한 우리나라를 포함한 동양사회에서는 상당한 변화가 있었음에도 불구하고 아직까지 집단의 가치를 벗어난 개인의 사고와 판단을 표현하는 데 아직까지 자유롭지 못하다.

앞서 언급한 것처럼 초등학교 고학년 이상 학생들에게 또래집단은 아주 중요한 의미를 갖는다. 또래집단에 잘 녹아들고 수용되는가에 따라 매우 상반되는 학교생활을 하게 된다. 이렇게 또래집단이 강한 영향력을 발휘하는 시기에 학생들은 집단성 및 집단주위 문화를 경험한다. 집단 상황에서 집단주의가 팽배해지면 몰개성화, 집단적 사고, 동조성, 배척성,

방관자 효과(책임의 분산)라는 특징이 나타난다(이성직, 전신현, 2000).

집단의 가치와 규범이 우선시되기 때문에 각 개인의 개성은 무시되고 동일한 판단과 사고를 가지는 집단적 사고가 득세한다. 집단에 동조하려는 동조성도 강력해진다. 또한 누군가 집단과 다른 입장을 보이거나 동조하지 않는 학생이 목격되면 즉시 집단에서 배척하려는 경향도 높아진다. 집단에 동조하지 않는 학생을 배척하는 과정에서는 호혜성 법칙이라는 기제가 작동한다. 호혜성이란 상대방이 어떤 대가를 지불했기 때문에 나도 그만큼의 대가를 지불한다는 원리를 의미한다. 호혜성의 원리가 적용되면 학생들은 집단의 규범에 동조하지 않는 친구들을 집단에서 배척하는 것을 당연하다고 여기게 된다. 여기에 집단에서 수행한 일은 책임이 분산되어 큰 책임감이나 죄책감을 느끼지 못한다는 방관자 효과도 더해진다. 따라서 집단 구성원들은 별다른 죄의식을 느끼지 않고 집단에서 배척한 소수의 학생에게 폭력을 저지를 수 있다. 잠시 학급장면을 떠올려 보자. 대략 학급에서는 40명의 학생이 있다고 가정하자. 40명 모두가 또래집단의 규범을 따를 수 있을까? 오히려 5%의 학생이라도 다른 생각, 사고, 행동, 느낌을 갖는 것이 자연스러운 일이 아닐까?

학교는 제도상 편의에 의해 학생들을 강제적으로 집단으로 구성한 곳이다. 우리 사회와 같이 집단주의가 강한 문화권에서 타의에 의해 집단을 이룬 학교와 학급을 고려해 볼 때 배척과 소외, 따돌림 등의 학교폭력이 발생하는 것은 오히려 자연스러운 현상으로 해석할 수 있다.

제4장

학교**폭력**의 결과

앞에서 우리는 학교폭력을 일으키는 다양한 요인들을 살펴보았다. 그리고 여러 요인 가운데 공격성, 대중매체, 집단성에 대해서 좀 더 자세히 살펴보았다. 학교폭력은 단일한 요인에 의해 발생하는 것이 아니라 다양한 요인들이 복합적으로 작용하고 발생하는 것임을 알게 되었다. 또한 공격성, 대중매체, 집단성을 고려해 볼 때 타의에 의해 수십 명의 학생들이 좁은 공간 안에 하루의 대부분을 생활해야 하는 학교에서 학교폭력과 같은 공격적인 행동이 발생하는 것은 오히려 자연스러울 수 있다는 사실을 알 수 있었다.

이 장에서는 학교폭력이 구체적으로 어떠한 결과를 초래하는지 알아볼 것이다. 학교폭력이 피해 학생, 가해 학생, 피해 학생 가족 등 당사자들에게 얼마나 큰 신체적·정신적 손상을 끼치는지 바로 이해한다면 학교폭력을 예방하고 방지하려는 우리들의 노력이 중요한 것임을 구체적으로 알 수 있는 계기가 될 수 있을 것으로 기대한다. 또한 이 장에서는 학교폭력으로 인한 교사들의 피해를 중점적으로 다루고자 한다. 알려진 것같이 교사는 학교폭력을 예방하고 사안 발생 시 필요한 조치를 담당하는 주요한 역할을 한다. 그러나 많은 경우 교사는 학교폭력의 큰 피해자가 될 수 있다. 교사들의 피해는 어느 정도인지, 어떤 영향을 미치는지 구체적인 통계자료를 바탕으로 살펴볼 것이다.

1. 피해 학생

학교폭력의 피해 학생이 경험하는 고통이 어떠한가를 이해하기 위해 학교폭력으로 목숨을 잃은 한 학생의 유서를 살펴보자.

3월 중순에 ○○○라는 애가 같이 게임을 키우자고 했는데 협박을 하더라구요. 그래서 제가 그때부터 매일 컴퓨터를 많이 하게 된 거예요. 그리고 그 게임에 쓴다고 제 통장의 돈까지 가져갔고, 매일 돈을 달라고 했어요. 그래서 제 등수는 떨어지고, 2학기 때쯤 제가 일하면서 돈을 벌었어요. (그 친구들이) 계속 돈을 달라고 해서 엄마한테 매일 돈을 달라고 했어요. 날이 갈수록 더 심해지고 담배도 피우게 하고 오만 심부름과 숙제를 시키고, 빡지까지 써줬어요. 게다가 매일 우리 집에 와서 때리고 나중에는 ○○○이라는 애하고 같이 저를 괴롭혔어요.

키우라는 양은 더 늘고, 때리는 양도 늘고, 수업시간에는 공부하지 말고, 시험문제 다 찍고, 돈벌라 하고, 물로 고문하고, 모욕을 하고, 단소로 때리고, 우리 가족을 욕하고, 문제집을 공부 못하도록 다 가져가고, 학교에서도 몰래 때리고, 온갖 심부름과 숙제를 시키는 등 그런 짓을 했어요.

12월에 들어서 자살하자고 몇 번이나 결심을 했는데 그때마다 엄마, 아빠가 생각나서 저를 막았어요. 그런데 날이 갈수록 심해지자 저도 정말 미치겠어요. 또 밀레 옷을 사라고 해서 자기가 가져가고, 매일 나는 그 녀석들 때문에 엄마한테 돈 달라 하고, 화내고, 매일 게임하고, 공부 안 하고, 말도 안 듣고 뭘 사달라는 등 계속 불효만 했어요.

전 너무 무서웠고 한편으로는 엄마에게 너무 죄송했어요. 하지만 내가 사는 유일한 이유는 우리 가족이었기에 쉽게 죽지는 못했어요. 시간이 지날수록 제 몸은 성치 않아서 매일 피곤했고, 상처도 잘 낫지 않고, 병도 잘 낫지 않았어요.

이 안타까운 사연의 주인공은 사건 당시 중학교 2학년에 재학 중인 학생이었다. 2011년 대구에서 발생한 이 사건은 일반인들에게 학교폭력의 실태와 폭력성 얼마나 심각한지 일깨우는 계기가 되었다. 위에서 보듯이 학교폭력의 피해 학생은 신체적으로, 정신적으로 심각한 손상을 입는다. 사안에 따라서 학교폭력으로 인한 신체적 피해도 크겠지만 무엇보다

표 4.1 학교폭력으로 인한 자살생각

항목	빈도(명)	비율(%)
전혀 없었다	363	55.3
1년에 1~2번	119	18.2
한 달에 1~2번	84	12.8
일주일에 1~2번	57	8.7
하루에 1번 이상	33	5.0
합계	656	100.0

도 피해 학생들을 겪는 고통은 정신적인 충격이다.

1) 자살생각과 자살

피해 학생들은 자살을 심각하게 고민한다(이동은, 한기주, 권세은, 장은혜, 2013). 〈표 4.1〉에서 볼 수 있듯이 학교폭력 피해경험이 있는 학생들 중 44.7%는 자살을 생각한다(청소년예방재단, 2013). 이처럼 피해를 경험한 학생이 약 45%나 자살을 생각했다는 것을 충격적인 일이 아닐 수 없다. 피해 학생들은 왜 자살이라는 극단적인 생각을 하는 것인가? 물질적으로 풍요로운 시대에 살다보니 정신적으로 나약하게 된 것인가? 개인적으로 이기적인 문화의 영향으로 친구, 가족, 교사가 무관심해서 그런 것인가? 여러 가지 답을 할 수 있겠지만 꼭 유념해야 할 것이 있다.

- 학교폭력으로 인해 학생들이 입게 되는 피해는 일반인이 상상할 수 없을 정도로 크다. 두 가지 측면으로 볼 수 있다. 먼저는 발달학적인 측면이다. 학교폭력이 빈번히 발생하는 시기는 학생들이 자아를 형성해 가는 사회·정서적으로 불안한 시기이다. 즉 위험에 대처하는 능력이 충분히 개발되기 이전에 학생들은 자신들의 삶을 송두리째 삼킬 만한 큰 위협인 학교폭력에 직면한다. 비유하자면 아기살과 같은 연약한 피부에 큰 가시가 박힌 것과 같다. 굳은살과 같은 단단한 피부였다면 상처가 덜했을 것이다. 다음으로 학교폭력의 심각화이다. 학교폭력은 이제 단순한 갈등이나 다툼의 수준이 아니다. 과거 학교폭력을 가시에 비유한다면 지금의 학교폭력은 대못에 비유할 수 있다. 2장의 실태에서 보았듯이 가해자들은 더 집단적으로 조직적으로 폭력을 저지를 뿐 아니라 더욱 잔인하고 참혹한 방법으로 학생들에게 고통을 가한다.

- 피해 학생에게는 탈출구가 별로 없다. 피해 학생들은 친구, 교사, 그리고 가족으로부터 적절한 보호를 받지 못한다. 학교폭력이 집단화, 조직화되었기 때문에 피해 당사자 홀로 가해 학생 집단과 맞서기란 쉬운 일이 아니다. 그렇다고 친구들이 직접 도와줄 수도 없다. 가해자와 가해자 집단이 두렵기 때문이다. 그렇다면 교사는 잘 도와줄 수 있을까? 그렇지 않다. 황혜자와 김종운(2007)에 따르면, 교사는 집단 괴롭힘 사건의 29%, 운동장 집단 괴롭힘 사건의 4%만을 개입한다. 또한 학생들도 교사들이 학교

폭력을 막아줄 것으로 믿지 않는다는 것이다. 초등학교의 40%와 중학교의 60% 학생이 교사가 적극적으로 집단따돌림을 막으려고 노력하지 않는다고 생각한다(황혜자, 김종운, 2007). 또한 안타까운 것은 가족들마저도 피해 학생들을 잘 돕지 못하다는 것이다. 그 이유 중 하나는 피해 학생들이 부모들에게 사건을 보고함으로 오히려 부모들에게 걱정을 끼칠 것을 염려하고 있다는 것이다. 이것은 유서의 내용에서도 잘 나타난다. 부모를 보호하려는 마음이 도리어 더 큰 좌절을 부모에게 안겨다주는 것이 학교폭력의 결과이다.

2) 고독과 외로움

피해 학생들은 특성상 친구가 별로 없다. 사회적 기술이 부족하기 때문에 친구를 잘 사귀지 못한다. 만약 학교폭력으로 피해를 입게 되면 친구관계는 더욱 어려워진다. 그나마 소수였던 친구마저도 잃게 되는 경우가 발생한다. 앞서 설명한 것처럼 역학상 상위집단을 구성하는 가해자들이 폭력을 행사하게 되면 일반 학생들은 두려움을 느낀다. 괜히 친구를 도와주었다가 힘센 가해자들에게 도리어 보복을 당할지도 모르기 때문에 섣불리 나설 수가 없다. 또한 본인도 가해자들에게 낙인이 찍혀 지속적으로 폭력을 당할까 봐 두려워한다. 따라서 학교폭력은 피해 학생들을 더욱 고립시킨다. 피해 학생들은 폭력에 노출될수록 고독, 외로움, 소외감을 경험한다.

3) 불안과 우울

피해 학생들은 불안과 우울에 시달린다. 언제 다시 폭력을 당할지도 모른다는 생각에 불안한 정서와 위축된 행동을 보인다. 고독, 외로움, 불안, 자살생각은 쉽게 우울로 이어질 수 있다. 피해 학생들은 학업이나 학교생활에 별다른 흥미를 느끼지 못하고 무기력하게 생활하며 높은 우울 증세를 보인다(김재엽, 정윤경, 2007; 윤명숙, 조혜정, 2008).

4) 분노와 복수충동

학교폭력을 경험한 피해 학생들은 처음에는 불안해하거나 초조해하다가 시간이 흐르면서 점차 반사회성이 길러지고 공격적 성향으로 변한다든지, 무기력한 상태로 바뀌는 경향이 있다(김현숙, 2013). 학교폭력으로 인해 불안이나 위축상태에 놓이게 되면, 대인 기피현상과 함께 반사회적 혹은 폭력적 성향으로 변할 수 있다(Birch & Ladd, 1997; 김현숙, 2013 재인용). 특히 지속적인 폭력에 노출될 경우 분노와 더불어 복수하고 싶은 충동은 계속 커져만 간다. 만약 복수를 하고 싶은 대상이 힘이 세고 두려운 상대라면 쉽게 복수를 할 수 없다. 이때 피해 학생들은 복수를 가능케 할 수 있는 약한 대상을 찾는다. 때에 따라 그 대상은 가족이 될 수 있고 애완동물일 수도 있다.

5) 학교적응

피해 학생들은 학교적응에 어려움을 겪는다. 피해 학생들은 또래관계에서 소속감이나 만족을 느끼지 못하고 오히려 소외감과 고독감을 경험한다. 폭력에 대한 불안, 정서적 불안정으로 학습에 집중하지 못하고 낮은 성적을 유지할 가능성이 높다(이은희, 손정민, 2011). 교사의 관심이 대상이 될 수는 있지만 교사와 친밀한 관계를 유지하기는 어렵다. 자살생각, 우울 등으로 학교생활이 즐겁지 못하고 무기력과 위축된 태도를 보인다. 이러한 요인들이 종합되어 피해 학생들은 학교적응에 큰 어려움을 겪는다.

학교폭력에 장기적으로 노출된 피해 학생들이 폭력에서 벗어나기 위한 탈출구는 별로 없다.

2. 가해 학생

피해 학생들에게 평생 잊을 수 없는 큰 상처를 준 가해 학생들은 어떨까? 그들은 남을 괴롭히고도 잘 살아갈 수 있는 것일까? 한 마디로 답하면 '아니다'이다. 피해 학생들 못지않게 가해 학생들 또한 험난한 여정이 기다리고 있다.

1) 만성적 범죄자

가해 학생들은 싸움, 갈취, 절도, 위조, 폭행, 강간 및 살인 등 비행에 연루될 가능성이 높고 결과적으로 사법처리 대상이 될 확률이 일반 학생에 비해 월등히 높다. 특히 아동기에 중대한 범죄를 저지른 경험이 있는 학생은 이후 청소년기와 청년기에 사법처리 대상으로 쉽게 옮겨간다. 16세와 17세 때 심각한 범죄를 저지는 20~40%의 남학생들은 아동기에 이미 폭력에 연루되었던 것으로 나타났다(Nagin & Tremblay, 1999). 또한 27세에 심각한 범죄를 죄지는 사람의 85%가 12세에서 20세 사이에 유사한 비행을 저지른 것으로 보고되었다(Maguire & Pastore, 1999). 이처럼 가해 학생들을 평생에 걸쳐 폭력의 굴레에서 벗어나지 못하고 만성적 범죄자가 전락할 가능성이 높다.

2) 데이트 폭력과 폭력의 대물림

가해 학생들은 데이트 시에도 상대방에게 폭력을 행사할 뿐 아니라 가정을 이루어서도 자녀를 강압적인 방식으로 양육하거나 학대함으로써 그 자녀들을 또 다른 가해자로 만든다. 가해 학생들은 갈등 상황에서 평화적으로 문제를 해결하는 방법을 알지 못한다. 폭력적인 방법으로 문제를 해결하는 것이 쉽고 이 방법에 익숙해졌기 때문에 다른 해결책을 시도하지 않는다. 이 때문에 대인관계에서 늘 크고 작은 문제를 가진다. 상대방에게 배려와 존중하는 태도를 잘 보여야 할 데이트 상황에서도 이들은 공격적인 성향을 나타낸다. 캐나다에서 수행된 연구에 따르면 가해 학생들은 어린 나이에 데이트를 시작했고 또래보다 데이트 관계에서 공격적인 것으로 나타났다(황혜자, 김종운, 2007). 또한 가족관계에서도 폭력은 계속된다. 가해자들은 자녀를 폭력적 태도로 양육하고 자녀들도 쉽게 폭력에 연루된다. 따라서 학교폭력은 세대와 세대를 넘어 대물림되는 결과를 가져온다.

3) 우울과 자살생각

가해 학생들은 우울과 자살생각에 시달린다. 상대방을 괴롭히는 가해 학생들이 우울 증상을 보이고 심지어 자살을 생각한다는 것은 쉽게 납득이 가지 않는다. 그러나 사실이다. 한 연구에 의하면(Fekkes et al., 2003) 학교폭력을 행사한 학생들은 성별에 구분 없이 일반 학생들에 비해 높은 우울을 나타냈다. 더 흥미로운 결과는 가해 학생들의 우울 수준이 피해 학생들의 우울보다 더 높게 나타난 것이다. 또한 가해 학생들은 우울과 더불어 자살생각과 자살을 시도하는 비율도 높다. 이러한 사실로 볼 때 남을 괴롭히는 행동은 결코 자신의 행복에 도움이 되지 않는 것임을 알 수 있다.

4) 학교적응

피해 학생과 마찬가지로 학교적응에 문제를 보인다. 충동적이고 공격적인 성향의 가해 학생들은 원만한 교우관계를 유지하기 어렵다. 같은 무리의 동류들과 패거리로 어울려 다니지만 사회 · 정서 발달상 쉽게 배척당할 가능성이 높기 때문에 언제든지 또래집단에서 떨어져 나갈 수 있다는 불안감에 초초해한다. 실제 학교현장에서는 가해 집단 또는 힘 있는 집단에 소속되어 있다가 서서히 배척당한 학생들을 쉽게 목격할 수 있다. 이런 학생들은 일반 학생들에 비해 심리 · 정서적으로 더 큰 충격에 빠지기 때문에 생활지도 시 더 각별한 주의가 요구된다.

가해 학생들은 데이트 상황에서도 폭력을 행사하기가 쉽다.

　가해 학생들은 교사의 권위, 학교규칙이나 질서 등을 쉽게 무시하는 경향이 있어 교사들의 집중적인 관심과 위반 행위에 대한 조치를 받을 가능성이 높다. 따라서 교사들과도 좋은 관계를 유지하기 힘들다. 또한 무단 지각, 잦은 결석, 낮은 학업성취를 보일 가능성이 크다.

3. 교사

교사는 학교폭력 예방과 근절 그리고 사후조치를 담당하는 중요한 역할을 한다. 학교폭력과 관련한 정부와 시·도 및 지역교육청의 각종 대책이 쏟아질 때마다 교사들의 역할과 책임의 중요성이 강조된다. 자연스럽게 교사는 학교폭력과 관련된 문제들을 지원하고 처리하는 서비스 담당자로 인식되었다. 하지만 교사는 학교폭력의 중요한 당사자이다. 교사는 저 멀리 떨어져 있다가 폭력 사안이 발생하면 보고서와 연필을 들고 객관적으로 문제를 해결하려고 노력하는 담당자뿐 아니라 학교폭력을 직접 체험하고, 목격하고, 관여하는 당사자이다. 교사는 때로는 피해자, 때로는 가해자, 때로는 목격자가 되기도 한다.

학교폭력이 교사에게 미치는 영향에 대한 연구는 이제 막 시작단계라 해도 지나치지 않다. 다행스럽게도 교사를 대상으로 한 몇몇 연구들(방기연, 이규미, 2009; 이규미, 손강숙, 2012; 한국형사정책연구원, 2012)이 선구적으로 진행되었다. 이 연구들을 중심으로 학교폭력으로 인한 교사 피해 실태와 피해로 인한 결과를 살펴보겠다.

1) 국외 피해 실태(한국형사정책연구원, 2012, 재인용)

- 영국의 런던 교사의 91%가 현재까지 한 번 이상 학교폭력을 당했다고 보고하였다(De Wet, 2010).
- 스코틀랜드에서는 2002~2003년에 교사의 7.5%가 학생들에게 폭력을 당했다고 보고였다(스코틀랜드 교육부, 2004).
- 뉴질랜드에서는 교사의 15.5%는 학생들에게 물리적 폭력을 경험하였거나 본 적이 있는 것으로 나타났다(Benefield, 2004).
- 미국에서는 공립학교 교장의 11%가 매일 또는 매주 학생들이 불량한 태도를 보인다고 응답했고, 교사의 6%가 학생들에게 언어적 폭력을 당했으며, 교사의 4%는 물리적인 폭력을 당했다고 보고하였다(미국국립교육통계센터, 2009).

- 대만에서는 지난 1년간 교사에게 공격적인 행동을 한 학생이 30.1%로 나타났다(Ewen, 2007).
- 터키에서는 교사의 24.1%는 정서적인 폭력을 경험하고, 14.7%는 언어적인 폭력을 경험한 것으로 조사되었다(Ozdemir, 2012).

자료들을 종합해 보면, 유럽과 북미, 그리고 대만과 터키를 포함한 아시아권에 이르기까지 학생들에 의한 교사 폭력피해는 광범위하게 발생하고 있는 것을 알 수 있다. 학생들 사이에 발생하는 폭력문제뿐 아니라 교사와 학생 사이의 폭력 사안도 중요한 문제임을 보여준다.

2) 교권침해 실태

학교에서 발생하는 교사 피해를 확인할 수 있는 자료는 그리 많지 않다. 공식적인 통계자료로 한국교원단체총연합회가 발표한 '교권회복 및 교직상담 활동실적'보고서와 교육부와 발표한 '학년도별 교권침해 현황' 정도가 있을 뿐이다.

교육부가 발표한 '학년도별 교권침해 현황'에 따르면 최근 5년(2009~2013년)간 학교현장에서 1만 9,844건의 교권침해가 발생한 것으로 나타났다(표 4.2). 교권침해 유형별로는 학생에 의한 폭언·욕설이 2009년부터 2013년 1학기까지 1만 2,126건으로 가장 많았다.

표 4.2 연도별 교권침해 현황

연도	학생에 의한 교권침해						학부모에 의한 교권침해	합계
	폭행	폭언 및 욕설	수업진행 방해	성희롱	기타	소계		
2009	31	868	348	19	293	1,559	11	1,570
2010	45	1,241	500	31	369	2,186	40	2,226
2011	59	2,889	1,005	52	749	4,754	47	4,801
2012	132	4,933	1,808	98	872	7,843	128	7,971
2013년 1학기	76	2,195	626	46	284	3,227	49	3,276
합계	343	12,126	4,287	246	2,567	19,569	275	19,844

이어서 수업진행 방해(4287건), 학생에 의한 폭행(343건), 학부모에 의한 교권침해(275건), 학생에 의한 교사 성희롱(246건) 등의 순으로 나타났다. 이 가운데 학부모에 의한 교권침해는 2009년 11건에서 2012년 128건으로 10배나 급증해 학부모의 교권침해 문제가 심각한 것으로 조사되었다. 또한 학생에 의한 폭행과 폭언·욕설도 각 3~4배 증가하여 심각한 것으로 조사되었다.

교육부자료에서 보듯이 학생들과 부모들에 의한 폭력은 매년 급증하는 추세임을 알 수 있다. 폭언·욕설과 가장 큰 비중을 차지하고 있지만 폭행, 성희롱과 같은 심각한 유형의 폭력도 꾸준히 증가하는 것을 볼 수 있다. 학교폭력에 대한 적절한 대안이 마련되지 않을 경우 피해 학생뿐 아니라 일반 교사에게도 학교는 더 이상 안전하지 않은 공간임을 알 수 있다.

3) 교사 폭력피해 실태

한국형사정책연구원에서는 전국에서 표집된 105개 중학교와 고등학교의 교사 1,054명을 대상으로 폭력피해 실태를 조사한 바 있다. 이 연구는 교사에 대한 폭력피해를 전국적으로 조사한 최초의 실태연구로서 그 원인과 현황을 체계적으로 분석한 연구이다.

- 교사 폭력피해 수준 인식 : 현재 우리나라에서 교사에 대한 폭력이 어느 정도 수준에 와 있다고 생각하는지를 물어본 결과 응답 교사의 31.4%는 '매우 심각하다'고 답하였고,

표 4.3 교사 폭력피해 수준 인식

반응 유형	빈도(명)	비율(%)
전혀 심각하지 않다	12	1.1
별로 심각하지 않다	65	5.9
그저 그렇다	102	9.7
조금 심각하다	544	51.6
매우 심각하다	331	31.4
무응답	3	0.3
합계	1,054	100.0

51.6%는 '조금 심각하다'고 답해 전체의 80%가 넘는 교사들이 교사의 폭력피해를 심각한 문제로 인식하는 것으로 나타났다.

• **교사 폭력피해 경험** : 전체 응답자 1,054명 가운데 학생이나 학부모로부터 폭력피해를 한 번 이상 경험한 교사는 모두 380명으로 약 36%의 교사들이 폭력을 경험한 것으로 나타났다. 피해경험 교사들 중 남교사가 33.2%, 여교사가 66.8%를 차지하여, 여교사의 폭력피해 경험률이 현저히 높은 것으로 나타났다. 또한 학생 및 학부모로부터 두 가지 유형 이상의 폭력피해를 경험한 교사는 모두 167명으로 전체의 15.9% 나타났다.

폭력피해를 직접 경험한 것을 살펴보면 욕설과 협박이 26.6%로 가장 높았다(표 4.4). 이어서 교사 앞에서 물건 던지기, 부수기 18.7%, 사이버 괴롭힘/휴대전화 폭력 3.6%, 따돌림 및 집단무시 3.0%, 교사 개인 재산의 손괴 2.1%, 성희롱 1.9%, 신체적 폭행 0.9% 순으로 서로 나타났다. 직접 학교폭력의 피해를 입은 교사는 총 598명(중복응답 포함)이며, 이 중 욕설과 협박 및 교사 앞에서 물건 던지기, 부수기 등은 전체 피해의 79.7%를 차지하였다.

또한 간접피해 경험은 직접피해 보다 더 높은 것으로 보고되었다.

전국적인 표본을 대상으로 조사한 결과 교사의 80%가 교사 폭력피해를 심각하게 보고 있었으며, 대략 36%의 교사들이 학생과 학부모로부터 폭력을 경험하고 있음을 알 수 있었다. 이는 학생들의 피해율보다도 두 배 이상 높은 수치이다. 이는 우리나라

표 4.4 폭력 유형별 교사 폭력피해 경험

폭력 유형	직접경험	간접경험	없음	무응답
욕설과 협박	280(26.6%)	368(34.9%)	405(38.4%)	1(0.1%)
교사 앞에서 물건 던지기, 부수기, 차기	197(18.7%)	268(25.4%)	588(55.8%)	1(0.1%)
사이버 괴롭힘/휴대전화 폭력	38(3.6%)	157(14.9%)	857(81.3%)	2(0.2%)
따돌림 및 집단무시 · 수업거부	32(3.0%)	173(16.4%)	847(80.4%)	2(0.2%)
교사 개인 재산의 손괴	22(2.1%)	129(12.2%)	902(85.6%)	1(0.1%)
성희롱	20(1.9%)	124(11.8%)	908(86.1%)	2(0.2%)
신체적 폭행	9(0.9%)	144(13.7%)	899(85.3%)	2(0.2%)

교사 폭력피해가 얼마나 심각한지를 보여주는 결과라고 할 수 있다.

4) 교사 피해 결과

이규미와 손강숙(2012)은 학생과 학부모로부터 폭력을 경험한 교사들을 대상으로 피해과정 휴유증과 조치 등을 조사하였다. 폭력피해를 경험한 교사들이 겪는 고통을 요약하면 다음과 같다.

- 피해 직후 분노, 후회, 수치심 등을 느꼈다.
- 가해 학생에 대한 지도를 포기뿐 아니라 다른 학생들을 지도하는 의욕마저 상실해 학생들과 심리적으로 멀어졌다.
- 학생지도에 대한 무력감 또는 자신감 결여가 장기간 지속되었다.
- 가해 학생에 대한 분노가 쉽게 가라앉지 않았으며, 또 다른 폭력에 노출될 수 있다는 두려움이 지속되었다. 과민과 우울 등의 정서적 문제가 잘 해결되지 않았다.
- 교사들을 보호하지 못하는 학교 측에 대한 아쉬움을 많이 가지고 있으며, 교사를 보호하지 못하는 제도상의 문제를 제기했다.

4. 피해자 가족

피해 학생뿐 아니라 피해 학생의 가족 구성원들도 학교폭력으로 인한 고통을 겪는다. 피해자 가족들이 겪는 고통과 아픔에 비해 이들에 대한 관심과 연구는 매우 부족하다. 국내 학교폭력 연구가 가해자와 피해자에 집중되었던 것이 큰 이유이다. 피해자 가족의 인터뷰 내용과 피해 학생의 유서 및 이와 관련된 연구를 중심으로 살펴보겠다.

1) 가족 구성원의 갈등과 반목

학교폭력은 피해 학생 가족 구성원들 사이에 갈등을 일으킨다. 앞서 살펴본 바와 같이 피해 학생은 불안, 초초, 분노, 좌절, 외로움, 두려움 등 부정적인 정서를 경험한다. 학습태도, 교우관계, 성적 등 학교생활 전반에 문제가 발생한다. 피해 학생들은 학교뿐만 아니라 가정에서도 부정적인 정서와 정리되지 않는 감정들을 표현할 가능성이 크다. 한편 이러한 자녀를 둔 부모와 형제자매의 심정은 어떠할 것인가? 학생의 미래에 대한 염려로 낙담하기 쉽다. 또한 학생의 잘못된 행동을 바로잡고 고치려는 의욕이 앞선 나머지 지시하고 강제적인 태도를 보이기 쉽다. 이러한 모습은 피해 학생의 유서에서도 엿볼 수 있다. 앞에서 소개한 유서의 뒷부분이다.

> 아빠, 매일 공부 안 하고 화만 내는 제가 걱정되셨죠? 죄송해요. 엄마, 친구 데려온답시고 먹을 걸 먹게 해준 제가 바보스러웠죠? 죄송해요. 형, 매일 내가 얄밉게 굴고 짜증나게 했지? 미안해. 하지만 내가 그런 이유는 제가 그러고 싶어서 그런 게 아니란 걸 앞에시 밝혔으니 전 이제 여한이 없어요. 저는 원래 제가 진실을 말해시 우리 가족들과 행복하게 사는 게 꿈이었지만 제가 진실을 말해서 억울함과 우리 가족 간의 오해와 다툼이 없어진 대신, 제 인생 아니 제 모든 것들을 포기했네요. 더 이상 가족들을 못 본다는 생각에 슬프지만 저는 오히려 그간의 오해가 다 풀려서 후련하기도 해요.

감당할 수 없는 폭력 앞에 서서히 몸과 영혼이 죽어가는 피해 학생의 안타까운 모습을 볼 수 있다. 그리고 그 피해는 고스란히 가족들에게도 전달되어 피해 학생으로 인해 가족 가운데 여러 가지 문제들이 발생하고 있음을 알 수 있다. 사랑하는 가족들에게 사랑을 전하지 못하고 분노와 나쁜 행동을 표출하는 모습. 그래서 피해 학생은 더욱 자신을 용서하기가 힘들었던 것 같다. 사랑하는 가족을 떠나야 하는 어린 학생의 고뇌가 더욱 안타깝게 느껴진다.

2) 분노, 적개심

피해자 가족들은 사안처리 과정에서나 사안처리 후에도 분노, 억울함 등의 부정적 정서를 경험한다. 다음은 피해 학생 부모의 인터뷰 내용이다(홍지영, 유정이, 2013).

사례 1 나는 이렇게 힘든데. 때린 놈은 저러고 잘 다니고 잘 먹고 잘 노니까. 그니까 더 열 받는 거예요. 어쨌든 피해자들만 영원한 피해자가 될 수밖에 없어요. 가해자들은 모르더라구요. 내가 왜 가해를 했는지 가해를 해도 뭐가 잘못된 건지 몰라요.

사례 2 우리 애처럼 연약한 아이들은 안전할 권리도 없나 하는 생각이 들어서 많이 억울하고 … 정말 많이 울었어요. 가해 학생의 부모는 책임을 지려하지 않아 더 화나고 억울한 마음을 말할 수 없었어요.

사례 3 나 도저히 걔를 용서할 수가 없다. 얘를 괴롭힌 애를 데려다가 반 패 죽여버리고 싶었어요.

사례 4 너무 분해가지고 그니까 제가 너무 분하고 그러니까 이게 말이 안 나오더라구요. (중략) 저는 더 싸워보려고 했고, 그 사과를 받고 제대로 이게 일을 처리해보려고 싸워봤던 게 더 큰 상처를 받는 거예요. (중략) 이 학교에서는 삼자대면도 제대로 하지도 않고 조사도 안 하고 그냥 저희만 귀찮았던 거죠. 그 학교에서 당한 수모가 말도 못해요.

사례에서 알 수 있듯이 피해자 가족들은 사안조사 과정에서 학교가 적절한 조치를 취하지 않음으로써 분노와 수모를 겪을 수 있다. 또한 자신과 자신들의 가족들이 겪고 있는 고통과 대비하여 무책임한 가해 학생과 그 가족들의 태도에 큰 분노를 경험하는 것을 알 수 있다.

3) 상실감과 죄책감

피해자 가족들은 학교폭력으로 인한 피해 학생의 고통을 좀 더 일찍 알아채지 못하고 또한 적절한 도움을 주지 못한 것에 대해 미안함과 죄책감을 경험한다. 더욱이 학교폭력으로 자녀를 잃은 가족들은 커다란 상실감과 더불어 자녀를 지켜주지 못했다는 죄책감을 장시간 경험한다. 상실감과 죄책감이 너무 큰 나머지 일반적인 사회생활을 하지 못해 다니던 직장을 그만두거나, 수면제가 없으면 잠을 못 이루는 이차적인 피해를 경험하기도 한다. 다음은 피해 학생의 부모가 경험하는 죄책감의 사례이다(홍지영, 유정이, 2013).

사례 1　○○를 이해하고부터는 지금은 미안해요. 이렇게 제가 첫 단추를 잘 못해준 거예요.

사례 2　상담하러 갔는데 저는 처음에 애가 이 사건이 터져서 이렇게 힘든 건 줄 알았는데 이제 상담을 하다보니까 엄마문제가 많았더라구요. 그래가지고 그때 알았어요.

이 밖에도 피해 학생 가족들은 ① 담임교사가 편파적으로 개입하고, ② 담임교사가 지속적인 사후관리 없이 일시적으로만 개입하고, ③ 전문적 도움을 효과적으로 받을 수 있는 시스템이 없으며, ④ 가해 학생에 대한 대처 및 관리가 미흡하고, ⑤ 경찰이 피해 학생을 죄인 취급하는 등 여러 가지 어려움을 겪는 것으로 나타났다(홍지영, 유정이, 2013).

제5장

피해 학생과 가해 학생의 이해

앞에서 소개된 이론과 사실들을 통해 학교폭력의 실태, 원인 그리고 결과에 대한 대략적인 부분을 이해하였을 것이다. 학교폭력은 우리나라뿐 아니라 전 세계적으로 일어나고 있는 현상이며 유럽과 북미와 같은 선진국도 예외는 아니라는 점, 학교폭력은 갈수록 어린 연령에서 시작되고 그 강도가 심해져 간다는 것, 아직 심리 · 정서적으로 성장하지 않은 학생들이 본인들의 의사와는 무관하게 대단위 집단으로 이루어진 학교에서 생활하는 것을 고려할 때 학교폭력이 발생하지 않는 것이 좀 더 비상식적일 수 있다는 점, 그러나 학교폭력의 결과는 너무나 참담하다는 사실 등이다.

이 장에서는 학교폭력의 가장 핵심적인 인물인 피해 학생과 가해 학생에 대해 살펴보겠다. 이들 학생들이 가지고 있는 특징은 무엇이며, 이들을 피해자 또는 가해자로 만든 원인은 무엇인지, 마지막으로 이들을 도울 수 있는 대책은 어떤 것들이 있는지 살펴보겠다.

1. 피해 학생의 이해

엉뚱하다고 생각될 수 있지만 지금 독자 여러분이 푸른 풀밭이 광활하게 펼쳐진 아프리카 한 초원에 있다고 상상해 보자. 실망스럽게도 여러분은 아름다운 초원과 하늘 그리고 석양에 흠뻑 물든 호수를 보러온 관광객이 아니다. 바로 이틀이나 사냥에 성공하지 못해 배가 몹시 고픈 사자이다. 오늘은 운이 좋게도 수천 마리나 돼 보이는 얼룩말 무리를 만났다. 이제 곧 사냥을 시작할 것이다. 배고픔을 잠시 잊고 온 힘을 다해 먹잇감에게 달려들 것이다.

바로 이 장면에서 여러분은 어떤 얼룩말을 목표로 삼을 것인가? 힘이 세고, 잘 달리고, 민첩한 얼룩말을 고를 것인가? 그래서 힘이 좀 들더라도 질적으로도 뛰어나고, 양적으로도 풍족한 식사를 할 것인가? 아니면 힘이 약하고, 잘 다리지 못하고, 민첩하지 않는 것을 택할 것인가? 고민할 수 있겠지만 자연에서의 답은 명확하다. 사자를 비롯한 대부분의 육식동물들은 후자를 택한다. 병들었거나, 어리거나, 부상을 입었거나, 무리와 떨어졌거나, 엄마와 분리된 동물들을 먼저 목표로 삼는다.

육식동물들이 수백 마리 혹은 수천 마리의 초식동물 무리 가운데 한 마리 먹잇감을 고르는 데에는 그리 오랜 시간을 소모하지 않는다. 왜냐하면 표적이 되는 동물들은 쉽게 눈에 띄기 때문이다. 무리를 잠시만 살펴보면 어떤 표적이 가장 약한지를 쉽게 찾을 수 있다. 이와 마찬가지로 학교폭력의 피해 학생들은 가해자들에게 쉽게 눈에 띄는 표적이 된다. 이들의 어떤 특성이 가해 학생들의 손쉬운 표적이 되게 만드는지 살펴보자.

1) 피해 학생의 특징

피해 학생에 대한 연구는 다양한 방면에서 진행되어 왔다. 초기에는 개인적 특성을 살펴보는 것에 주안점을 두었으나 차차 피해 학생이 속한 가정과 또래집단의 맥락적 특성을 살펴보는 것으로 초점이 이동되었다. 피해 학생의 대표적인 특징으로 알려진 것은 다음과 같다.

(1) 불안, 초초

- 학교폭력 피해 학생들에게서 가장 흔하게 나타나는 특성이다.

불안, 초초는 학교폭력 피해 학생들에게서 가장 흔하게 나타나는 특성이다.

- 피해 학생 얼굴에서는 항상 근심어린 눈동자와 자신감 없고 겁먹은 듯한 표정을 발견할 수 있다.
- 평상시 또는 수업활동에서 피해 학생들의 얼굴표정, 몸짓을 통해 표현되는 불안과 초초는 주위 학생들에게 쉽게 탐지된다. 특히 반 전체나 학년 전체로부터 괴롭힘을 당하는 학생들이라면 더욱 뚜렷하게 불안과 초조를 나타낸다.

(2) 낮은 또래지위와 자존감

- 피해 학생들은 낮은 또래지위와 자존감을 갖는다.
- 또래집단에 잘 수용되지 못하고 수용되더라도 낮은 지위를 가지고 있으며 또한 비슷한 지위를 가진 또래와 어울린다.
- 피해 학생들은 스스로를 실패자, 멍청이, 수치스러운 사람, 매력이 없는 사람이라고 생각한다.

피해 학생들의 낮은 또래지위와 자존감의 원인을 무엇인가? 왜 또래들은 이들을 배척하거나 집단에 끼워주기를 싫어하는가? 이에 대한 답은 피해 학생들이 속한 집단마다 다를 수 있다. 하지만 일반적으로 피해 학생들이 일반 학생들에 비해 빈약한 자산을 가지고 있다고 본다.

(3) 빈약한 자산

- 몸이 외소하거나, 신체적 장애가 있거나, 비만이거나, 체력이 약하거나, 외모가 볼품없거나 등등 신체적 자산이 부족하다.
- 정서가 불안정하여 차분하지 못하고, 작은 일에도 민감하게 반응하는 등 정신적 자산이 부족하다.
- 대인관계 시 다른 사람의 마음을 읽고 알맞게 대처하는 사교적 자산이 부족하다.
- 도움이 필요할 때 피해 학생들을 적극적으로 돌봐줄 부모와 성인들의 지지적 자산이 부족하다.

- 낮은 자존감과 사교적 기술능력의 부족으로 친구를 잘 사귀지 못한다. 소수의 친구들과 어울리며 때로는 단 한 명의 친구도 없는 경우가 있다.
- 친구가 있더라도 친구의 주장에 끌려 다니거나, 친구의 편의만을 우선시 하게 되는 불평등한 친구관계를 맺는다.

2) 피해 학생의 발달과정

피해 학생들은 어떤 발달과정을 거쳐 앞서 설명한 모습에 이르게 된 것일까? 피해 학생의 각 사례를 면밀히 살펴본다면 아마도 수백 가지 다양한 발달과정을 발견할 수 있을 것이다. 이 절에서는 발달이론에 근거하여 가장 일반적인 피해 학생 발달과정을 소개하고자 한다.

(1) 유아기

피해 학생들은 부모와 불안적인 애착을 형성했을 가능성이 높다. 부모의 양육태도를 신뢰하지 못하기 때문에 부모와 저항적이거나 회피적인 애착관계를 형성한 것이다. 그렇다면 왜 불안정한 애착을 형성한 것인가? 앞에서 살펴본 것처럼 피해 학생들의 불안정한 기질 또는 까다로운 기질을 유력한 원인으로 볼 수 있다. 신체 또는 정서적인 문제로 아이가 까다로운 기질(소리에 민감하든지, 잠을 잘 이루지 못하든지, 음식을 잘 섭취하지 못하든지, 쉽게 짜증을 내든지 등)을 보인다면 부모 또한 정상적으로 아이를 양육할 수 없을 것이다. 반대로 부모에게 문제가 있을 수도 있다. 예를 들면 부모 주위에 양육에 도움 줄 사람이 아무도 없거나, 경제적으로 아주 어렵거나, 한부모이거나, 부모에게 질병 또는 정서적인 문제가 있거나 등이다.

불안정 애착을 형성한 아이가 차츰 성장하면서 부모는 두 가지 유형의 양육태도를 보일 가능성이 크다. 하나는 아이를 지나치게 보호하는 과잉보호적 양육태도이고, 다른 하나는 아이를 성가신 존재로 여기는 거부적 양육태도이다. 기억해 두어야 할 점은 남학생의 경우는 과잉보호적 양육태도가 학교폭력 피해로 연결되는 가능성이 큰 반면 여학생의 경우 거부적 양육태도가 학교폭력 피해로 연결되는 가능성이 크다는 것이다.

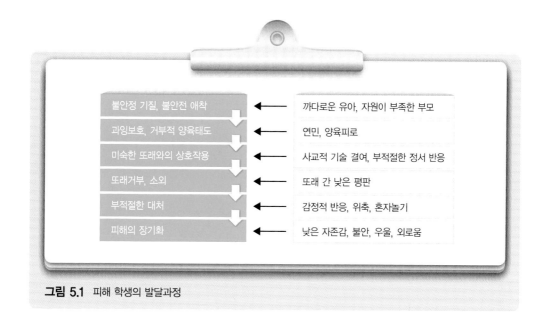

그림 5.1 피해 학생의 발달과정

(2) 아동기

불안정한 애착과 건강하지 않는 양육태도는 아동의 또래관계에도 영향을 미친다. 부모와 관계 맺기를 통해 타인과 관계 맺는 것을 온전히 배우지 못한 채 아동은 미숙하게 또래와 상호작용을 시도할 가능성이 크다. 이러한 시도는 때때로 성공적일 수 있지만 많은 경우 실패로 이어질 수 있다. 즉 또래들로부터 무응답 혹은 거부를 경험하는 것이다. 바로 이 시기에 아동이 좀 더 많은 신체적 및 정신적 자산을 가졌더라면 실패를 당당히 견디어 내고 해결책을 발견함으로써 다음 단계로 도약할 수 있을 것이다. 그러나 안타깝게도 이들은 또래와의 상호작용에 실패했을 때 감정적으로 반응하기, 혼자 놀기와 같은 부적절한 대처에 급급하게 된다. 부절적한 대처는 또래들이 더욱 싫어하는 요인으로 작용하게 되고 결과적으로 지속적인 또래들로부터의 배척과 소외를 당하게 된다. 〈그림 5.1〉은 과정을 요약한 것이다.

3) 피해 장기화 패턴과 그 결과

(1) 부족한 자산과 또래관계

피해 학생들은 가지고 있는 자산이 부족하다. 자산에는 신체적 외소함과 결함, 민감한 성격, 부모의 정서적 · 경제적 지원 부족, 친적 또는 지역사회의 지원 부족 등이 포함된다.

피해 학생들의 자산이 부족하기 때문에 위축되고 자신감 없는 모습으로 보이기 마련이고, 또래들은 이런 유형의 학생들을 선뜻 수용하려 들지 않는다. 따라서 피해 학생들은 친구를 사귀기가 어렵고 사귀더라도 소수에 불과하다. 또한 친구관계도 안정적이지 않다. 피해 학생은 종종 불평등하다고 생각되는 친구관계를 지속하기보다 차라리 독서, 그림 그리기 등 혼자서 생활하기를 선택하기도 한다. 또래관계를 통해 얻는 만족과 즐거움도 있지만 또래관계 때문에 발생하게 되는 갈등, 자존감의 상실과 같은 손해가 더 크다고 판단되기 때문이다.

(2) 잘못된 대처

무리에서 떨어진 얼룩말이 포식자들의 손쉬운 먹잇감이 되는 것처럼 친구가 없거나 친구관계가 견고하지 않은 학생들은 가해 학생들의 좋은 표적이 된다. 가해 학생들은 또래관계에 문제를 보이는 학생을 괴롭히기 시작한다. 친구를 사귀는 능력과 갈등을 해결하는 능력이 부족한 피해 학생들이 자신보다 여러 면에서 우세한 가해 학생들의 집단적인 괴롭힘을 받는 상황에 처하면, 이를 효과적으로 대처할 수 있는 방법은 별로 없다. 〈표 5.1〉은 피해 학생들이 학교폭력을 당했을 때 '아무런 도움을 요청하지 않는다'라는 응답이 가장 높은 것을 보여준다.

 왜 피해 학생들은 도움을 요청하지 않았을까? 〈표 5.2〉는 그 이유를 설명하고 있다. 피

표 5.1 학교폭력을 당했을 때 도움요청 방법(청예단, 2013)

항목	빈도(명)	비율(%)
아무런 도움을 요청하지 않았다.	210	33.8
부모님께 알려 도움을 요청했다.	149	24.0
학교 선생님께 알려 도움을 요청했다.	166	26.6
친구들에게 알려 도움을 요청했다.	62	10.0
학교폭력전문기관이나 청소년상담실에 도움을 요청했다.	16	2.5
117에 신고하여 도움을 요청했다.	19	3.1
합계	622	100.0

표 5.2 도움을 요청하지 않은 이유(청예단, 2013)

항목	빈도(명)	비율(%)
알려지는 것이 창피해서	18	10.1
야단맞을 것 같아서	8	4.5
이야기해도 소용없을 것 같아서	46	25.8
일이 커질 것 같아서	53	29.8
대단한 일이 아니라고 생각해서	30	16.9
보복당할 것 같아서	23	12.9
합계	178	100.0

해 학생들은 '일이 커질 것 같아서'와 '이야기해도 소용없을 것 같아서'라고 가장 많이 응답했다. 요약하자면 피해 학생들은 '학교폭력을 당하는 현재 상황을 도와줄 수 있는 사람은 없다'라고 생각하는 것이다.

(3) 학습된 무기력

피해 학생들은 학교폭력을 당했을 때 해결할 수 있는 대처방법을 잘 알지 못한다. 또한 자신들의 학교폭력 문제를 도와줄 사람도 찾지 못한다. 결국 학교폭력 발생 사실을 숨기려 한다. 피해 학생이 왜 이런 과정을 겪게 되는지 다시 한 번 생각해 보자. 출생과 유아기 성장과정에서 부모와의 관계, 애착관계 등에 문제가 있다. 부족한 개인 및 가족의 자산적인 문제로 또래관계에 어려움을 겪는다. 피해 학생들은 극히 소수 친구들과 건강하지 않은 또래관계를 형성하거나 홀로 지내는 방법을 선택하고 결과적으로 가해 학생들의 쉬운 표적이 된다. 친구가 없기 때문에 피해 학생들은 학교폭력 문제를 도와줄 사람도 찾지 못한다. 따라서 학교폭력 발생 사실을 숨기려 한다. 때로는 부모와 교사에게 도움을 청하지만 적절한 도움을 받지 못하기가 쉽다. 부모와 교사에게 피해 사실을 알기는 것이 오히려 새로운 가족문제, 교사관계 문제를 일으키게 될까 봐 염려한다. 따라서 피해사실을 숨기고 혼자 해결하려고 노력한다. 그러다가 문제해결의 한계에 직면한다. 그리고 이러한 한계와 실패가 반복된다. 결국 '어쩔 수 없다'는 무기력에 빠진다.

표 5.3 학교폭력으로 인한 자살생각(청예단, 2013)

항목	빈도(명)	비율(%)
전혀 없었다	363	55.3
1년에 1~2번	119	18.2
한 달에 1~2번	84	12.8
일주일에 1~2번	57	8.7
하루에 1번 이상	33	5.0
합계	656	100.0

(4) 막다른 길

앞서 설명했듯이 피해 학생들이 학교폭력을 장기간 경험하게 되면 학습된 무기력에 빠진다. 실제 초등학교 시기에 학교폭력에 시달린 학생들이 고등학교에 이르러서도 같은 경험을 하는 경우가 많다. '한 번 왕따는 평생 왕따'라는 말은 학교현장에서 어렵지 않게 목격할 수 있는 사실이다. 어린 나이에 집단따돌림과 같은 학교폭력에 시달린 학생들이 겪어야하는 고통은 말로 다 표현할 수 없다. 그것도 혼자서 힘든 나날들을 버텨가야 한다면 사태는 더욱 심각해진다. 이들의 고민을 귀 기울여 들어주고, 무거운 짐을 함께 저 줄 누군가 있다면 그래도 형편이 나을 것이다. 만약 지옥과도 같은 고통의 날들이 계속된다면 그리고 이 고통의 끝이 보이지 않는다면 피해 학생들은 어떤 선택을 할 것인가? 〈표 5.3〉이 그 해답을 말해 준다. 피해 학생들 중 상당수가(45%) 자살생각을 하고 있다.

4) 피해 학생을 도울 수 있는 방법

일반적인 질병도 상처가 깊거나 상처가 오래될수록 고치기 힘들다. 이와 마찬가지로 피해 학생의 피해가 극심하거나 장기화되면 그만큼 회복하기가 어렵다. 우선적으로 피해 학생을 발견하고 그에 합당한 조치를 취하는 것이 급선무라 할 수 있을 것이다. 또한 장기적인 피해를 받은 학생의 경우는 단순한 몇몇 조치만으로 피해 학생을 도울 수 있다고 자신하는 것을 주의해야 한다. 이미 살펴보았듯이 학교폭력은 다양한 원인들이 중첩되어 나타나기 때문이다. 지금부터 피해 학생들을 도울 수 있는 방법들을 살펴보자.

(1) 피해 학생의 이해

피해 학생을 돕기 위해서는 이들에 대한 분명한 이해가 필요하다. 그 내용은 다음 사항으로 정리해 볼 수 있을 것이다.

- 피해 학생들은 자신이 가진 자산이 부족하고 또래관계에 어려움을 경험한다.
- 장기간 학교폭력에 노출된 피해 학생은 상상할 수 없을 정도의 고통을 겪는다.
- 피해 학생들은 혼자 힘으로 문제를 해결하려고 노력하지만 실패를 반복한다.
- 반복된 실패 가운데 무기력을 경험하고 더 심각할 경우 자살을 생각한다.
- 피해 학생들은 혼자 힘으로는 이 문제를 해결할 수 없다.
- 부모, 교사, 또래관계 등 피해 학생을 둘러싸고 있는 모든 이들이 함께 협력할 때 효과적이다.

피해 학생들은 혼자의 힘으로 학교폭력 문제를 해결하기 어렵다. 홀로 지내기, 감정적인 대응, 침묵하기 등 미숙하고 비효과적인 대처로 인해 더 깊은 학교폭력 피해에 노출되기 쉽다. 피해 학생들은 누군가의 도움을 필요로 한다. 이들을 돕기 위해서는 부모, 교사, 또래 등 다양한 사람들의 협력과 지원이 필요하다.

(2) 부모

피해 학생의 부모들은 자녀가 보이는 위축되고, 의기소침하고, 자신감이 없고, 불안하고, 초조한 특성들을 목격하면서 답답한 마음을 갖기 마련이다. 피해 학생 부모들은 자녀의 연약함을 도와주기 위해 자신들이 직접 자녀를 대신하여 자녀의 의사를 표현하고, 자녀의 문제를 해결하는 경향을 보인다. 특히 자녀가 학교폭력 피해를 당했다는 사실을 인지하면, 자신들의 감정을 절제하지 못하고 격분하는 모습을 종종 보인다. 이러한 피해 학생 학부모들은 학교폭력의 원인을 가해 학생, 교사, 학교 등 전적으로 외부로 돌린다.

이와는 상반된 유형의 부모들도 있다. 학교폭력의 원인을 자녀에게 돌리는 부모들이다. 자녀의 성격, 또래관계 미숙함, 신체적 특성, 사회·정서적 특성 등이 학교폭력을 초래했다고 판단하고 자녀를 비난하는 부모들이다.

두 가지 유형의 부모 모두 피해 학생에게 효과적인 도움을 제공하는 데는 한계가 있다. 피해 학생들이 학교폭력의 굴레에서 벗어나 정상적으로 학교생활을 하기 위해서 부모들은 어떤 도움을 주어야 하는가?

- **자녀의 연약함을 인정한다.** 피해 학생이 가지는 여러 가지 부족한 자산들을 그대로 인정하는 것이 필요하다. 자녀의 부족한 부분을 개발시키려고 노력하는 것은 좋지만 부족한 부분을 인정하지 않는 태도는 자녀관계, 교사관계, 또래관계에 문제를 초래할 가능성이 크고 무엇보다도 부모 본인에게 좋지 않은 영향을 끼친다.

- **자녀의 감정과 의사를 표현할 기회를 많이 제공한다.** 피해 학생과 그 부모들을 상담하는 과정을 살펴보면, 답답한 마음에 자녀의 의사와 감정을 대신 표현해 주는 부모를 쉽게 목격할 수 있다. 특히 고학력의 부모일수록 그러하다. 피해 학생들은 자신의 감정과 의사를 분명하게 표현하는 능력을 강화해야 하는데 부모가 그런 기회를 빼앗아 버리게 되는 것이다. 답답하고 속이 터지더라도 자녀의 이야기를 기다려주고 경청하는 모습을 부모가 보여야 할 것이다.

- **연약함에도 불구하고 자녀를 지지한다.** '부모님은 내편'이라는 생각을 피해 학생이 갖는 것은 매우 중요하다. 자녀가 학교폭력에 자수 노출되면 부모도 실망하고 자포자기하는 상태에 놓이는 경우가 있다. 특히 피해 자녀를 비난하거나 문제의 근본원인으로 지목하는 일을 결코 문제해결에 도움이 되지 못한다. 끝까지 자녀를 응원하고 지지하는 자세가 필요하다.

- **도움을 구한다.** 학교폭력은 다양한 원인에 의해서 발생하기 때문에 문제해결 또한 다양한 차원에서 접근해야 한다. 피해 학생 또는 피해 학생 부모만의 대처만으로 역부족일 경우가 많다. 따라서 주위에 도움을 청할 사람들이 있으면 적극적으로 도움을 구해야한다. 담임교사, 상담교사, 학교 관리자, 학교폭력 피해를 극복한 경험이 있는 학부모, 사회복지사, 청소년 상담가, 경찰, 의사 등 접근 가능한 사람들에게 도움을 청하고 협력적인 관계를 맺는 것이 중요하다.

- **학교폭력에 따른 대처 방법** 〈표 5.4〉는 자녀가 학교폭력을 당했을 때 부모가 대처하는 방법을 정리한 것이다.

표 5.4 학교폭력에 따른 보호자의 대처 방법(교육과학기술부, 2012)

해야 할 일	해서는 안 되는 일
• 아이를 응원해 주세요. '절대 네가 잘못한 게 아니야' 라며 지지해 주세요. • 도움을 요청하세요. 먼저 담임교사에게 학교폭력 사실을 알리세요. • 증거를 확보하세요. 예) 문자메시지, 이메일, 음성녹음, 상해진단서 등 • 보호해 주세요. 교문 앞에서 아이를 기다려 주세요.	• 아이를 탓하지 마세요. 학교폭력은 당신 자녀의 문제가 아닙니다. • 부끄러워하지 마세요. 피해사실을 축소, 은폐하지 마세요. • 힘든 내색하지 마세요. 부모가 절망하면 아이는 더 움츠러듭니다. • 보복하지 마세요. 보복으로 아이의 상처를 치료할 순 없습니다. • 도피하지 마세요. 문제회피, 침묵, 전학, 이사는 해결책이 아닙니다.

(3) 교사

교사들은 어떤 도움을 주어야 하는가? 피해 학생들이 항상 마음을 열고 다가올 수 있는 신뢰관계를 형성하는 것이 급선무일 것이다. 또한 학생들이 서로의 차이를 인정하고 수용하는 학급 문화, 학교 문화를 만드는 것이 중요하다. 이에 대한 부분은 12장에서 다루기로 한다.

또한 피해 학생 부모와 협력적인 관계를 맺는 것이 필수적이다. 가정에서의 효과적인 지원 없이 교사의 힘만으로 문제를 온전히 해결하기란 쉽지 않기 때문이다. 여기서 중요한 것은 피해 학생 학부모와 신뢰로운 관계를 형성하는 것이 꼭 필요한 일이나 많은 인내와 노력이 요청되는 점이다. 피해 학생의 부모들은 자녀와 자신의 문제로 인해 이미 상당한 스트레스를 많이 받고 있기에 이들과 협력적인 관계를 형성하기 위해서는 지혜로운 접근이 필요하다.

(4) 또래

또래들의 도움도 필요하다. 피해 학생이 원만한 또래관계를 형성할 때야 비로소 궁극적인 문제해결을 할 수 있기 때문이다. 또래들이 도와줄 핵심적인 내용은 다음과 같다.

- 학교폭력을 목격하면 신고한다. 피해 학생이 학교폭력 신고율이 낮다는 것은 이미 설명

하였다. 학교폭력 신고는 또래들이 할 수 있는 가장 효과적인 도움이다. 친구들이 학교폭력을 목격할 때마다 신고한다면 피해 학생은 많은 위로와 지지를 경험할 수 있다. 무엇보다도 피해가 심각해지는 것을 차단할 수 있다.

- **적극적으로 피해 학생을 도와준다.** 신고도 피해 학생을 도울 수 있는 좋은 방법이지만 피해 학생을 적극적으로 돕는 것은 가장 효과적인 방법이라고 할 수 있다. 피해 학생의 또래지위가 낮고, 인기가 없고, 호감이 가지 않는 반면 가해 학생은 그 반대의 조건을 다 갖춘 상황이라면, 피해 학생을 돕는다는 것은 매우 어려운 일이다. 이런 상황을 대비하여 또래 상담자, 또래 구조단, 또래 도우미 등이 조직되어 있다면 효과적일 것이다. 특히 또래에게 영향력이 있는 친구들이 피해 학생을 적극적으로 보호하고 돕게 되면 피해 학생은 천군만마를 얻는 것과도 같다.
- **모든 친구를 수용한다.** 또래들이 서로를 이해하고, 수용하고, 존중하고, 배려한다면 학교폭력 발생 자체가 어려울 것이다. 존중하고 배려하는 학급 문화와 학교 문화 가운데 또래들이 건전하고 안전한 문화를 습득하는 과정이 필요할 것이다.

2. 가해 학생의 이해

학교폭력을 행사한 가해 학생 불러다가 "왜 그랬니?"라고 폭력을 저지른 이유를 묻는다면 흔히 다음과 같은 대답을 들을 수 있다. "왜 저만 갖고 그래요. 다른 애들도 그랬다고요." "그냥 장난으로 몇 대 때린 거예요. 근데 걔가 그렇게 심하게 될 줄을 저도 몰랐죠. 정말 장난이었다니까요!" "그냥 화가 나서 때렸어요." 잘못을 뉘우치고 자신들이 저지른 행동에 대해 벌을 달게 받겠다고 해야 할 대목에서 가해 학생들이 보여주는 이와 같은 무책임하고 반성 없는 모습은 사건을 조사하는 담당교사들의 마음마저 닫아버리게 만든다.

사회적으로 가해 학생 대한 엄정한 조치를 강조하는 분위기가 팽배한 데는 이처럼 폭력사건 이후에 이들이 보여준 무책임한 자세가 한 몫을 한 것으로 보인다. 일반 학생들도 가해 학생에 대한 엄격한 처벌을 강조한다. 3장에서 살펴보았듯이 학생들은 가해 학생들에 대한 부적절한 처벌을 학교폭력의 가장 큰 원인으로 지목하였다(오픈 서베이, 2012, 2013). 이러한 분위기는 정부대책에도 그대로 반영되었다. 2012년 학교폭력 근절대책의 중요한 키워드 중 하나는 가해 학생에 대한 엄정한 대처였다. 그 예로 2012년 대책에는 학교폭력 사안에 대한 학생부 기재 및 가해 학생 강제 전학과 퇴학 같은 조치가 포함되었다.

가해 학생 하면 일반적으로 '버릇없고 자기 멋대로인 학생', '권위를 무시하고 어른을 무서워하지 않는 학생', '가정교육이 제대로 되지 않는 학생', '폭력적이고 무자비한 학생', '눈물도 감정도 없는 학생' 등 부정적인 이미지를 떠올린다. 과연 이들은 어둠의 세력 속에 사로잡힌 자들인가? 그래서 학교에서 반드시 감시해야 하는 위험한 존재들인가? 이들은 결코 일반 학생과는 다른 길을 걸을 수 없는가? 여기에 대한 실마리를 풀어 보자.

1) 가해 학생의 특징

가해 학생을 이해하기 위해서 이들이 가지고 있는 특징을 살펴보는 것이 우선일 것이다. 피해 학생과 마찬가지로 가해 학생의 특성에 대한 연구도 많이 진행되었다. 가해 학생들은 공감능력의 결여, 충동성과 같은 개인 특성과 강압과 폭력적 양육태도의 가정 특성, 그리고 또래맥락의 특성 등을 가진다. 가해 학생들이 일반적으로 보이는 특성은 다음과 같다.

(1) 충동성과 분노조절

가해 학생들은 충동적인 욕구를 절제하지 못한다(Olweus, 1991). 자신들이 하고 싶은 일이 생기면 가능한 모든 수단을 동원해서 시도하려고 한다. 비도덕적이고 규칙에 어긋나더라도 본인들의 욕구충족이 우선이다. 종종 인터넷이나 다른 경로를 통해 획득한 정보를 이용하여 같은 연령의 친구들이 생각하지 못하는 실험적이고 도전적인 즐거움들을 추구하기도 한다.

가해 학생들은 분노를 잘 조절하지 못한다. 자신이 의도하는 대로 일들이 진행되지 않거나 원하는 욕구가 충족되지 못하면 쉽게 분노를 표출한다. 때때로 성인들이 보이는 극심한 분노를 표출하기도 한다. 또한 피해를 당했다고 생각되면 자신이 당한 것 이상으로 되갚아 주려는 복수심이 강하다.

(2) 공감능력의 결여와 책임회피

가해 학생들은 상대방의 느낌, 감정, 정서 등을 공감하지 못한다(Olweus, 1991). 상대방이

가해 학생들은 폭력행동의 정당성을 주장하고, 상대방에게 사건에 대한 책임을 돌린다.

무슨 생각을 하는지 또는 어떤 고통을 겪고 있는지를 공감하는 능력이 현저히 떨어진다. 또한 자신들의 행동에 정당성을 강조하며, 변명을 하고, 상대방에게 사건에 대한 원인을 돌린다.

예를 들어 복도에서 누군가 자신을 세게 밀치고 지나간 상황을 가정해 보자. 가해 학생은 매우 화가 난 상태에서 자신을 밀친 상대방을 큰 소리로 불러 세운다. 곧 주위 여러 학생들이 몰려온다. 가해 학생은 다수의 동료들이 지켜보는 가운데 상대방을 일방적으로 몰아세우고 물리적 폭력을 가한다. 사건이 일단락 된 후 교사가 개입한다. 교사가 폭력을 저지른 이유를 물어본다. 앞서 이야기한 것과 유사한 대답이 반복된다. "가만히 있었는데 제가 먼저 밀쳤다고요!", "저를 화나게 해서 몇 대 때린 거라구요!"

가해 학생은 피해 학생이 폭력을 당했을 때 얼마나 아픈지 잘 모른다. 더구나 친구들에게 둘러싸여 맞았을 때 피해 학생이 느끼는 수치감과 모멸감을 느끼지 못한다. 본인의 화난 감정에만 몰두하고, 책임을 상대방에게 전가하려는 태도를 보인다. 따라서 죄책감도 크게 느끼지 못하는 경향이 강하다. 이것은 장난삼아 상대방을 괴롭히는 경우에도 똑같이 적용된다. 옷이나 돈을 빼앗을 경우에는 "빌려준다고 그랬어요.", 신체적 폭력을 한 경우에는 "때려도 된다고 그랬어요." 식의 반응을 할 뿐이다.

(3) 가정폭력과 강압적인 양육태도

가해 학생들은 가정에서 폭력을 목격하거나 폭력을 당한다. 가해 학생들은 부모들이 서로 간에 언어적 또는 신체적으로 폭력을 휘두르는 것을 많이 목격한다(김정옥, 박경규, 2002; 김정옥, 장덕희, 1999). 또한 가정폭력은 자녀폭력으로 쉽게 이어지기 때문에(장덕희, 2004) 가해 학생들은 부모로부터 폭력을 당한다.

또한 3장에서 살펴본 바와 같이, 가해 남학생들은 부모로부터 지시와 명령 위주의 의사소통 방식과 혹독한 신체체벌 위주의 훈육은 받을 가능성이 높다. 이러한 권위적이고 강압적인 양육태도는 가해 학생들의 적대적 편향귀인을 높여 사소한 일에도 적대적이고 공격적으로 반응하게 만든다.

(4) 높은 또래지위

가해 학생들은 평균 이상의 또래지위를 갖는다(Olweus, 1991). 가해 학생들의 자존감은 보통 수준 이상이며 또래집단에서의 지위도 평균 이상으로 높다. 가해 학생들은 자신이 친구들에게 중요한 존재가 아니며 자존감이 낮기 때문에 본인의 처지를 비관해서 폭력을 저지르는 경우는 많지 않다. 오히려 자신들이 의도한 목적, 예를 들면 또래지위의 향상, 복수, 재미를 위해 폭력을 행사한다.

(5) 위계질서와 폭력성

가해 학생들은 집단 내 위계질서와 서열을 중시한다. 본인들이 속한 집단에서 누가 가장 첫 번째 서열을 차지하는지, 누가 마지막에 위치하는지 등 서열과 위계질서를 중요시한다. 또한 폭력에 대한 긍정적인 시각을 가지고 있다. 폭력은 문제해결의 유용한 수단이며 필요할 때는 언제든지 사용 가능하다는 견해를 가진다. 가해 학생들은 영화에서 등장하는 조직폭력배들이 폭력과 법의 울타리를 벗어난 주인공의 폭력 등을 어려움 없이 수용한다.

(6) 패거리

가해 학생들은 무리 지어서 다니기를 좋아한다. 물론 혼자서 생활하는 가해 학생들도 있지만 높은 또래지위를 가지고 있는 가해 학생들은 비슷한 유형의 동료들과 패거리를 이룬다. 홀로 있는 것보다 패거리를 이루면 얻게 되는 이득이 많다. 우선 자신들의 또래지위를 높이거나 아니면 현재 지위를 공고히 할 수 있다. 같은 또래들이 함부로 대하지 못한다. 몰려다니면서 소속감과 친밀감을 경험한다. 많은 시간을 함께 보내며 일명 '의리'라는 유대감을 경험한다. 비슷한 이야기지만 부모와 교사로부터 질책, 훈계, 꾸중 등을 들었을 때 위안과 용기를 받을 수 있다. 또한 모험적인 흥밋거리를 도전할 수 있다. 혼자서는 엄두를 내지 못했던 비행들을 다수의 힘을 빌려 시도할 수 있다. 따라서 가해 학생들이 패거리를 이루게 되면 이들의 비행과 일탈 행위는 걷잡을 수 없이 커지는 경우가 많다.

2) 폭력의 발달

가해 학생들은 처음부터 집단폭행, 갈취, 성폭력 등의 중대 사안이나 범죄를 저지르는 것은 아니다. 폭력에는 단계가 있다. 우리말에 '바늘도둑이 소도둑 된다'는 말이 있듯이 이들로 일정한 폭력단계와 과정을 거친다.

(1) 학교폭력의 발달단계

〈그림 5.2〉에서 보듯이 처음은 ① 가벼운 농담과 놀림에서 시작한다. 강도가 높지 않기 때문에 피해 학생과 주변 친구들도 가볍게 넘어갈 수 있는 것이다. 다음은 놀리는 정도가 심해서 ② 조롱하는 단계에 이른다. 주로 피해 학생의 신체의 특징을 포착하여 상처 주는 말을 시작한다. 다음은 ③ 드러내놓고 협박하는 단계이다. "한 번만 더 그러면 가만두지 않겠어.", "자꾸 그러면 죽여 버린다." 등의 언어폭력과 신체적 위협을 가한다. 다음은 밀치거나, 손과 발을 사용하여 ④ 가벼운 신체적 폭력을 가하는 단계이다. 다음은 ⑤ 격렬하게 싸우는 단계이다. 분노가 동반되며 한 번 표출된 분노는 싸움이 끝나서도 쉽게 가라앉지 않는다. 다음은 ⑥ 집단을 이루어 따돌리고 폭력을 행사하는 단계이다. 폭력은 더 조직화되고 치밀하고 잔인해진다. 이 단계부터는 피해자가 겪는 고통이 크기 때문에 형법에 따라 사법처리의 대상이 되기 쉽다. 다음은 ⑦ 성적으로 희롱하는 단계이다. 여학생의 가슴이나 은밀

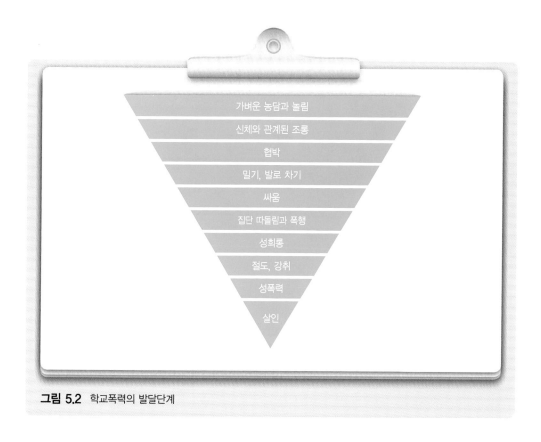

그림 5.2 학교폭력의 발달단계

한 부분을 만지는 등 성적으로 대범한 일들을 시도한다. 다음은 ⑧ 물건을 절도하거나 갈취하는 단계이다. 언어적 폭력에서 신체적 폭력, 그리고 재산상 손해를 입히는 폭력으로 전개된다. 다음은 ⑨ 성폭력을 하는 단계이다. 여기서의 성폭력은 강간을 말한다. 성폭력은 범죄 유형 중에서도 무거운 형량의 처벌을 받게 되는 범죄이다. 마지막 단계는 ⑩ 살인이다. 드문 경우이지만 몇몇 가해 학생들은 폭력으로 상대방의 귀중한 생명을 빼앗기도 한다.

어떤 가해 학생들이 보이는 폭력의 발달은 〈그림 5.2〉에서 제시하는 순서에 꼭 일치하지 않을 수도 있다. 성희롱 같은 폭력이 집단 따돌림이니 싸움 앞에 위치할 수도 있다. 또한 때로는 여러 단계가 동시에 중복되어 일어나기도 한다. 하지만 보통의 경우 이러한 폭력의 발달단계를 거쳐 최종적으로 성폭력, 살인에까지 이르게 된다.

(2) 연령에 따른 폭력의 발달

어린 시기에 폭력적인 행동을 보인 학생들이 모두 다 학교폭력을 일으키는 것은 아니다. 학교폭력을 일으킨 모든 학생들이 절도, 성폭행, 살인 등의 중대 범죄를 저지르는 비행청

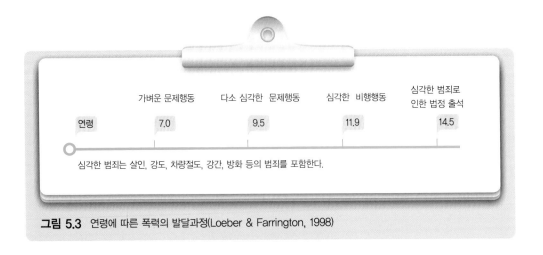

그림 5.3 연령에 따른 폭력의 발달과정(Loeber & Farrington, 1998)

소년이 되거나 전과자가 사법처리를 받게 되는 것은 아니다. 미국의 청소년 범죄 예방국 (Office of Juvenile Justice and Delinquency Prevention)의 장기연구에 따르면 약 85%의 학생 들이 학교폭력과 연루되지만 중대한 범죄로 인해서 사법처리를 받게 되는 학생들은 5% 정 도만 해당한다(OJJDP, 1999). 하지만 또한 기억해야 할 사실은 청소년과 성인 시기에 중대 범죄를 저지른 사람들의 대부분이 어린 시기부터 폭력에 연관되었다는 것이다. 〈그림 5.3〉 은 남학생의 어린 시기부터 중대범죄를 일으키기까지 과정을 나타낸 것이다.

3) 가해 학생의 성장과정

가해 학생들은 어떤 성장과정을 거쳐서 현재 모습에 이르게 된 것인가? 피해 학생이 성장 과정과 마찬가지로 가해 학생들의 개인 특성과 환경 특성에 따라 다양한 삶의 경로가 있을 것이다. 여기서는 Loeber과 Farrington(1998)의 연구 결과를 중심으로 가해 학생의 대표적 인 모습 성장과정을 알아보기로 한다.

(1) 유아기

공격적이고 폭력적인 학생으로 성장하게 된 시발점으로 지목되는 것은 유아, 부모 및 유아 와 부모의 불안정한 애착 또는 역기능적인 관계이다(Campbell, Shaw & Gilliom, 2000). 유 아의 까다로운 기질은 학령기 문제행동과 깊은 관련이 있다. 쉽게 달래지지 않거나, 참을 성 없이 매우 조급하거나, 심하게 거부적인 기질은 가진 유아는 공격적인 성향으로 발전하 기 쉽다. 또한 까다로운 유아의 영향도 있겠지만 부모의 일관적이지 않고, 고압적이고 강압적인 양육태도는 학령기 동안의 문제행동과 관련이 많다. 유아에게 안정감과 신뢰감을 제공하지 못하는 역기능적인 부모−자녀 관계 역시 학령기에 자녀의 문제행동을 예언하는 중요한 요인이다.

만 2세가 될 무렵이면 아이의 까다로운 기질이 엄마의 강압적인 양육방식을 더욱 강화시키고 이는 다시 아이의 기질에 영향을 미쳐 더욱 다루기 힘든 아이로 이어지는 악순환이 시작된다(Kuang-Hua & Crnic, 1998). 악순환이 더 심해지면 아이는 조그만 자극에도 극도로 민감하게 반응하는 기질로 굳어지기도 한다.

(2) 유년기

유년기 이르러는 공격적이고 파괴적인 행동이 나타난다. 부모 또는 양육자로부터 자신이 필요로 하는 것을 얻지 못하게 되면 물건을 던지거나, 망가뜨리는 파괴적인 행동을 보인다. 파괴적인 행동에 대한 죄책감이나 책임감을 느끼지 못하는 성향도 발달한다. 자신의 감정에 충실한 나머지 상대방의 아픔이나 고통을 느끼는 공감능력도 결여된다. 한편 부모의 양육태도는 더욱 거칠어져 간다. 잘못된 행동을 지적하고 교정하는데 많은 에너지를 소비한다. 부모의 의사표현은 짧고, 지시적이고, 비난이 많다. 또한 육체적인 체벌을 자주 사용한다. 이 시기에는 대중매체의 영향이 가해진다. 만화영화, 드라마를 통해 폭력을 정당화하는 장면들이 아이의 공격성을 강화한다.

(3) 아동기

아동기에 이르러서는 상습적으로 거짓말하기, 물건 훔치기, 조롱과 험담, 신체적 싸움 등 일반적인 수준의 폭력들이 나타난다. 교사와 나쁜 관계를 형성하게 되고 좋은 성적을 유지하기 힘들다. 학교에 대한 나쁜 이미지를 가지고 있으며 권위에 저항하는 모습을 자주 보인다. 고학년이 될수록 폭력적인 성향의 친구들과 어울리며 위계질서와 힘의 논리를 자연스러운 것으로 받아들인다. 부모와의 관계는 차차 소원해진다. 부모들은 자녀가 무엇을 하는지 어디에 있는지 누구와 어울리는지 알지 못하는 등 자녀 감독과 교육을 방치하는 경우가 많다. 스마트폰 구입과 사용, SNS의 활용 등으로 정보통신 및 대중매체를 통한 폭력성의 강화가 급속히 증가한다.

(4) 청소년기

신체적 폭력이 정도가 심해지고, 집단 괴롭힘, 절도와 갈취, 성추행과 성폭행 등 위험 수준의 폭력들이 나타난다. 교사와 학교에 대해서는 더욱 나쁜 이미지를 가지고 공개적으로 반항적인 모습을 나타내기도 한다. 중대한 폭력 사안으로 전학이나 퇴학을 당하기도 하며 일진 또는 비행청소년 집단에 어울려 더욱 심각한 범죄를 저지르기도 한다. 부모는 자녀를 통제할 힘을 이미 상실하였으며 어떠한 훈육도 긍정적인 효과를 발휘하지 못한다. 부모가 과도한 체벌을 할 경우 집을 뛰쳐 나오거나 심각할 경우 부모를 공격한다.

4) 가해 학생을 도울 수 있는 방법

피해 학생과 마찬가지로 가해 학생들도 가해 증상이 오래될수록 회복하기가 어렵다. 초등학교 저학년 시기부터 폭력사건에 휘말린 학생들은 상급학교에 진학하더라도 비슷한 폭력사건에 관련될 확률이 매우 높다(Frank Vitaro, Mara Brendgen, and Edward D. Barker, 2006). 따라서 가해 학생을 빠른 시기에 발견하고 적절한 조치를 제공하는 것이 무엇보다도 중요하다. 또한 가해 학생을 위한 몇몇 조치를 취하는 것만으로 큰 효과를 거둘 것으로 기대하는 것을 주의해야 한다.

(1) 힘과 위계질서에 대한 패러다임의 전환

가해 학생을 도울 수 있는 가장 효과적인 방법은 그들이 가지고 있는 위계질서 또는 힘에 대한 패러다임을 바꾸는 것이다. 가해 학생들은 힘에 의한 지배와 복종을 당연한 것으로 받아들이기 때문에 자신보다 힘이 없거나 약한 학생들을 별 다른 가책 없이 괴롭힌다. 사소한 폭력들이 인정되고 위계질서가 뚜렷한 학급과 학교에서는 학교폭력이 발생하기 쉽다. 따라서 힘, 서열, 위계질서, 지배와 복종에 대한 패러다임을 바꾸는 작업이 필요하다.

　가해 학생들이 가지고 있는 위계질서 또는 힘에 대한 패러다임을 바꾸는 것은 쉽지 않은 문제이다. 어쩌면 인류역사도 아직까지 그 뚜렷한 해결책을 내놓지 못하는 실정이기도 하다. 인류역사를 논의하는 것은 이 책의 목적과 거리가 있기 때문에 가정, 학교, 사회에서 실천할 수 있는 것을 생각해 보기로 한다.

◦ 모델링 : 가해 학생을 위한 좋은 모델이 있어야 한다. 가정에서는 부모, 학교에서는 교사, 사회에서는 유명 연예인 또는 정치가가 될 수 있다. 다른 사람을 지시하고 지배할 수 있는 역할, 위치, 인기, 권력 등을 가지고 있음에도 불구하고 그것들을 다른 사람들의 유익과 편의를 위해 사용하는 모습을 가해 학생들이 볼 수 있는 좋은 모델이 있어야 한다. 이런 점에서 유명 연예인이 공공기관에 홍보대사로 역할을 하거나 사회봉사에 적극적으로 참여하는 모습은 바람직하다고 볼 수 있다. 다만 그 의도가 자신들의 인기 상승과 사람들의 주목을 끌기 위한 수단으로 잘못 사용되지 않는 점을 전제할 때이다.

또한 부모와 교사의 모델링이 무엇보다 중요하다. 특히 부모가 가정에서 좋은 모델을 보여준다면 더할 나위가 없을 것이다. 따라서 가해 학생을 도와주기 위한 조치에는 가정과의 협력, 부모상담, 부모교육 등이 포함되어야 할 것이다. 일반적으로 가해 학생과 부모들은 서로 원만하지 못한 관계를 형성하는 경우가 많기 때문에 부모상담과 부모교육의 주된 내용은 양육방식, 의사소통 방식, 애착관계 등을 점검하는 것이다. 또한 경우에 따라 부모들 자신이 가지고 있는 본질적인 문제들을 탐색하는 것도 필요할 것이다. 가정 및 부모와 관계된 조치를 취할 때는 전문상담교사, 상담사, 부모교육 전문가 등의 전문가 도움을 받을 것이 추천된다. 교사의 모델링 부분은 12장에서 다루기로 한다.

◦ 공감 : 가해 학생들은 다른 사람의 마음, 느낌, 감정, 정서를 공감하지 못한다. 자신들의 행동으로 말미암아 피해 학생들이 얼마나 참기 힘든 고통을 겪고 있는지를 정확히 인지하지 못한다. 자신의 감정을 표현하고 상대방의 감정을 수용하는 능력에 문제를 가지고 있는 것이다. 따라서 가해 학생들이 자신의 감정을 표현할 수 있는 기회를 많이 만들어 주는 것이 우선적으로 필요하다. 가해 학생들은 가능하면 구체적인 언어로 지금 느끼고 있는 감정, 예를 들면 행복한, 기쁜, 즐거운, 날아갈 듯한, 만족스러운, 짜증난, 화난, 못마땅한, 불쾌한, 격노한, 걱정스러운 등과 같은 감정들을 표현하는 기회를 가져야 한다. 한편 상대방의 감정을 수용하는 것도 필요하다. 이를 위해서는 상대방의 감정 물어보기, 자신의 경험과 연결 짓기 등의 방법이 추천된다. 이러한 감정 표현과 감정 수용의 과정을 통해 궁극적으로 공감능력을 증진하는 것이 필요하다.

(2) 온화함과 엄격함의 조화

온화함과 엄격함은 가해 학생을 상대하는 교사와 부모의 태도뿐 아니라 가해 학생을 위한 훈육과 지도방법에도 적용된다. 앞 절에서도 언급하였듯이 공감능력은 가해 학생의 회복을 위해 중요하다. 공감능력의 향상은 자신들의 감정과 정서가 수용되는 데서 출발한다. 그렇기 때문에 가해 학생들을 처벌 위주만 지도하는 것은 적절하지 못하다.

하지만 가해 학생이 저지른 잘못에 대해서 솜방망이 식 조치로 일관하는 것 또한 바람직하지 않다. 가해 학생들 편에서 지나치게 수용적일 경우 가해 학생들은 잘못을 뉘우치지 못하고 폭력행동을 되풀이 할 가능성이 높기 때문이다. 따라서 가해 학생들에 대한 조치를 취할 때 온화함과 엄격함의 조화가 필요하다.

(3) 너무 늦지 않은 대처

앞서 가벼운 농담에서 살인에까지 이르는 폭력의 발달단계를 살펴보았다. 농담, 조롱, 협박, 가벼운 신체적 폭력, 격렬한 싸움 등은 이후 단계와 비교해 볼 때 비교적 낮은 수위의 폭력이라고 할 수 있다. 말하자면 이 단계에 노출된 가해 학생들은 일반 학생과 같은 상태로 회복할 수 있는 가능성이 높다는 것을 의미한다. 반면 집단 괴롭힘, 절도, 갈취, 성폭력, 살인 등을 저지른 가해 학생늘은 회복이 더 어렵다. 특히 성폭력과 살인 등을 저지른 학생들의 경우는 회복이 매우 힘들다고 볼 수 있다. 따라서 가벼운 폭력을 보일 때 가해 학생을 도와주는 노력이 요구된다. 학교별로 본다면 초등학교 시기에 가해 학생들을 위한 집중적인 예방대책과 적절한 조치가 필요하다.

제6장

피해-가해 학생과 목격 학생의 이해

앞 장에서는 학교폭력의 주된 당사자인 피해 학생과 가해 학생에 대해서 살펴보았다. 가해 학생들의 주목을 끄는 피해 학생의 특징과 일반적인 발달과정을 알아보았고 이어서 파괴적이며, 죄의식과 공감능력이 결여된 가해 학생의 특징 및 발달과정을 살펴보았다. 이 장에서는 피해-가해 학생과 목격 학생을 소개하려고 한다. 피해-가해 학생은 학교폭력 피해를 당하는 동시에 가해를 하는 학생을 의미하며 목격 학생은 학교폭력을 목격한 학생을 말한다. 이제 피해-가해 학생과 목격 학생을 살펴보게 되면 학교폭력과 관련된 학생 측면의 내용을 보다 잘 이해할 수 있을 것이다.

1. 피해-가해 학생

피해-가해 학생을 살펴보기에 앞서 잠시 긍정행동지원(Positive Behavior Intervention and Support) 모델에서 사용하는 피라미드형 학생집단 구조를 소개하고자 한다. 학교장면에서 발생하는 학생들의 문제행동을 사전에 예방하고 긍정적 행동으로 교정하는 것을 목적으로 하는 긍정행동지원 모델에서는 〈그림 6.1〉과 같이 학생들을 세 집단으로 구분한다.

첫 번째 집단은 대부분의 학생들이 소속되는 정상집단으로 약 80% 학생들이 해당된다. 이 집단에 속한 학생들에게는 포괄적 문제예방 프로그램이 제공된다. 두 번째 집단은 약 15%의 학생들이 소속되는 위험집단이다. 이 집단에 포함된 학생들에게는 포괄적 문제예방 프로그램과 더불어 집단상담, 집단지도가 제공된다. 세 번째 집단은 약 5%의 학생들이 소속되는 고위험집단이다. 이들에게는 앞에서 소개한 조치 이외에 개별화된 특수 조치들, 예를 들면 개인 상담 및 치료, 외부 전문가 의뢰 등이 제공된다.

이러한 세 가지 형태의 학생집단 분류를 학교폭력과 연관시켜 보면 일반 학생들은 정상집단에 속하고, 피해 학생과 가해 학생은 위험집단에 속하며, 피해-가해 학생은 약 5%에 해당하는 고위험집단에 속한다고 볼 수 있다. 다시 말하자면 학교폭력으로 피해경험과 가해경험을 모두 가지고 있는 학생들은 피해 학생이나 가해 학생들보다 더 심각한 신체적 및

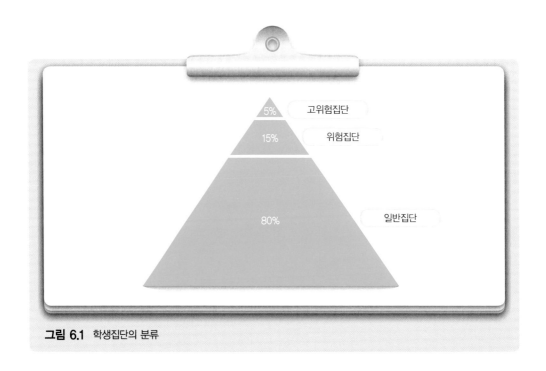

그림 6.1 학생집단의 분류

심리 · 정서적 피해를 입기 때문에 더욱 세밀한 관심과 도움이 필요한 것이다.

1) 피해-가해 학생 발생률

피해-가해 학생은 어느 정도 비율을 차지할까? 4장의 학교폭력이 피해 학생에게 미치는 영향 가운데 분노와 복수충동 부분을 기억할 것이다. 지속된 폭력에 노출될 경우 피해 학생들은 내적으로 강한 분노와 복수심을 경험한다. 자신이 받은 상처와 고통을 되갚아 주고 싶은 욕구가 간절해진다. 일차적으로 복수 대상은 가해자들이다. 그러나 힘의 역학상 피해 학생이 가해 학생 또는 가해 학생 집단에게 복수를 하기란 쉽지 않다. 따라서 차선책으로 피해 학생은 자신보다 힘이 약한 또래들을 복수 대상으로 선택할 수 있을 것이다. 만약 그것도 여의치 않으면 자신의 가족이나 애완동물들을 대상으로 삼을 것이다.

〈그림 6.2〉는 이러한 사실을 뒷받침하는 좋은 통계자료이다. 이 설문은 전국의 중 · 고등학생 1,952명을 대상으로 모바일을 통해 조사한 결과이다(오픈서베이, 2012). '가해자가 되어본 경험이 있는가?'라는 질문에 대해 전체 응답자의 11.0%(215명)가 가해경험이 있는 것으로 나타났다. 반면 같은 질문에 대해 학교폭력의 피해경험이 있는 응답자의 41.6%(88명)가 가해 경험이 있는 것으로 나타났다. 이는 피해경험이 없는 응답자에 비해 5.9배 많은

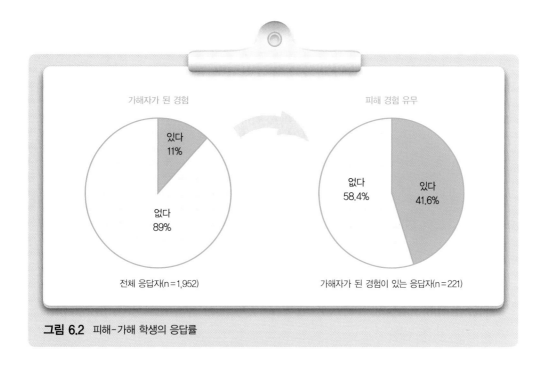

가해자가 된 경험

있다
11%

없다
89%

전체 응답자(n = 1,952)

피해 경험 유무

없다
58.4%

있다
41.6%

가해자가 된 경험이 있는 응답자(n = 221)

그림 6.2 피해-가해 학생의 응답률

수치이다. 피해 학생들이 분노와 복수충동이 얼마나 큰지를 알 수 있다. 결과적으로 피해 학생이 다시 가해 학생으로 이어지는 악순환이 일어나고 있음을 알 수 있다.

박순진(2009)는 한국청소년패널조사(KYPDS) 자료를 가지고 중학교 2학년부터 고등학교 3학년까지 5년 동안 2,121명을 대상으로 피해-가해 학생 발생률을 조사한 바 있다. 연구자에 따르면 피해 학생의 54%가 가해경험을 가지고 있고, 가해 학생의 44%가 피해경험을 가지고 있었다. 이러한 결과들로 미루어보아 피해 학생과 가해 학생으로 이분법적으로 구분하는 것이 때로는 위험할 수 있다는 것을 알 수 있다. 한 학생에게 피해 학생 측면의 모습과 가해 학생 측면이 모습이 동시에 존재할 수 있음을 기억해야 할 것이다.

2) 피해-가해 학생의 특징

박순진(2009)는 같은 연구에서 대상 학생들을 피해-가해 유형에 따라 네 집단(유형 I : 피해-가해 없음, 유형 II : 순수 피해, 유형 III : 순수 가해, 유형 IV : 피해-가해)으로 분류하고 집단 특성을 살펴보았다. 그 결과 피해-가해 집단(유형 IV)은 다른 집단에 비해 부모와의 유대감과 자기통제력이 낮고, 다수의 비행친구를 사귀로 있으며, 비행적 생활양식이 많은 것으로 조사되었다. 결과적으로 피해-가해 집단이 학교폭력을 일으킬 위험성도 가장 높고 학교폭력으로 피해를 당할 때 가장 심각한 피해를 입는 것으로 나타났다. 외국문헌에서도 이와 공통된 결과들을 발견할 수 있다. 다음은 문헌에서 나타난 피해-가해 학생들의 주요 특징을 정리한 것이다.

(1) 심리·정서적 측면

- 8세부터 청소년 초기까지 장기추적 결과 피해-가해 학생들은 불안, 우울, 약물중독 증상을 보일 가능성이 높다(Sourander et al., 2007).
- 목적을 위해서는 도덕적이지 않거나 비겁한 방법을 사용해도 무방하다고 생각하는 경향이 높다(Glew et al., 2005).
- 목적이 수단을 정당화한다는 마키아벨리즘적 사고를 많이 하는 반면 인간 존재의 존엄성과 가치에 대한 믿음은 없는 편이다(Andreou, 2004).
- 문제행동의 책임을 다른 사람이나 외부의 탓으로 돌린다(Georgiou & Stavrinides, 2008).
- 가해 학생보다 잔인하고 폭력적인 행동에 대해 냉정하고 냉혹하게 반응한다(Haynie et al., 2001; Menesini et al., 2009; Stein et al., 2007).
- 가해 학생과 피해 학생보다 높은 수준의 불안과 우울 증상을 보인다(Espelage & Holt, 2006; Juvoven et al 2003; Swearer, Song, Cary, Eagle, & Mickelson, 2001).
- 가해 학생보다 낮은 수준의 자기통제력을 가진다(Haynie et al., 2001).
- 가해 학생보다 자주 짜증과 화를 표출한다(Haynie et al., 2001).
- 가해 학생보다 높은 수준의 과잉행동성을 보인다(Toblin et al., 2005).
- 가해 학생보다 자존감이 낮다(Stein et al., 2007).

(2) 학교 적응 측면

- 또래들과 협조적이지 못하고 사회성이 낮다(Perren & Alsaker, 2006).
- 또래들로부터 쉽게 배척당한다(Nansel et al., 2004; Juvoven et al., 2003).
- 외로움을 잘 느끼고 친구를 쉽게 사귀지 못한다(Nansel et al., 2004; Juvoven et al., 2003).

- 안전감을 느끼지 못하고 학교에 대한 소속감이 없다(Glew et al., 2005).
- 신체적 폭력, 약물중독, 부모에게 거짓말하기, 무단결석을 하기 쉽다(Haynie et al., 2001).
- 가해 학생에 비해 더 많은 약물을 복용하거나, 술을 마시거나, 동료들과 밤늦게까지 어울리거나, 거짓말을 계속 하는 등 많은 문제행동을 보인다(Haynie et al., 2001; Stein et al., 2007).
- 피해 학생 보다 낮은 학업성취를 보인다(Austin and Joseph, 1996; Wolke, Woods, Bloomfield, & Karstadt, 2000).

이러한 연구 결과들은 피해-가해 학생들이 심리·정서적 측면과 학교 적응 측면에서 많은 문제를 가지고 있다는 것을 말해 준다. 또한 이들이 가지고 있는 문제의 심각성은 피해 학생 및 가해 학생의 문제들보다 더 크다고 할 수 있다. 교사들을 대상으로 한 연구에서도 피해-가해 학생들이 피해 및 가해 집단 학생들보다 심각한 문제행동과 학교생활에 무기력한 모습을 보인다고 지적한 바 있다(Juvoven et al., 2003). 앞서 언급한 것처럼 피해-가해 학생은 학급에서 약 5%에 속하는 '많은 도움이 필요한 학생'이다. 따라서 학교에서는 피해-가해 학생들을 잘 파악하고 적절한 도움을 지속적으로 제공해야 할 것이다. 때로는 이들을 지도하는 것이 담임교사와 전문상담교사의 역량을 넘어서는 일일 수도 있다. 상황에 따라 외부 전문가의 도움을 받을 수 있는 방안을 사전에 마련해 두는 것도 좋은 예방책이라 할 수 있다.

3) 피해-가해 학생의 발달과정

피해-가해 학생들은 교사에게도 일반 학생들에게도 어려운 존재이다. 이들은 피해 학생의 부정적인 면과 가해 학생의 부정적인 면을 모두 가지고 있다. 불안하고 초조하고 우울하고 사회성이 낮다. 외롭고 친구가 적다. 신경질적이고 화를 자주 낸다. 공격적이고 자신이 저지른 행동에 죄책감이 없다. 폭력적이고 공격적인 방법으로 문제를 해결하지만 효과적이지 않아 도리어 피해를 당한다. 성적도 나쁘고 학교에 대한 좋은 감정이 없다. 이들은 어떤 과정을 거쳐 이처럼 암울한 상황에 처한 것인가?

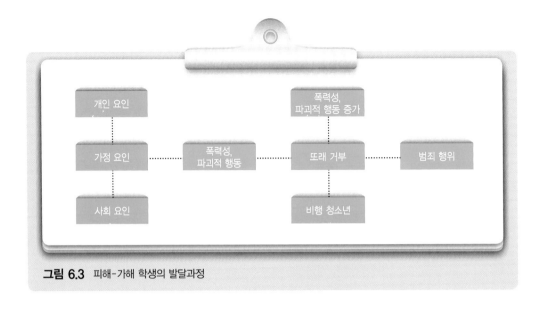

그림 6.3 피해-가해 학생의 발달과정

피해-가해 학생은 '수동적 가해자'와 '능동적 피해자'로 구분할 수 있다. 여기서는 '능동적 피해자'를 중심으로 살펴보겠다. 〈그림 6.3〉은 피해-가해 학생이 범죄행동을 저지르기까지 발달과정을 나타낸다.

(1) 유아기

유년기까지의 모습은 가해 학생과 비슷하다고 볼 수 있다. 우선 자극에 민감하거나, 부모의 양육에 거부적이거나, 식성이 까다롭거나 등 아이의 기질 때문이건 아니면 부모 측면에서의 이유, 예를 들면 사회경제적 어려움, 실직, 이혼, 정신적·신체적 이상 등에서건 부모와 아이의 부정적인 관계를 주된 원인으로 본다. 특히 피해-가해 학생의 부모는 자녀교육과 양육에 일관성이 없고 가혹하거나 냉담하게 아이를 대할 때가 많다.

(2) 유년기와 아동기

유년기와 아동기에 나타나는 피해-가해 학생의 가장 큰 특징은 또래거부이다. 또래들은 피해-가해 학생들을 싫어한다. 또래들이 싫어하는 이유는 피해-가해 학생들이 다혈질적으로 화를 잘 내고, 참을성이 없고, 공격적인 성향을 나타내기 때문이다. 예를 들어 보자. 피해-가해 학생이 연필을 가지고오지 않았다. 친구에게 연필을 빌려달라고 한다. 친구가 거절한다. 이 때 피해-가해 학생은 화가 나서 친구를 욕한다. 또는 친구 연필을 허락 없이 가져가서 자신이 사용하거나 아니면 그 친구도 사용하지 못하도록 부러뜨려 버린다. 피해–가해 학생들이 보이는 이러한 성격적 특징은 부모의 양육태도와 무관하지 않다. 비일관적이고 냉담한 부모의 양육태도는 피해–가해 학생들이 자기 감정 및 행동을 어떻게 절제하고 통제해야 하는지를 배우는 것 대신 분노와 공격성, 조급함 등 다혈질적인 행동반응을 강화시킨 것이다.

(3) 청소년기

또래로부터 거부당한 피해–가해 학생들의 다음 발달은 무엇인가? 두 가지로 생각해 볼 수 있다. 첫 번째는 다혈질적이고 공격적인 해결방법의 영구화이다. 갈등상황에서 피해–가해 학생들은 다른 해결방법을 찾지 못하고 계속해서 또래들이 싫어하는 반응만을 반복한다. 또래들의 거부는 더욱 거세지고 피해–가해 학생의 공격반응도 더 커진다. 결국에는 신체적 상해, 절도 등 범죄행위까지 이어진다. 두 번째는 또래거부의 아픔을 몇 번 경험하고 나서 자신을 수용하는 새로운 집단, 즉 비행 청소년 집단과 어울리는 것이다. 물론 비행 청소년 집단에서 가장 낮은 지위의 하수인 역할을 주로 할 것이다. 비행 청소년들과 자주 어울리게 되면 첫 번째 경우와 마찬가지로 범죄행위까지 이어질 가능성이 높다.

2. 목격 학생의 이해

목격 학생을 이해하기 위해 다시 한 번 아프리카 초원을 떠올려 보자. 아프리카 초원에서는 해마다 2회에 걸쳐 아프리카 영양(일명 '누')들의 대이동(migration)이 벌어진다. 대이동의 궁극적인 목적은 물과 먹이가 있는 휴식처를 이동하려는 것이며 여기에 참여하는 누는 수백만 마리에 달한다. 누의 대이동에 따라 사자와 악어 같은 육식동물들도 분주해진다. 길목에서 기다리고 있다가 손쉬운 먹잇감을 사냥하기 위해서이다. 대이동 과정 중에서 상당수의 누는 육식동물들의 먹잇감으로 희생되고 만다. 사자의 거친 공격으로부터 벗어나려고 몸부림을 치지만 마침내 사자의 끊임없는 공격에 최후를 맞이하는 누, 그리고 희생당하는 동료를 멀리서 멀뚱멀뚱 바라다만 보는 나머지 누떼들. 자연의 섭리이지만 영상을 통해 누들이 희생되는 일련의 과정을 보노라면 몇 가지 궁금한 생각이 들곤 한다. 한 마리도 아니고 수백만 마리의 누떼가 단 십여 마리의 사자들에게 당하는 것이 말이 되는가? 왜 싸워보지도 않고 무조건 도망만 가는가? 단 몇십 마리만 무리를 이루어서 대항해도 다른 결과를 가져오지 않을까? 왜 누떼는 약한 새끼나 동료를 보호하지 않는 것인가? 나만 살자고 도망가면 되는가? 내일 또 똑같은 위험이 닥치지 않는가?

학급은 운영하거나 폭력 사안을 다루다보면 아프리카 초원의 누떼와 비슷한 양상을 발견할 수 있다. 학교폭력 피해 학생을 돕기보다는 오히려 가해 학생 편에 서서 폭력을 부추기거나 같이 참여하는 학생들, 자신의 일이 아닌 듯 모른 척하는 학생들, 돕지 못하고 그저 멀뚱멀뚱 쳐다만 보는 학생들. 왜 이런 일들이 벌어지는지 알아보기로 하자.

1) 용어 정의 및 목격 학생 유형

목격 학생은 학교폭력이 발생한 장면을 목격한 사람을 말한다. 문헌이나 학자에 따라 주변인, 참여자, 방관자, 목격자, 구경꾼 등 다양한 용어로 사용된다. 각 용어마다 조금씩 어감의 차이가 있으나 본서에서는 목격 학생이란 용어를 사용하였다. 다시 정리해 보면 목격 학생이란 학교폭력이 발생한 장면을 목격한 학생을 의미한다.

목격 학생은 학교폭력 목격 후 반응하는 양식에 따라 다시 네 가지 유형으로 분류할 수 있다(표 6.1). 동조자는 학교폭력을 목격하고 가해자를 따라 적극적으로 폭력에 참여하는 학생을 말한다. 강화자는 폭력행동에 직접적으로 참여는 하지 않지만 폭력을 독려하고 부축이는 행동을 함으로써 간접적으로 참여하는 학생을 말한다. 방관자는 마치 자신의 일이

표 6.1 주변인의 유형과 행동반응(오인수, 2010)

주변인의 유형	행동반응의 예시
동조자	• 다양한 방법으로 괴롭히는 가해 학생을 돕는다. • 다른 학생이 괴롭히고 있으면 함께 괴롭힌다.
강화자	• 괴롭힘을 보며 "본 때를 보여줘."와 같은 말로 부추긴다. • 괴롭히는 현장 주변으로 가서 괴롭히는 상황을 보는 것을 즐긴다.
방관자	• 괴롭힘 상황에서 어느 편에도 들지 못하고 못 본 척한다. • 자신도 괴롭힘을 당하는 두려움 때문에 괴롭힘 상황에서 나온다.
방어자	• 괴롭힘을 멈추기 위해 다양한 방법으로 노력한다. • 괴롭힘 피해 학생을 위로하거나 선생님께 말하도록 격려한다.

아닌 듯 모른 척하는 학생을 말한다. 방어자는 피해자를 적극적으로 돕고 방어함으로써 폭력중단에 적극적으로 개입하는 학생을 말한다.

2) 집단 괴롭힘 목격 비율

상대방을 때리고 따돌리고 헤치는 나쁜 행동이 다른 사람의 이목을 이끌어서는 가해 학생들에게 좋은 것이 없을 것이다. 따라서 학교폭력은 교사와 동료들이 잘 알지 못하는 은밀하고 비밀스런 장소에서 벌어질 것이라고 생각하기 쉽다. 그러나 연구들은 이와는 정반대의 결과를 보고하고 있다.

- 집단 괴롭힘 사건의 85%는 집단맥락에서 일어난다(Atlas & Pepler, 1998; Craig & Pepler, 1995, 1997).
- 집단 괴롭힘 사건의 85~88%는 다른 학생들에 의해 목격된다(Hawkins, Pepler, & Craig, 2001).

학교폭력 사안은 대부분 피해 학생과 가해 학생, 즉 일대일의 상황이 아닌 다수의 친구들과 학생들이 지켜보는 상황에서 발생한다. 학교폭력이 개인적 맥락이 아닌 집단적 맥락에서 발생하는 것을 이해하는 것은 매우 중요하다. 학교폭력은 피해 학생, 가해 학생, 목격학생들이 모두 관련된 집단역동의 한 부분이다. 목격 학생들은 학교폭력에 직접 가담하거나 또는 피해를 당하지 않는다 하더라도 이를 목격함으로써 참여하게 된다.

3) 학교폭력 방관 실태

청소년예방재단의 실태보고서(청소년예방재단, 2013)에 따르면 전체 조사 대상 학생 중 41.7%가 학교폭력을 목격한 경험이 있으며, 이 중에서 44.5%의 학생들이 모른 척한 것으로 조사되었다(표 6.2). 다행히도 2011년과 비교해 보면 학교폭력을 목격하고도 모른 척한 비율이 56.3%에서 44.5%로 낮아진 것을 볼 수 있다. 반가운 일이 아닐 수 없지만 아직까지도 상당수의 학생들이 사건 목격 후 방관자적인 태도를 보이고 있다는 것을 기억해야 한다.
한편 폭력을 말리거나 피해 학생에게 도움을 제공하는 등 적극적인 개입을 한 학생은 12.4%로 나타났다. 피해 학생들에게 이들과 같이 방어자 역할을 하는 학생은 홍수 속의

표 6.2 학교폭력 목격 유무 및 목격 후 행동(청소년예방재단, 2013)

항목	비율	목격 유무		목격 후 행동(모른 척 유무)	
		2011년	2012년	2011년	2012년
목격한 적이 없다.	58.3%	68.2%	58.3%	56.3%	44.5%
모른 척했다.	15.6%				
부모님께 알렸다.	2.7%				
학교 선생님께 알렸다.	8.5%				
경찰에 신고했다.	1.7%	31.8%	41.7%	43.7%	55.5%
상담센터에 상담했다.	0.8%				
직접 말렸다.	7.1%				
피해 학생에게 친구가 되어 주었다.	5.3%				
합계	100.0%	100.0%	100.0%	100.0%	100.0%

노아방주와 같은 존재이다. 효과적이고 지속적인 대책들을 통해 방관자 비율을 줄이고 방어자 비율을 높이는 변화가 일어날 때 피해 학생들은 보다 안심하고 학교를 다닐 수 있게 된다.

4) 학년 증가와 방관태도

앞 절에서 세 가지 사실을 확인했다. 첫째는 학교폭력은 많은 학생들에게 대부분 목격된다. 둘째는 학교폭력을 목격한 학생들 중 방관자적 태도를 보이는 학생이 많다. 셋째는 피해 학생에게 직접적인 도움을 주거나 싸움을 말리려고 폭력에 적극적으로 개입하는 방어적 태도를 보이는 학생들이 적다. 목격 학생과 관련하여 추가적으로 기억해야 할 사실이 한 가지 더 있다. 학년이 증가할수록 방어적인 태도는 줄어드는 대신 방관자적인 태도는 증가한다는 점이다.

오인수(2009)에 따르면 초등학생을 대상으로 한 조사에서 고학년이 될수록 방관자 집단은 10%가 증가하는 대신 방어자 집단은 11.4% 줄어드는 것으로 나타났다. 2장에서 소개한 캐나다 실태조사 연구(Paul, et al., 1997)에서도 '학교폭력 피해를 목격할 경우 친구를 돕겠다'는 응답률은 학년이 높아짐에 따라 감소하는 반면 '피해자가 자신이 싫어하는 학생일

표 6.3 학교폭력 목격 후 모른 척한 이유(청소년예방재단, 2013)

항목	2011년	2012년
같이 피해를 당할까 봐	33.6%	30.6%
관심이 없어서	21.3%	26.9%
도와줘도 소용이 없을 것 같아서	16.6%	23.5%
어떻게 해야 할지 몰라서	28.5%	19.0%
합계	100.0%	100.0%

경우 나도 폭력에 동조한다'는 응답률은 학년이 높아짐에 따라 증가하는 것으로 나타났다.

이러한 결과는 학교폭력 예방대책과 관련하여 중요한 의미를 지닌다. 초등학교 시기에 실질적인 교육과 적절한 조치가 취해지지 않을 경우 중학교와 고등학교에서는 학교폭력으로 인해 값비싼 대가를 지불해야 함을 의미한다.

5) 돕지 못하는 이유

학교폭력을 목격한 학생들은 왜 돕지 못하는 것일까? 이에 대한 대답을 얻기 위해 청소년예방재단의 2011년과 2012년 실태조사 결과를 살펴보자.

〈표 6.3〉에서와 같이 방관한 이유로는 '같이 피해를 당할까 봐'가 30.6%로 가장 높게 나타났으며, 이러한 결과는 2011년도와 유사하다. 방관자적인 태도를 보이는 가장 큰 이유는 자신이 또 다른 학교폭력의 피해자가 될지 모른다는 두려움 때문인 것으로 나타났다. 이어서 '관심이 없어서' 26.9%, '도와줘도 소용이 없을 것 같아서' 23.5%, '어떻게 해야 할지 몰라서' 19.0% 순으로 나타났다.

(1) 두려움

학생들이 학교폭력 목격 후에도 방관하는 가장 큰 이유는 두려움이다. 괜히 도와주려고 나섰다가 나도 피해자가 될 수 있다는 염려와 두려움이 피해 학생을 돕는 방어적 행동의 발목을 잡은 것이다. 학교폭력 사안의 대부분은 힘 있는 가해자와 저항하지 못하는 피해자로 이루어지는 경우가 많다. 다시 말하면 힘의 불균형을 내포한다는 것이다. 더욱이 가해 학생들이 패거리나 집단을 이루어 행동하는 것을 고려해 볼 때 목격 학생들이 학교폭력 중단을 위해 적극적으로 개입하는 것에 대해 우려나 두려움을 갖는 것은 당연한 것으로 볼 수 있다.

(2) 무관심과 공감능력

학교폭력 목격 후에도 방관하는 또 하나의 중요한 이유는 무관심 혹은 공감능력의 결여이다. 무관심은 자신의 관심이 가는 것과 자신의 일에만 몰두한 나머지 그 이외의 사건이나 사람에 대해서 신경을 쓰지 않는다는 의미이다. 이기적이고 지나치게 개인화된 사회문화의 영향이기도 하다. 공감능력의 결여도 중요한 요인이다. 학교폭력으로 인해 피해 학생이 겪는 고통이 얼마나 심각한지에 대한 공감능력이 부족하기 때문에 목격 학생들은 폭력을 목격하고도 선뜻 나서지 못한다.

(3) 방관자 효과

방관자 효과란 주위에 사람들이 많을수록 책임이 분산되어 위험에 처한 사람을 돕지 않게 된다는 현상을 말한다. 이 용어는 뉴욕에서 38명이나 되는 목격자가 있음에도 불구하고 한

학교폭력은 목격하는 학생은 많지만 적극적으로 개입하는 방어자는 소수에 불과하다.

여성이 35분 동안 격렬한 저항 끝에 강도에게 살해당한 사건에서 비롯되었다. 당시 피해 여성은 단 한 명에게도 도움을 받지 못했다. 38명의 목격자가 모두 방관자가 되어 버린 것이다. 이렇게 많은 목격자가 있음에도 도움을 받지 못한 이유는 '다른 사람들도 많은데 누군가 도와주겠지, 꼭 내가 도와 줄 필요는 없어'라는 생각과 같이 책임을 서로 미루는 데 있다. 다시 말하면 목격자가 많을수록 책임이 분산되어 아무도 나서지 않게 된다는 의미이다.

목격 학생들의 방관적인 태도는 방관자 효과와도 깊은 관련이 있다. 많은 학생들이 폭력을 목격하지만 '굳이 꼭 내가 왜 나서야 하지?'라는 태도로 인해 적극적인 개입을 하지 않는 것이다. 충격적인 사실이겠지만 가해 학생 역시 방관자 효과를 잘 이용한다고 볼 수 있다. 가해 학생들은 공개적인 자리에서 폭력을 행사하는 것을 두려워하지 않는다. 아무도 제재를 할 사람이 없기 때문이다. 앞서 살펴본 집단 괴롭힘 사건의 목격률이 85% 이상 높게 나타난 연구 결과들((Atlas & Pepler, 1998; Craig & Pepler, 1995, 1997; Hawkins, Pepler, & Craig, 2001)은 이러한 설명을 뒷받침하는 좋은 증거들이다.

6) 목격 학생 피해

우리는 목격 학생들이 두려움, 무관심, 공감능력의 결여, 방관자 효과 등으로 방관자적인 태도를 가지는 것을 알게 되었다. 그렇다면 학교폭력을 목격하고도 방관한 이 학생들은 어떻게 될까? 학교폭력에 의한 직접적인 피해를 받지 않았기 때문에 별 문제가 없을 것인가? 이에 대한 답은 '절대 그렇지 않다'이다.

(1) Janson과 Hazler(2004) 연구

Janson과 Hazler는 학교폭력 목격경험이 있는 학생들을 대상으로 트라우마(외상후 스트레스장애)에 대해 조사하였다. 목격 학생들은 정신적 피해에 있어 지진 현장의 경찰(4.2), 지진 현장의 소방관(2.5), 지진 현장의 구급대원(3.2)보다 더 높은 피해(10.6)를 경험한 것으로 나타났다(그림 6.4). 또한 현실회피에 있어서도 가장 높은 수치를 보고하였다. 결론적으로 목격 학생들은 학교폭력 목격경험으로 말미암아 경찰이나 소방관들이 경험하는 것보다 더 높은 수준의 정신적 트라우마를 겪는다는 것을 알게 되었다.

이처럼 목격 학생의 트라우마가 경찰이나 소방관들보다 큰 이유는 상황 대처 능력의 차

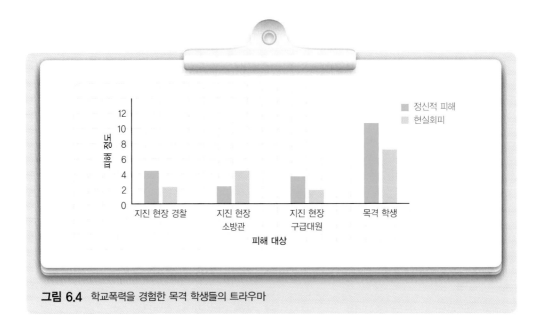

그림 6.4 학교폭력을 경험한 목격 학생들의 트라우마

이로 해석된다. 경찰이나 소방관들은 잔인하고 처참한 상황에 잘 대처할 수 있게 전문적인 훈련을 받은 반면, 학생들은 이러한 전문적인 훈련을 받은 적도 없으며 충격적인 상황을 수용하고 판단할 만큼 정신적 성장이 이루어지지 않았기 때문이다.

여기 목격 학생의 트라우마가 장기간 영향을 미치는 것을 보여주는 사례가 있어 소개한다.

> 사례   **나는 학원폭력의 방관자였다.**
>
> 20여 년 전 중학생 시절 다녔던 지역과 멀리 동 떨어진 곳으로 이사를 와서 고등학교를 다니게 되었다. 학기 초 다른 아이들은 초등학교 동창 또는 중학교 동창들끼리의 연대감이 있었지만, 나만 조금 동떨어져 있었다. 그럴 때 나에게 먼저 다가와준 준기(가명)란 친구가 있었다. 붙임성 좋고 리더십도 있어 보이는 친구였다. 그렇게 나는 그 친구와 그들의 무리에 쉽게 어울렸다. 그렇게 시간이 지나고 차츰 나도 그곳 학교에 적응이 되어가면서 그들 무리를 벗어나 다른 친구들과도 어울리게 되었다. 그쯤 내 눈에 자주 띄었던 것이 준기와 그 친구들이 한 명의 친구를 유독 괴롭히는 모습이었다. 우리 반 반장이었다.
>
> 잘은 몰라도 그들 간의 악연은 중학교 시절부터 이어왔던 모양이다. 친구들 간의 다툼이라고 보기에는 지나칠 정도의 폭력이 있었다. 어느 날 수업이 끝나고 청

소 시간 싸움이 벌어졌다. 그런데 그날은 처음으로 반장이 먼저 준기에게 주먹을 날렸다. 하지만 그 주먹은 거기까지였다. 그 다음에 이어지는 준기의 무지막지한 주먹과 발길질 앞에 반장은 온 몸을 웅크린 채 교실 바닥에 누워 꼼작도 하지 못했다. 그 뒤로 준기와 그 친구들이 빠져 나간 교실에서 반장은 구석에 한참을 쭈그리고 앉아 있었다. … 그 모습이 반장을 학교에서 본 마지막 모습이었다. 다음날 반장은 학교에 나오지 않았다.

그렇게 반장이 내 기억에서 떠난 지 1년 후에 영등포의 한 허름한 동시상영 극장에서 반장을 만났다. 그 당시 한참 유행이었던 강시 영화를 친구들과 보러갔다가 극장 대기실에서 마주쳤다. 머리가 많이 길어 있었다. 어색한 인사말이 오가고 공장 동료들과 같이 왔다며 한 무리의 사람들을 가리켰다. 그리고 나와의 짧은 만남을 뒤로 하고 다시 그 무리 속으로 들어갔다. 그리고 내가 지켜보는 내내 그들과 소리 내어 웃고 떠들고 있었다.

20여 년이 지난 지금 나에게 반장의 마지막으로 기억되어야 할 모습은 극장에 웃고 떠들었던 그 모습이어야 하는데 왠지 난 아직도 그날 청소 시간 구석에 쭈그리고 앉았던 반장의 떨리는 입술을 기억한다.

그 TV 프로에서 아이들의 거침없는 행동과 무심하게 말하는 과거의 학교 폭력 이야기들이 그날 밤 내 가슴 한구석을 아리게 했다. 그날 잠을 못 이룬 건 20여 년 전 반장의 떨리는 입술 때문이 아니었다. 그리고 준기의 움켜쥔 주먹도 아니었다. 수십 년이 지나도 아직도 내 가슴을 아리게 한 것은 바로 그날 청소 시간 빗자루를 손에 쥐고 우두커니 벽에 기대어 있던 내 모습이었다. 그런 불합리한 폭력에 그냥 방관자가 될 수밖에 없었던 내 모습 …

그 시간 그 공간에 내 손에 쥐어진 빗자루와 내가 뭐가 달랐을까 …

나는 가끔 그 시절 내 나이가 된 고 1 아들 녀석과 이야기를 나누다 학원 폭력에 관한 이야기를 나눌 때는 나도 모르게 무척 흥분이 돼서 이야기를 한다. 아마도 아직까지도 내 마음속에는 그 빗자루가 남아 있나보다 … 하물며 방관자였던 내가 세월이 지나도 이런 마음인데 피해자의 마음은 … 아물겠는가 …

(출처 : http://bbs3.agora.media.daum.net/gaia/ do/story/read?bbsId=S101&articleId=107351)

이처럼 학교폭력을 목격한 경험은 오랜 시간이 지나서도 큰 상처로 남는다. 목격 학생에 대한 관심과 지도가 학교폭력 예방과 대책의 중요한 부분임을 알 수 있다.

제7장

교사의 **법적 책임**과 **사법처리** 과정

일선학교에서 학교폭력 사안이 발생하면 담당자를 비롯하여 관리자, 담임 교사들이 다급해지는 경우가 종종 있다. 사안이 중대할수록 더욱 그렇다. 준비해야 할 서류도 많고, 법률이 정한 기안 내에 적법한 절차를 따라 일을 처리해야 하기 때문이다. 이런 상황에서 일반적으로 학교폭력 사안처리 매뉴얼이나 관계 법령을 찾기보다는 비슷한 과정을 경험한 교사를 찾게 마련이다. 학교현상이 바쁘고 다양한 업무를 처리해야 하기 때문에 쉽게 납득이 가는 부분이다. 하지만 적어도 생활인권 부장, 학생 부장 등 업무 담당자나 관리자들은 관계법령에 대한 지식을 숙지할 필요가 있다. 그렇지 않을 경우 담당교사나 관리자들이 민사 및 형사상 책임을 져야 하는 상황이 발생할 수도 있기 때문이다. 또한 정확한 법률적 지식을 가져야만 피해 및 가해 학생과 학부모에게 절적한 조언 및 조치를 제공할 수 있기 때문이다. 이 장에서는 학교폭력으로 인한 교사의 법적 책임과 사법처리 과정 살펴보겠다.

1. 학교폭력과 관련된 법률

학교폭력과 관련 있는 법률은 학교폭력 예방 및 대책에 관한 법률(이하 학교폭력법), 소년법, 형법 등이 있다. 학교폭력법은 학생이 학생을 대상으로 폭력을 저질렀을 때 적용된다. 폭력의 경중을 고려한 학교폭력자치위원회(이하 자치위원회) 결정에 따라 피해 학생은 피해조치를 가해 학생은 가해조치를 받는다. 소년법은 소년(만 10세에서 만 19세 사이이 청소년)이 형법 법령에 저촉되는 행위를 했을 때 적용된다. 이때 법을 위반한 소년은 보호처분을 받는다. 형법은 만 14세 이상 사람이 형법 법령에 저촉되는 행위를 했을 때 적용된다. 이때 법을 위반한 자는 형사처벌을 받게 된다. 〈표 7.1〉은 위 내용을 요약한 것이다.

학교폭력법과 소년법 및 형법을 적용하는 데 있어 대상자의 연령이 중복되는 경우가 발생한다. 이런 경우 어떤 법에 적용을 받아 처벌이 이루어지게 되는지 살펴보자.

표 7.1 법률의 종류에 따른 적용 대상과 처분 내용

법률	적용 대상	적용 이유	처분 내용
학교폭력 예방 및 대책에 관한 법률	학생(일반적으로 만 7세에서 만 18세)	학교폭력	피해조치, 가해조치
소년법	소년(만 10세에서 만 19세 사이의 청소년)	법률위반	보호처분
형법	만 14세 이상인 자	법률위반	형사처벌

1) 연령에 따른 처벌 관계

- 만 10세 미만의 학생이 범죄를 저질렀을 경우 소년법과 형법을 적용할 수 없다. 이 경우는 학교폭력법에 의한 가해 학생 조치만 받게 된다.
- 만 10세부터 만 14세 미만 학생이 범죄를 저질렀을 경우(촉법소년이라 함)는 형법을 적용할 수 없다. 따라서 학교폭력법에 의한 가해 학생 조치와 소년법에 의한 보호조치를 받게 된다.
- 만 14세부터 만 19세 미만 학생이 범죄를 저질렀을 경우(범죄소년이라 함)는 학교폭

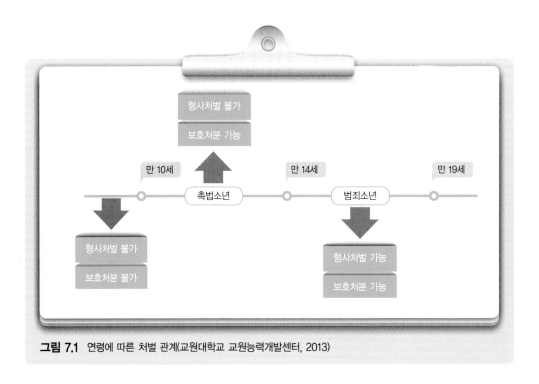

그림 7.1 연령에 따른 처벌 관계(교원대학교 교원능력개발센터, 2013)

력법, 소년법, 형법 모두를 적용할 수 있다. 이때 범죄 사실이 중대한 경우는 형법에 의한 형사처벌을 받고, 범죄사실이 가벼운 경우는 소년법에 이한 보호조치를 받는다. 물론 학교폭력법에 의한 가해조치도 받게 된다.

2) 학교폭력법과 형법의 중복처벌 관계(교과부, 2012a)

- 학교폭력법은 학생의 인권을 보호하고 학생을 건전한 사회 구성원으로 육성하기 위해 교육적인 목적에서 제정된 데 반해, 형법은 범죄 행위에 대한 처벌을 목적으로 제정되었다.
- 사법 절차에 의해 훈방, 구류 등의 조치를 한 경우에도 자치위원회 심의 · 의결을 통해 선도 · 교육 목적의 가해 학생 조치는 별도로 진행되어야 한다.

2. 사법처리 절차

폭력 사안이 발생할 경우 학교에서는 학교폭력법에 따라 사안을 처리하게 된다. 이에 대한 자세한 사항은 다음 장에서 다루기로 한다. 만약 피해 학생 또는 피해 학생 학부모가 해당 폭력 사안이 중대하다고 판단하여 가해 학생의 형사처벌을 원하면 이 사안은 사법처리 수순을 밟게 된다.

사법처리 절차가 본격적으로 시작되기 위해서는 고소 또는 고발이 있어야 한다. 다음은 고소와 고발의 의미를 명확히 한 것이다(교과부, 2012b).

- 고소란 수사기관(경찰, 검찰)에 대해 고소권을 가지는 사람, 즉 학교폭력의 경우 피해 학생과 그 보호자가 학교폭력을 신고하여 가해 학생의 처벌을 구하는 의사표시이다. 고소는 범인의 처벌을 구하는 의사가 표시되는 것이므로, 단순히 학교폭력 사실의 신고에 그치고 가해 학생의 처벌을 희망하는 의사표시를 하지 않는다면 고소가 아니다. 고소는 서면(고소장)을 수사기관에 제출하거나, 직접 수사기관에 출석하여 구두로 할 수도 있다.
- 고발은 고소권자가 아닌 사람(학교폭력의 경우 피해 학생과 보호자가 아닌 교사와 같

은 제3자)이 수사기관(경찰, 검찰)에게 학교폭력을 신고하고 가해 학생의 처벌을 구하는 의사표시를 말한다. 단 학교폭력 유형 중 친고죄 혹은 반의사불벌죄, 단순 따돌림의 경우를 제외한다(자세한 내용은 학교폭력 사안처리 가이드북 참조).

1) 경찰에서의 처리 절차

수사기관에 고소와 고발이 접수되면 해당사건에 대한 조사가 이루어진다. 일반적으로 사건조사는 경찰에서 먼저 이루어진다. 사건을 담당한 경찰은 학교폭력이 실제 발생했는지, 구체적인 가해행동은 무엇인지, 피해는 어느 정도인지에 대해 정확한 조사를 실시한다. 이후 사건의 중대성, 피해 학생의 피해 정도, 가해 학생의 반성 정도를 고려하여 훈방조치, 소년법원 송치, 검찰 송치 등의 조치를 취한다.

- 훈방조치는 가장 가벼운 단계의 조치이다. 해당 사건이 경미하다고 판단될 때 재발방지에 대한 조언을 하고 훈방한다.
- 소년법원 송치는 처벌수위로 볼 때 중간단계 조치에 해당한다. 다음 두 경우에 소년법원 송치 결정이 내려진다. 첫째는 범죄 사실이 분명하고 사건이 중대하다고 판단되지만 가해 학생의 나이가 14세 미만으로 촉법소년에 해당하는 경우이다. 둘째는 범죄를 저지르지는 않았지만 가해 학생이 집단으로 몰려다니며 주의 사람들에게 불안감을 조성하거나, 술을 마시고 소란을 피우거나, 유해환경에 자주 접하는 등 범죄를 저지를 가능성이 높은 우범소년에 해당하는 경우이다.

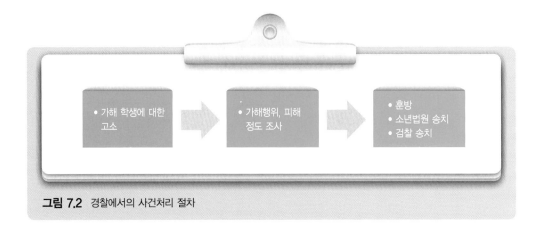

그림 7.2 경찰에서의 사건처리 절차

- 검찰 송치는 가장 강력한 조치이다. 범죄 사실이 분명하고 사건이 심각하여 형법에 의한 사법조치가 필요하다고 판단되는 동시에 가해 학생의 나이가 14세 이상으로 범죄소년에 해당하는 경우 검찰 송치 결정이 내려진다.

2) 검찰에서의 처리 절차

검찰은 재판을 신청할 수 있는 권리, 즉 기소권을 가지고 있는 기관이다. 경찰로부터 사건을 넘겨받은 검찰은 신중한 사법처리 판단을 위해 다시 사건을 조사한다. 이때 경찰조사에서 검찰로 보고된 자료들이 근거자료로 사용된다. 경찰조사 자료와 검찰에서 새롭게 조사된 자료를 근거하여 불기소, 기소유예, 조건부 기소유예, 형사기소, 소년법원 송치처분 등이 내려진다. 다음은 검찰의 조치 내용을 설명한 것이다(교과부, 2012b).

- 불기소처분이란 범죄에 대한 혐의가 없거나, 사건처리 과정 중에 피해 학생 측에서 마음을 바꿔 고소를 취하하거나, 처벌을 희망하지 않는 때, 법원에 사법판단을 위한 기소를 하지 않고 사건을 종결하는 것을 말한다.
- 기소유예는 범죄행위에 대해 혐의가 인정되고 소송조건도 충족되나 행위자의 연령, 성행, 지능과 환경, 범행의 동기, 수단과 결과, 범행 후의 정황 등을 참작하여 공소를 제기하지 않는 것을 말한다. 학교폭력의 경우 학교폭력에 대한 범죄성은 인정되지만 여러 가지 사정을 참작하여 기소를 유예한다는 의미이다.

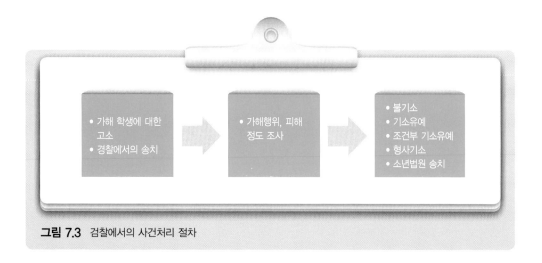

그림 7.3 검찰에서의 사건처리 절차

- 조건부 기소유예는 조건을 실행하는 것을 전제로 기소를 유예한다는 것이다. 검사는 소년에 대해 범죄예방자원봉사원의 선도, 소년의 선도·교육과 관련된 단체·시설에서의 상담·교육·활동을 조건으로 기소를 유예할 수 있다.
- 형사기소는 형사사건에 대해 법원에 사법판단을 요구하는 것을 말한다. 범죄 사실이 분명하고 사건이 심각하여 형법에 의한 사법조치가 필요하다고 판단될 때 내려진다.
- 소년법원 송치는 검사가 해상 사건이 벌금 이하의 형에 해당하거나 또는 보호처분이 필요하다고 판단하여 소년법원으로 사건을 송치하는 것을 말한다.

3) 법원에서의 처리 절차

법원은 검찰이 기소한 사건에 대해 법률에 근거하여 사법판단을 내리게 된다. 우선 가해 학생이 만 14세 이상이고, 금고 이상의 형에 해당하는 범죄 사실이 발견된 경우 또한 그 동기와 죄질에 있어 형사처분을 할 필요가 있다고 판단되는 경우에 법원은 형사재판을 통해 처벌한다. 형사처벌에는 벌금, 징역, 금고, 구류, 과료 등이 있다.

한편 법원이 심리한 결과 사건이 보호처분에 해당할 사유가 있다고 판단되는 경우 소년법원으로 송치하여 소년보호 사건으로 처리한다. 학교폭력의 유형이 친고죄 또는 반의사불벌죄에 해당되는 경우에 제1심 판결선고 전까지 피해 학생이 고소를 취하하거나 처벌을 원하지 않으면 가해 학생을 처벌할 수 없으므로 재판을 종결한다.

- 친고죄는 고소권자가 고소를 해야만 공소를 제기할 수 있는 범죄를 말한다. 친고죄의

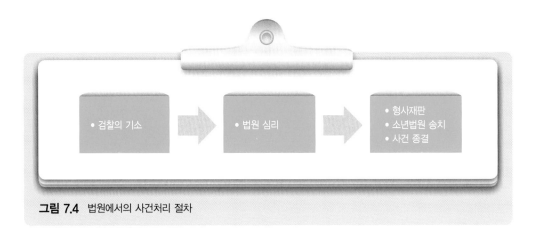

그림 7.4 법원에서의 사건처리 절차

종류에는 강간죄, 준강간죄, 강제추행, 준강제추행, 모욕죄 등이 있다. 그러나 만 19세 미만의 자에 대한 강간, 강제추행 등은 친고죄가 아니다. 누구든지 아동·청소년 대상 성범죄의 발생 사실을 알게 된 때에는 수사기관에 신고할 수 있고, 초·중등학교의 장과 그 종사자는 즉시 수사기관에 신고해야 한다.

반의사불벌죄는 피해 학생의 의사에 반하여 처벌할 수 없는 범죄를 말한다. 여기에는 폭행, 협박, 명예훼손, 과실치상 등이 해당한다. 위험한 물건을 이용한 폭행 및 협박, 중과실치사상은 반의사불벌죄가 아니다.

4) 소년법원에서의 처리 절차

소년법원은 경찰, 검찰, 그리고 법원에서 송치한 소년보호 사건들을 처리한다. 소년법원에서는 소년보호재판을 통해 가해 학생들에게 보호조치를 내린다. 소년보호재판이란 만 10세 이상 만 19세 미만의 범죄소년, 촉법소년, 우범소년에 대하여 소년의 환경을 바꾸고 소년의 성격과 행동을 교정하기 위한 보호처분을 하는 재판을 말한다. 소년보호재판의 목적은 형사재판과는 달리 비행에 대한 처벌보다는 가해 학생 환경의 조정과 태도 및 행동의 교정에 있다. 따라서 형사재판에서 유죄로 인정되어 처벌을 받은 기록은 전과로 남게 되지만, 소년보호재판에서 받은 보호처분은 전과로 남지 않는다.

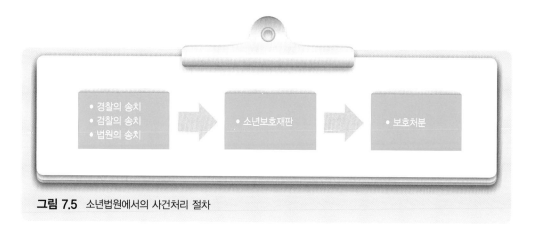

그림 7.5 소년법원에서의 사건처리 절차

또한 보호처분의 종류와 내용은 〈표 7.2〉와 같다.

표 7.2 보호처분의 종류와 내용

처분	내용
1호	보호자 또는 보호자를 대신하여 소년을 보호할 수 있는 자에게 감호 위탁(만 10세 이상)
2호	수강명령(만 12세 이상)
3호	사회봉사명령(만 14세 이상)
4호	단기 보호관찰(1년, 만 10세 이상)
5호	장기 보호관찰(2년, 만 10세 이상)
6호	아동복지법상의 아동복지시설이나 그 밖의 소년보호시설에 감호 위탁(6개월, 만 10세 이상)
7호	병원, 요양소 또는 보호소년 등의 처우에 관한 법률에 따른 소년의료 보호시설에 위탁(6개월, 만 10세 이상)
8호	1개월 이내의 소년원 송치(만 10세 이상)
9호	단기 소년원 송치(6개월 이내, 만 10세 이상)
10호	장기 소년원 송치(2년 이내, 만 12세 이상)

3. 통고제도

통고제도는 가해 학생의 보호자, 학교장, 사회복리시설장, 보호관찰소장이 수사기관을 거치지 않고 직접 사건을 법원에 접수시키는 제도를 말한다(소년법 제4조 제3항). 학교장은 학교에 학적을 두고 있는 학생(휴학생도 가능)의 비행에 대하여 관할 소년부에 통고할 수 있다.

1) 통고제도의 필요성

통고제도는 다음과 같은 이유에서 필요하다(교과부, 2012b).

첫째, 법원의 결정은 강한 강제력을 가지기 때문에 정도가 아주 심한 문제학생의 선도 및 비행의 교정에 있어 통고제도가 효과적일 수 있다. 물론 학생의 올바른 성장을 위한 1차적인 양육과 교육의 책임은 가정과 학교에 있고 청소년의 일탈이나 비행은 가정과 학교의 훈육으로 바로잡는 것이 바람직하다. 그러나 학생이 더 큰 문제를 일으키기 전에 가정과 학교의 훈육만으로 문제행동을 바로잡기에는 한계에 부딪칠 때가 있다. 이러한 경우 법원의 도움을 받는 것이 학생의 미래를 위해 바람직할 것이다. 법원이 주도하는 강제력 있는 심리와 보호처분이 보다 소귀의 목적을 이룰 수 있기 때문이다. 따라서 통고에 따른 법원의 심리와 보호처분은 수사나 처벌이 아닌 학생의 미래를 위한 교육의 연장이라고 할 수 있다.

둘째, 학교장의 통고는 학교를 대상으로 하는 폭력문제뿐만 아니라 교권침해 사안에 대한 좋은 대책이 될 수 있다. 학교폭력 사안이 발생한 경우, 자치위원회의 조치만으로는 학생의 행동 개선이 어렵다고 판단되는 때가 있다. 이때 학폭법에 의한 자치위원회 조치를 취하는 것 이외에 통고제도를 활용할 수 있다. 통고는 자치위원회 개최와 별개로 이루어지는 것이기 때문이다. 또한 교사의 지도에 강하게 반발하고, 교사에게 폭언, 폭행을 가하는 등 학교에서 지도하는 데 역부족인 교권침해 사안의 경우도 통고를 고려할 수 있다.

2) 통고제도의 장점

통고제도를 사용하면 다음과 같은 장점이 있다(교과부, 2012a).

첫째, 신속하고 간편하게 문제를 해결할 수 있다. 통고제도는 소년 문제의 초기 단계에서 간편하고 신속하게 보호자 및 학교의 감독과 교육, 법원의 적절한 개입을 통해 소년 문제를 해결할 수 있는 제도이다.

둘째, 사법처리에 비해 문제해결 부담이 적다. 통고제도에 의할 경우 학생에게 수사기관의 수사를 받게 하는 부담을 주지 않고, 또한 범죄경력조회나 수사자료표에 기재되는 등의 불이익을 입지 않을 수 있어 향후 범죄자로 낙인 찍히는 것을 방지할 수 있다.

셋째, 전문가의 효과적인 도움을 제공받을 수 있다. 통고를 할 경우 심리학, 사회복지학, 아동복지학 등을 전공한 전문소년조사관에 의해 온화한 분위기에서 조사를 받고, 전문가의 도움이 필요한 경우 법원에서 마련한 전문가 진단이나 심리상담조사 제도, 화해권고위원 제도 등을 이용할 수 있다.

3) 통고제도를 활용하면 좋은 경우

통고제도는 다음과 같은 경우 활용하면 효과적이다(교과부, 2012b).

첫째, 형벌법규에 저촉되는 행위를 하였고 재범 가능성도 농후한데 학교차원에서의 선도만으로는 가해 학생에 대한 선도가 불가능하거나 매우 곤란한 경우에 활용할 수 있다.

둘째, 교권침해 사례는 교사 등 교직원에 대한 모욕, 폭행, 협박, 명예훼손, 업무방해(또는 공무집행방해)죄가 되므로 통고의 대상이 될 수 있다.

셋째, 가해 학생 혹은 그 보호자가 학교장이나 자치위원회, 교사를 상대로 욕설, 폭행을 하는 등 폭력적인 양상을 띠고 있어 자치위원회 개최 자체가 어렵거나 정상적인 운영이 되지 않고 있는 경우라면 자칫 가해 학생이나 보호자에게 휘둘려 사건 처리가 지연될 뿐 아니라, 무엇보다 피해 학생 보호나 가해 학생 선도가 어렵게 된 경우에 활용할 수 있다.

넷째, 가해 학생이 자치위원회의 조치를 거부하거나 기피하는 경우, 학교폭력법 제17조 제11항, 동법 시행령 제22조에 의하여 추가로 다른 조치를 할 수 있지만 추가적인 조치로도 상황이 개선될 여지가 없다고 판단된다면 우선 통고를 하고, 추가적인 조치를 하는 것이 바람직합니다.

4) 통고제도 활용 사례

다음 사례는 학교가 통고제도를 잘 활용하여 문제행동이 심했던 학생을 바르게 선도한 예이다(교과부, 2012b).

(1) 가해 학생의 비행 행동

- 서울 O중학교 A군은 1학년 때에 쉬는 시간에 같은 반 학생 6명과 옆반 학생 4명과 함께 피해 학생 B군을 노래를 부르지 말라고 해도 계속 부른다는 이유로 수시로 불러 지속적으로 괴롭힘. ⇨ 피해 학생에 대한 접촉 및 폭행금지, 부모 연서로 피해 학생에 대한 서면사과, 사회봉사 3일, 적응교육 5일의 조치를 받음
- 2학년 때에 온라인 축구게임을 하면서 피해 학생 C에게 게임머니 415,000원과 현금 37,000원 갈취, 게임머니는 소액결제로 피해 학생 아버지 계좌에서 인출됨 ⇨ 등교정지 10일, 전학권고, 변상금 452,000원의 조치를 받음
- 기말고사 부정행위로 3과목 0점 처리를 받고 특별교육 10회의 조치를 받았고, A군과 친구 여러 명이 C를 집단 폭행한 사실이 있어 사과문 작성, 접촉금지, 통고의뢰, 이후 행동의 변화가 없으면 전학 방침을 조치 받음

(2) 학교의 통고조치

* 계속되는 학교조치에도 행동이 전혀 개선되지 않자 학교에서는 A군을 더 이상 지도할 수 없다고 판단되어 학교장이 서울 가정법원에 통고조치 함
* 서울가정법원에서는 A군을 조사관 조사 및 교육을 통해 성격과 행동을 개선시킨 후 A군은 4호 처분인 단기 보호관찰, 나머지 학생은 보호자에게 감호위탁을 맡기는 1호 처분을 내려 학교로 돌려보냈으며 현재 정상적으로 학교생활을 잘하고 있음

4. 학교폭력 사안 사법처리과정

우리는 지금까지 학교폭력 사안이 발생했을 때 어떤 절차에 따라 사법처리가 이루어지는가를 살펴보았다. 법률적인 용어가 많이 사용되어 다소 이해에 어려움이 있었으리라 생각된다. 하지만 이러한 법률적 관계와 사법처리 과정을 잘 숙지하고 있어야 학교폭력 사안에 대해 보다 정확한 대처를 할 수 있다. 특히 통고제도는 일반인, 담당교사, 일반교사, 관리자 모두에게 낯선 제도일 것이다. 제도의 취지를 정확히 이해하고 목적에 맞게 활용한다면 효과적인 방안이 될 수 있다. 〈그림 7.6〉은 앞서 설명한 학교폭력 사안 발생 시 사법처리 절차를 요약한 것이다.

5. 교사의 법적 책임

학교폭력으로 인해 피해 학생 측으로부터 법적 소송이 진행된 경우 교사가 법적 책임을 지는 사례들이 종종 발생한다. 따라서 학교폭력을 담당하는 교사뿐 아니라 일반 교사들에게도 교사가 져야 하는 법적 책임은 무엇인지 그리고 법적 책임을 져야 하는 요건은 무엇인지를 정확히 알고 있는 것은 중요하다.

1) 교사의 보호 · 감독의무

교장이나 교사 등 학교 구성원은 학생을 보호 · 감독할 의무를 진다. 이러한 보호 · 감독의무는 교육법에 따라 학생들을 친권자와 같이 법정감독의무자에 대신하여 보호 · 감독하는

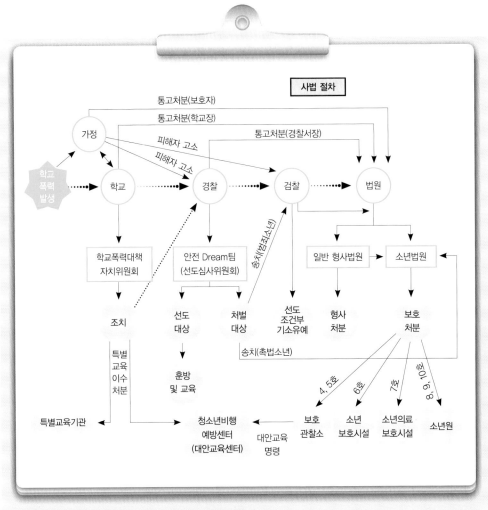

그림 7.6 학교폭력 사안의 사법처리 절차(교과부, 2012b)

의무를 말한다.

교장은 교무를 통할하고, 소속 교직원을 지도 · 감독하며 학생을 교육한다.

교감은 교장을 보좌하여 교무를 관리하고 학생을 교육하며, 교장이 부득이한 사유로 직무를 수행할 수 없는 때는 그 직무를 대행한다. 다만 교감이 없는 학교에서는 교장이 미리 지명한 교사(수석교사를 포함한다)가 교장의 직무를 대행한다.

수석교사는 교사의 교수 · 연구 활동을 지원하며 학생을 교육한다.

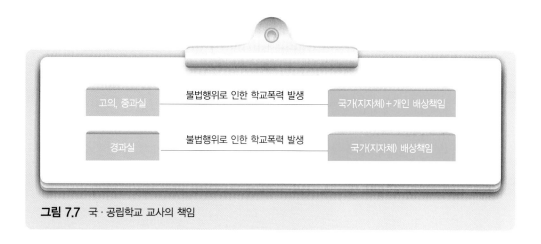

그림 7.7 국·공립학교 교사의 책임

- 교사는 법령에서 정하는 바에 따라 학생을 교육한다.

3) 국·공립학교 교사의 책임

국·공립학교에 소속되어 근무하는 교사들은 학교폭력이나 성폭력 사고에 대하여 교사의 과실이 작을 경우에는 손해배상 책임을 지지 않는다. 학교 설치자인 국가 또는 지방자치단체가 해당 교사를 대신하여 배상책임을 진다.

그러나 고의 또는 중과실이 있는 경우에는 국가 또는 지방자치단체가 배상책임을 부담하는 외에 교사 개인도 불법행위로 인한 손해배상책임을 져야 한다. 여기서 교사의 중과실이란 만약 교사가 약간의 주의를 했다면 쉽게 유해한 결과를 예견할 수 있는 있음에도 불구하고 이를 간과하는 경우를 의미한다. 말하자면 고의에 가까울 정도로 현저히 주의를 기울이지 않은 상태를 의미하는 것이다. 따라서 국·공립학교의 교사가 학교폭력 사건으로 책임을 지는 경우는 드물다고 할 수 있다.

4) 사립학교 교사의 책임

사립학교 교사들은 학교폭력이나 성폭력 사고에 대하여 교사 개인의 고의는 물론이고, 과실이 있는 경우 그 과실이 중과실인지 경과실인지를 불문하고 손해배상책임을 지게 된다. 이러한 점에서 사립학교 교사들은 국가배상법의 적용을 받는 국·공립학교의 교사에 비해 상대적으로 불리한 지위에 놓여 있다.

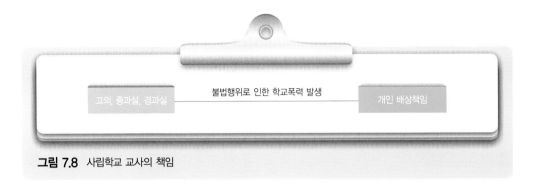

그림 7.8 사립학교 교사의 책임

고의, 중과실, 경과실   불법행위로 인한 학교폭력 발생   개인 배상책임

5) 교사의 의무와 책임 판단 기준

법원의 판단에 따르면 교사의 의무와 책임 판단 기준은 다음 세 가지로 정리될 수 있다.

(1) 교육활동과 관련된 밀접한 생활관계

교사의 보호·감독의무는 법적으로 '학교에서의 교육활동 및 이와 밀접한 생활관계인 경우'에 해당한다. 수업시간은 가장 대표적인 교육활동 시간이다. 또한 장소만 야외일 뿐 교육활동이 학교와 동일하게 이루어진다고 볼 수 있는 수학여행, 현장체험학습, 수련활동 등의 경우에도 교육활동 시간에 해당한다. 또한 아침 시간, 쉬는 시간, 점심 시간, 청소 시간 등은 직접적인 교육활동 시간은 아니지만 교육활동 시간과 밀접한 생활관계에 해당한다.

(2) 예견가능성

교육활동과 관련된 생활관계인 경우라 하더라도 교사가 충분히 예견하였거나 또는 예견할 수 있는 상황에서만 법적 책임을 진다. 만약 쉬는 시간이나 점심 시간에 학생들 사이에서 우발적인 학교폭력 사건이 발생하였다면, 교사는 이 사건에 대한 책임을 지지 않는다. 비록 밀접한 생활관계에서 발생하였지만 교사가 사전에 이와 같은 폭력사건이 발생할 것을 알았거나 알 수 있다고 볼 수 없기 때문이다.

> **사례**   교사 책임 부정 사례(교육부, 2012)
> ▶ 졸업여행 중 학교 측의 안전교육이나 사전지시에도 불구하고 숙소 내에서 휴식 시간에 폭력사고로 한쪽 눈을 실명하게 되었다.
> ▶ 정규학습 시작 시간 전 교실에서 수업교재인 아크릴 판을 주인에게 준다며 던

져 중간에 앉아 있던 급우의 눈을 다치게 하였다.

▶ 고등학교 2학년인 A군은 점심 시간에 식사를 마치고 장난으로 B가 앉아 있던 의자를 걷어찼는데, B가 넘어지면서 뒷머리를 교실 벽에 부딪혀 상해를 입게 하였다.

이와 같은 경우 학교에서의 교육활동과 밀접한 생활관계를 가지는 것으로 인정되더라도 돌발적이거나 우연한 사고에 대하여는 예견가능성이 인정되지 않는다고 보아 교사의 책임을 부정하였다.

(3) 충분한 예방조치

교육활동과 관련된 밀접한 생활관계 및 예견가능성의 두 가지 요건을 모두 충족하는 경우에도 교사가 반드시 책임을 지는 것은 아니다. 만약 교사가 적절한 예방교육과 같이 사건을 방지하기 위한 조치를 충분히 한 경우라면 법적인 책임을 지지 않는다. 다음은 교사가 적절한 예방 조치를 하지 않아 교사책임을 인정한 사례이다.

 교사책임 인정 사례(교육부, 2012)

▶ 초등학교 6학년 A는 지속적인 폭행 등 괴롭힘을 당한 결과 신경정신과에서 '외상후스트레스장애'로 상당기간 약물치료와 상담치료가 필요한 것으로 진단받았다. 폭행은 거의 대부분 학교 내에서 휴식 시간 중에 이루어졌고, A에 대한 폭행사실이 적발된 후 A의 부모가 교사에게 가해 학생들을 전학시키거나 다른 반으로 보내는 등 격리해 줄 것을 요청하였다. 그러나 교사는 이를 거절하면서 가해 학생들로부터 반성문을 제출받고 가해 학생들의 부모로부터 치료비에 대한 부담과 재발방지 약속을 받는 데 그치는 등 미온적으로 대처하였다. 이후 폭력이 계속되자 A는 이를 견디지 못하고 자살하게 되었다.

이 사안의 경우 초등학교 내에서 발생하는 폭행 등 괴롭힘은 통상 나이가 어리고 정신적으로 성숙하지 못한 피해자에게 육체적·정신적으로 상당한 고통을 주기 때문에 이런 괴롭힘이 상당기간 계속될 경우에는 고통에 따른 정신장애로 피해 학생이 자살에 이를 수도 있다는 것이 예측가능하다고 법원은 판단하였다. 따라서 담임교사가 보다 적극적으로 대처하였으면 피해 학생의 자살이라는 결과를 사전에 예방할 수 있었던 것으로 보아 교사의 책임을 인정하였다.

(4) 교사 책임의 판단과정

다음은 학교폭력 발생 시 교사 책임의 판단과정을 설명하는 그림이다.

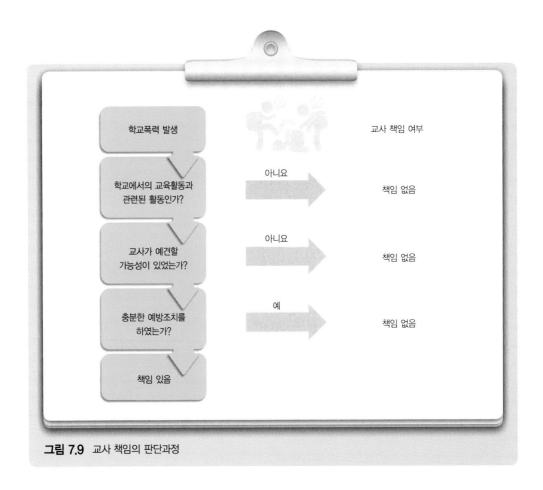

그림 7.9 교사 책임의 판단과정

제8장

정부차원의 대책

정부는 학교폭력 문제가 사회적 문제로 대두되기 시작한 1990년대부터 2014년까지 학교폭력 예방법을 제정 및 개정하고 학교폭력에 대한 다양한 대책을 마련하였다. 특히 2004년에 제정된 학교폭력 예방 및 대책에 관한 법률은 학교폭력 근절을 위한 지원 체제를 마련했다는 점에서 큰 의의가 있다. 이후 제정된 법률에 근거하여 교육인적자원부, 청소년보호위원회, 행정자치부, 문화관광부, 정보통신부, 여성부, 대검찰청, 경찰청 등이 포함된 범 정부차원의 종합적인 대책이 마련되기 시작했다. 학교폭력 예방 및 대책에 관한 법률에 관해서는 9장에서 다루기로 하고, 이 장에서는 학교현장에 가장 큰 영향을 미치고 있는 2012년 학교폭력 근절 예방 및 대책과 2013년 현장중심 학교폭력 대책에 대해 핵심적인 부분들을 중심으로 살펴보고자 한다. 또한 2014년 현장중심 학교폭력 대책에 대해서도 간략히 살펴볼 것이다.

1. 학교폭력 예방 및 대책 5개년 기본계획

1) 1차 학교폭력 예방 및 대책 5개년 기본계획(2005~2009)

2000년 이후 학교폭력사범으로 경찰이나 검찰에 검거 혹은 구속된 학생 수와 폭력으로 징계 받은 학생 수는 완만히 줄어들었다. 그럼에도 불구하고 일반 학생에게 학교폭력 문제가 확대되는 현실 개선에 대한 사회적 요구로 인해 '학교폭력 예방 및 대책 5개년 기본계획'이 마련되었다. 2005년 3월 발표된 '학교폭력 예방 및 대책 5개년 기본계획'은 장기적인 관점에서 관계부처가 협력하여 학교폭력 문제를 해결하고자 마련된 정책이다. 핵심적인 정책과제는 다음과 같다.

- 학교폭력 예방 · 근절 지원 추진체 운영 활성화
- 학교폭력 예방 · 근절을 위한 교육 및 지원 강화
- 교원의 학생 생활지도 전문능력 제고

- 피해자 보호 및 가해자 선도 강화
- 범정부 차원의 사회적 분위기 조성

2) 2차 학교폭력 예방 및 대책 5개년 기본계획(2010~2014)

2차 학교폭력 예방 및 대책 5개년 기본계획은, 1차 5개년 기본계획을 통한 노력에도 불구하고 학교폭력이 여전히 근절되지 않음으로 인해, 2009년 12월 교육과학기술부, 방송통신위원회, 법무부, 행정안전부, 보건복지부, 여성가족부, 대검찰청 및 경찰청 등의 관련 부처의 협력에 의해 수립되었다. 2차 기본계획은 학교폭력 안전도 제고를 정책목표로 설정하여, '학교폭력 없는 안전하고 즐거운 교육환경 조성'이라는 비전을 제시하였다. 그 추진전략으로는 맞춤형 예방대책, 무관용 원칙확산, 전문 진단 상담시스템, 책무성 강화를 제시하였으며, 다음과 같은 구체적인 정책과제를 제기하였다.

표 8.1 2004년 이후 학교폭력 예방 및 근절을 위한 주요 정부대책

시기	주요 대책
2004. 7	학교폭력 예방 및 대책에 관한 법률 및 동시행령 제정 • 학교폭력 예방 및 근절을 위한 지원체제 마련 • 5년 주기의 학교폭력 예방 및 대책 기본계획 수립 토대 마련
2005. 2	1차 학교폭력 예방 및 대책 5개년 기본계획(5대 정책과제, 49개 세부사업) • 예방, 신고, 대처의 기본 인프라 구축 • 학교폭력에 대한 경각심과 근절의지 제고 • 국가차원의 적극적인 대책 추진
2005. 2~2007. 12	국무조정실 주관 5대 폭력 대책단 조직 및 운영 • 학교폭력, 성폭력, 사이버폭력, 정보지폭력, 조직폭력 대책단 운영
2007. 2	학교폭력 예방 및 근절 15대 중점과제 발표 • 2005년 수립된 기본계획 보안 • 학생 비행 별 대책, 학교위험도 별 대책, 피해 학생 보호 대책 등 15대 중점과제 마련
2008. 3	학교폭력 예방 및 대책에 관한 법률 전부 개정
2009. 12	2차 학교폭력 예방 및 대책 5개년 기본계획(6대 정책과제, 78개 세부사업) • 조기 맞춤형 예방교육 강화 • 단위학교의 대응능력 및 책무성 제고 • 지역단위 전문 진단-상담-선도 시스템 구축
2012. 2	학교폭력 근절 종합대책
2013. 7	현장중심 학교폭력 대책

- 학교폭력 안전인프라 확충
- 맞춤형 예방교육 강화
- 단위학교의 대응능력 및 책무성 제고
- 가해자 선도 및 피해자 치유 시스템 질 제고
- 존중과 배려의 학교 문화 조성
- 지역사회와 함께하는 학교안전망 구축

2. 학교폭력 근절 종합대책(2012)

2012년 2월 6일에 발표된 학교폭력 근절 종합대책(2012, 이하 2.6 대책)은 '학교폭력 예방 및 대책에 관한 법률(2004)'에 의거하여 적용되고 있는 제2차 학교폭력의 예방 및 대책에 관한 기본계획(2010~2014)을 대체하는 정책이다. 이 정책의 발생 배경은, 최초 학교폭력을 다루기에는 기존 정책이 한계를 지닌다는 문제 제기에서 발생하였다. 즉 학교폭력 발생 연령이 낮아지고 중학교의 학교폭력 문제가 심각해지고 있으며, 가해자와 피해자 구별이 불분명하고(피해와 가해의 악순환), 정서적 폭력이 증가하고 학교폭력의 집단화 경향이 나타남으로써 새로운 대책에 대한 필요성이 제기되었다. 그간의 학교폭력 대책에도 불구하고 학교폭력에 대한 인식과 대응 수준이 여전히 낮고, 2011년 말 대구중학생 자살 사건 등 일련의 학교폭력 사건으로 인한 학생들의 피해가 부각되면서 근본적이면서도 강력한 대책의 필요성이 커짐에 따라 마련되었다.

2.6 대책의 특징은 전적으로 사소한 폭력도 학교폭력이고, 학교폭력이 학생 개개인 혹은 가정환경의 문제가 아닌 사회 및 학교가 가지고 있는 구조적 문제에서 비롯되고 있으며, 학교폭력이 학생들 간의 문제가 아니라 학교 및 사회 전체가 함께 해결해야 하는 문제라는 점을 강조한다. 특히 이 대책은 인성교육의 강화 등을 다룬 근본 대책을 강화함으로써 학교현장의 근본적인 변화를 이끌어내려고 하였다. 또한 학생이나 학교의 대응체계의 정비 등 학교 내에서의 학교폭력 예방뿐만 아니라 지역사회가 학교폭력을 예방할 수 있도록 하는 대책에도 초점을 두었다. 구체적으로 '학교폭력 없는 행복한 학교'를 목표로 네 개의 직접대책과 세 개의 근본대책을 〈표 8.2〉와 같이 제시하였다.

표 8.2 학교폭력 근절 종합대책(2012)

목표	학교폭력 없는 행복한 학교
	'사소한 괴롭힘'도 '범죄'라는 인식 하에 철저히 대응

(1) 학교장과 교사의 역할 및 책임 강화

대처 권한 부족 및 학교폭력 은폐	➡	대처 권한 및 역할 대폭 강화—은폐 시 엄중 조치로 책무성 확보

(2) 신고-조사체계 개선 및 가·피해 학생에 대한 조치 강화

신고번호 분산 체계적 대응체계 부재 처벌 및 보호조치 미흡	➡	신고체계 일원화 조사·지원기능 체계화 가해/피해 학생 조치 강화

(3) 또래활동 등 예방교육 확대

건전한 또래문화 미형성	➡	학생 간의 자율적 갈등해결, 학교단위 예방교육 체계화

(4) 학부모교육 확대 및 학부모의 책무성 강화

참여 부족, 무관심, 책무성 미흡	➡	학부모 교육·자원봉사 확대

직접 대책 *(applies to sections 1-4 above)*

	학교-가정-사회가 함께 인성교육 실천

(5) 교육 전반에 걸친 인성교육 실천

학업성취 수준은 높으나 인성·사회성은 낮은 수준	➡	바른생활습관, 학생생활규칙 준수 등 실천적 인성교육 추진

(6) 가정과 사회의 역할 강화

민·관의 유기적 대응 미흡 가정의 교육기능 약화	➡	민·관 협력체제 강화 가정의 교육기능 회복

(7) 게임·인터넷 중독 등 유해 요인 대책

교육적 시각에서 심의·규제기능 미흡	➡	게임·인터넷 심의·규제 및 예방·치유교육 확대

근본 대책 *(applies to sections 5-7 above)*

1) 학교장과 교사의 역할 및 책임 강화

(1) 학교장 역할 및 책임 강화

- 학교폭력이 발생한 경우 피해 학생을 가해 학생으로부터 보호할 필요가 있을 때, 학교장은 가해 학생에 대해 즉시 출석정지 조치를 실시할 수 있다.
- 학교장은 가해 학생에 대한 선도가 긴급한 경우 학교폭력자치위원회의 요청 없이도 해당학생에게 서면사과, 접촉금지, 교내 봉사, 특별교육 및 심리치료, 출석정지 등의 조치가 가능하다.
- 학교장은 학교폭력자치위원회를 학교폭력 발생 시 수시로 개최하되, 분기별로 1회 정기 개최하여 학내 폭력 실태 점검 및 교육 방안을 논의할 수 있다. 이때 위원회에는 관련 외부 전문가(경찰, 변호사, 의사, 상담가 등)가 반드시 참석하도록 하여 심의의 전문성·객관성을 확보해야 한다.
- 학교폭력 사항에 대한 은폐문제와 관련하여, 학교에서 학교폭력을 은폐하려는 사실이 발각된 경우, 학교장 및 관련 교원은 4대 비리(금품수수, 성적조작, 성폭력범죄, 신체적 폭력) 수준에서 징계를 받게 된다.
- 교장의 책무성이 강조되면서 교장 대상 연수도 강화되었다.

(2) 담임의 역할 강화 및 생활지도 여건 조성

- 학생 수가 일정 규모 이상인 학급이거나, 생활지도를 위해 특별한 필요가 있다고 학교장이 판단하는 경우 담임교사를 추가 배치하여 학생들과 밀착된 생활지도를 하도록 한다.
- 담임교사는 조례 및 종례 시간, 창의적 체험활동 시간 등을 활용하여 학생들의 문제를 조기에 발견하고 개인 면담, 생활지도 등을 통해 사전 조치를 취한다.
- 학교폭력 가해 및 피해 학생의 학교폭력(게임중독 등 포함) 관련 사실, 상담, 치료 등에 관한 사항을 개인별로 누적 기록·관리하고, 생활지도 자료로 활용한다.
- 교사는 학교폭력 가해 학생 조치사항을 학생부 학적 및 출결의 특기사항란과 행동특성 및 종합의견란에 기록한다.

- 학교폭력에 대한 효과적인 대응과 학생상담에 대한 전문적 지원을 위해 전문상담교사 및 전문상담인력을 확대하고 배치하였다. 2011년 922명이었던 전문상담교사를 2012년 1,422명으로 확대하였으며, 전문상담사를 2011년 1,929명에서 2012년 4,644명으로 확대 배치하였다.
- 교원 양성, 임용, 연수 단계에서도 생활지도 역량을 강화하고자 하였다. '교원자격검정령 시행규칙' 교직과목 세부이수 기준 가운데 교직소양 분야에 '학교폭력 예방 및 대책' 과목을 신설하고, 교직소양 이수 기준인 '4학점 이상'을 '6학점 이상' 이수로 변경하고, '학교폭력 예방 및 대책' 과목 이수를 의무화하였다.
- 교원 임용 시 학생에 대한 이해, 학교폭력 상황 발생 시 문제해결 능력 등을 교직 적성 심층면접 등을 통해 측정하였으며, 지속적인 연수를 통해 학교폭력 유형에 효과적으로 대응하도록 하였다.

2) 신고-조사체계 개선 및 가·피해 학생에 대한 조치 강화

- 117 학교폭력 원스톱 대응 시스템 운영을 강화하였다.
- 매년 2회 국가수준의 학교폭력 실태조사를 실시하고, 학교폭력 발생 현황을 정확하게 공시할 수 있도록 제도를 보완하였다.
- 학교장은 피해 학생의 보호를 위하여 긴급하다고 인정하거나 피해 학생이 긴급보호 요청을 하는 경우에는 위원회의 요청 전에 보호조치를 내릴 수 있다. 가능한 보호조치는 심리상담 및 조언, 일시보호, 치료 및 치료를 위한 요양, 학급교체, 그 밖에 피해 학생의 보호를 위하여 필요한 조치 등이 있다.
- 피해 학생 치료와 관련하여, 선치료 지원 후처리 시스템을 마련하였다. 학교안전공제회가 피해 학생의 심리상담, 일시보호, 치료를 위한 요양에 소요된 비용을 우선 부담한 후 가해 학생 부모에게 구상권을 행사할 수 있다.
- 가해 학생이 피해 학생 또는 신고한 학생에게 보복행위를 하거나, 장애학생에 대한 폭력을 행사하는 경우 이를 엄정하게 징계조치한다. 예를 들어 가해 학생에 대한 출석정지 제한을 두지 않고 유급도 가능하며, 학교폭력 자치위원회에서 전학조치 결정을 내리면 교육장 또는 교육감은 학교구 또는 행정구역과 관계없이 가해 학생을 전학 조

치할 수 있다.

- 가해 학생 대상 심리치료와 재활프로그램을 실시하여 학교적응력을 강화하고 학업중단을 방지하고 학부모 특별교육 이수를 의무화하였다.
- Wee 센터 등 시도교육청 자체 기관, CYS-Net 등 관계부처 지원기관을 특별교육 · 심리치료 기관으로 지정하여 가 · 피해 학생의 특별교육 및 심리치료 지원체계를 구축하였다.
- 일진(학교폭력서클)에 대한 엄정 대응을 위해, 117 신고내용 및 담당 학교와의 정보 공유를 통해 일진 등 폭력서클의 정보를 상시 파악하고 선도 관리하도록 하였다.
- 상습적이거나 죄질이 중한 학교폭력 사안에 대해서는 즉시 형사 절차를 진행하고 신속한 수사를 통해 검찰 · 법원으로 송치하도록 하였다.
- 학교폭력전담경찰관 제도를 확대하였다.

3) 또래자치활동 등 예방교육 확대

건전한 학교 문화 형성을 위해 또래상담을 비롯한 또래활동을 강화하였다. 이 부분에 대한 교사들의 역할이 강조되고 있기 때문에 좀 더 구체적으로 알아보고자 한다.

(1) 또래상담

또래상담은 일정한 훈련을 받은 청소년이 자신의 경험을 바탕으로 다른 또래들의 문제해결을 돕는 것, 청소년들 중 자질이 있으면서 활동에 대한 동기가 있는 학생들을 선발하고, 훈련을 통해 또래상담자로 양성하여 활동하게끔 하는 일련의 과정이다(노성덕, 2006). 또래상담은 은밀하게 일어나는 학교폭력을 학생 스스로 상담하여 해결하자는 취지에서 교육부와 여성가족부 부처 협력과제로 진행되었으며, 한국청소년상담복지개발원이 컨트롤타워의 역할을 하며 전국 초 · 중 · 고등학교에 또래상담 프로그램을 지원한다. 2011년 573개교에서 2012년 3,320개교로 확대 운영되었으며, 2013년에는 총 5,215개교에서 또래상담이 운영되었다. 또래상담의 운영체계는 〈그림 8.1〉과 같다.

또래상담자들은 학교에서 도움이 필요한 친구에 대한 상담활동과 공감문화 조성의 동아리 활동을 한다. 상시 상담활동으로는 고민이 있는(혹은 고민이 있어 보이는) 친구에게 다

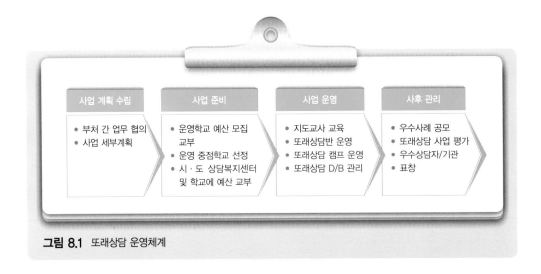

그림 8.1 또래상담 운영체계

가가 심리적 지지와 상담을 제공하고, 생활 속에서 자연스럽게 도움을 제공한다. 또한 학교 내 공감 문화 조성을 위한 동아리 활동으로 교내 혹은 교외 아웃리치 상담, 학교폭력 예방 캠페인, 역할극 활동 등의 봉사활동을 하며 지역공동체 활동으로 지역 및 전국 연합회 활동을 한다.

또래상담 학교 운영 활성화를 위해 한국청소년상담복지개발원과 지역청소년지원센터는 다음과 같이 학교를 지원한다.

- 또래상담 운영학교 현장 방문 점검 실시, 운영 컨설팅, 또래상담 슈퍼비전, 또래상담 관련 행사 및 특강 등을 통해 운영학교를 지원한다.
- 한국청소년상담복지개발원과 지역 상담센터 간의 긴밀한 연계를 통해 초중고 별로 표준화된 기초교육과 심화교육을 통해 또래상담 지도자(지도교사)를 양성하며, 이들 교사들로 하여금 또래상담자를 양성하도록 지원한다(지도자 교육안내는 www.kyci.co.kr 참조).
- 또래상담자 기초교육 시간은 총 12시간으로 보통 한 학기가 소요되며, 심화교육은 총 8시간으로 한 학기가 소요된다. 학교에서는 동아리, CA, 창체 시간을 활용하여 진행하며 또래상담 지도교사 연수과정을 이수한 담당교사가 프로그램을 진행한다.
- 또래상담자 기초교육 후에는 지역 상담복지센터와의 연계활동으로 또래상담자의 체계적인 추수교육 및 또래상담자 연합회 활동을 한다.

- 학교·급 별 또래상담 운영과 관련하여 교사들의 부담을 줄이고 보다 체계적으로 운영을 할 수 있도록 교구재 2종의 또래상담 지도교사용 지침서(또래상담 학교운영지침서, 또래상담 지침서)와 3종의 또래상담자 물품(워크북, 수첩, 뺏지), 또래상담 기초교육 및 심화교육 웹교재를 지원(www.kyci.or.kr)하며, 또래상담 홈페이지(www.peer.or.kr)를 통해 정보 교류를 지원한다.
- 또래상담 기초 및 심화교육 내용은 또래상담 사업과 학교폭력에 대한 전반적인 이해, 또래상담 기본 프로그램, 또래상담자의 역할, 학교 또래상담반 운영방법, 전산시스템 활용 등의 내용이 포함된다.
- 한국청소년상담복지개발원은 학교폭력 심리극 대회 및 UCC 대회, 또래상담 우수사례 공모전 및 보고대회, 또래상담 주간 운영, 또래상담 전국연합회, 또래상담 대학생 멘토링 지원 등 학교 및 지역사회 공동체 문화 형성을 위한 다양한 또래상담 활동을 지원한다.

(2) 또래조정

또래조정은 교내에서 발생하는 학생 간 갈등상황을 중립적 갈등조정자인 또래 학생이 조정자가 되어 대화, 토론, 합리적 절차에 따라 학생들 스스로가 문제를 해결할 수 있도록 돕는 조직적·자발적 활동이다(한유경 외, 2013a). 또래조정은 교육부, 시·도교육청, 한국

그림 8.2 또래조정사업 추진 절차

청소년정책연구원, 민간협력기관, 초·중등학교를 추진체계로 한다. 또래조정 사업 추진 절차는 〈그림 8.2〉와 같다.

또래조정은 동아리(71.2%) 형태의 운영이 주를 이루며, 시범학급 운영(11.0%) 등 학교 여건에 맞는 다양한 방식으로 운영된다. 또래조정은 또래상담과 마찬가지로 교사들이 또래조정에 대한 전문 교육을 받은 후 학교로 돌아가 또래조정자를 선발하여 또래조정자 양성과정을 운영하며 학생들을 대상으로 또래조정 전문교육을 실시한다. 이때 교사가 직접 교육을 하기도 하고 외부의 전문 강사에게 교육을 의뢰할 수도 있다.

또래조정 지도교사 교육은 기본 및 심화 각 20시간으로 이루어져 있다. 주 내용은 갈등, 갈등해결의 이해, 또래조정 및 일반 조정 실습, 학교폭력 예방 및 대처방법, 프로그램 운영관리 방법, 또래 조정인 지도(현장교육)방법과 내용, 일반 학생 대상 갈등해결 교육 방법 등이다.

(3) 학생자치법정

학생자치법정은 경미한 교칙을 위반한 학생을 대상으로 동료 학생들이 법정의 형식을 통하여 스스로 조사, 변호, 판결 등을 맡아 진행함으로써 학생들의 법의식을 향상시키기 위한 법교육 프로그램이다. 2006년부터 5개 학교 지원을 시작으로 추진하였으며 법무부, 교육부, 시·도교육청, 법문화진흥센터(한국법교육센터), 중·고등학교를 추진체계로 한다. 추진 절차는 〈그림 8.3〉과 같다.

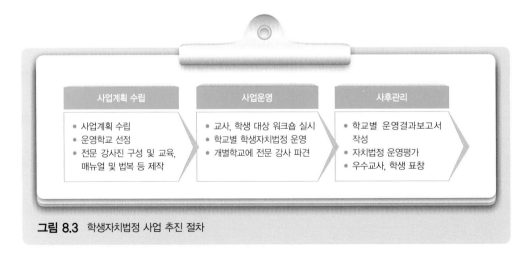

그림 8.3 학생자치법정 사업 추진 절차

학생자치법정은 가벼운 교칙을 위반한 학생을 대상으로 한다. 위반 학생에 대한 처벌내용이 정해지지 않은 상태에서 학생자치법정을 통해 긍정적 지도 방향을 결정한다. 또한 학생들에게 소명의 기회를 부여함으로써 선도 처분의 신중을 기하게 된다.

학생자치법정의 교육은 5~6시간의 비교적 짧은 교육으로 부담이 적은 편이다. 교육 내용은 학생자치법정의 이해, 소년사건처리 절차 및 형사 절차의 이해, 학생자치법적 실습으로 이루어져 있다. 각 학교별로 전문 지도강사의 도움을 받아 학생자치법정을 운용하기 위해 추가 교육을 진행하거나 심화교육을 실시할 수 있다. 학교의 요청에 의해 방문하는 전문 지도강사는 학교사정에 따라 전체 학생을 대상으로 하거나 학생자치법정을 구성하는 학생을 상대로 강의하게 된다.

(4) 학교폭력 예방교육

- 신학기 초 부처별로 특성화된 학교폭력 예방교육 및 범죄 예방 교육을 실시한다.
- 교육부는 학생, 학부모, 교원을 대상으로 연 2회 이상 학교폭력 예방교육을 추진한다.
- 경찰청의 경우 경찰관이 모교 및 자녀 학교 등을 방문하여 학교폭력 예방 및 범죄 예방교육을 실시한다.
- 법무부는 교사 및 학부모를 대상으로 학교폭력 예방 법교육을 실시한다.
- 여가부 또한 학교 및 학부모를 대상으로 학교폭력 예방교육을 실시한다.
- 교육부는 교사, 학부모, 학생 각 대상에 따른 학교폭력 예방교육자료를 개발하여 보급한다. 특히 교육부는 '행복한 학교를 위한 어울림 프로그램' 계획을 수립하여 추진한다.

(5) 모든 학생 대상 진단·선별 검사 실시

- 정서·행동특성검사를 초등학교 1학년부터 고등학교 3학년 전 학년 학생을 대상으로 확대 시행한다.
- 1차와 2차 선별검사는 학교 내에서, 3차 검사는 심층사정평가로 학교 밖 Wee 센터 및 정신보건센터에서 시행한다.
- 초등학생의 선별도구는 CPSQ로 학부모 보고식 설문지 조사이며, 중·고등학생의 선

별도구는 AMPQ-II로 학생 및 교사가 보고하는 설문지 조사로 구성한다.

검사 결과 : 2012년 1차 선별검사를 통해 전체 참여 학생의 약 12%(80만 명)가 학교 내 관심군으로 선별되었으며, 대상 학생은 학교 내에서 상담이나 생활지도 등을 통한 관리를 받았다. 2차 선별검사에서는 참여자의 약 5%(33만 명)가 학교 내 주의군으로 선별되었으며, 주의군 학생은 위험수준별로 전문기관에 의뢰하는 등 단계별 조치를 취하도록 하였다. 3차 심층평가 결과 전체 참여 학생의 약 1.5%(10만명)가 고위험군으로 선별되었으며 고위험군 학생은 전문 병·의원에 의뢰하여 치료를 받도록 하였다(한유경 외, 2013).

(6) 학교폭력 예방 자료 보급 및 온라인 법교육 예방교육

학교폭력 예방 매뉴얼을 개발하여 보급하며, 사이버 법교육을 위한 다양한 콘텐츠를 개발한다.

- Wee 포털사이트(www.wee.go.kr) 사이버상담센터
- 청소년사이버상담센터(www.cyber1388.kr)
- 교육부 학교 폭력 예방 사이트(www.stopbullying.or.kr)
- 또래상담 홈페이지(www.peer.or.kr)

4) 학부모교육 확대 및 학부모의 책무성 강화

- 학부모 교육 관련 우수 강사진 DB를 구축하여 학부모 교육의 질을 높인다.
- 학교폭력 예방, 자기주도학습 등 학부모의 관심 주제 등을 중심으로 체계적인 교육을 통해 학부모의 자녀교육에 대한 역량을 높인다.
- 가해 학생 보호자는 자녀에 대한 이해 및 학교폭력 예방 관련 특별교육을 의무적으로 이수해야 한다. 만약 특별교육을 보호자가 불응하였을 때는 과태료(300만 원 이하)를 부과한다.

5) 교육 전반에 걸친 인성교육 실천

- 만 5세의 질서, 배려, 협력 등 바른 인성을 함양하는 누리과정을 제정한다.
- 언어문화 개선, 우리말 사랑과 관련된 다양한 프로그램을 활용하여 프로젝트 수업을 실시하고, 욕설 등 폭력적인 언어 사용 습관을 실질적으로 예방·진단·치료할 수 있는 학생교육 및 교원연수 시스템을 구축한다.
- 음악, 미술, 연극 등 예술교육 기회 확대를 통해 정서안정, 자존감 향상, 사회성 함양을 도모한다. 문화예술 소외·취약지역, 학교폭력 발생지역 학교를 대상으로 다양한 예술교육 기회를 제공함으로써 인성 함양 및 예술적 소양 개발한다.
- 학생 오케스트라, 합창, 뮤지컬, 밴드 등 학교에서의 다양한 단체 음악 및 예술 활동을 지원한다.
- 교사와 학생이 함께하는 독서 동아리를 지원하여 독서활동을 통한 자기표현, 소통 및 공감능력 향상 등 효과적인 인성교육을 실천한다.
- 중학생의 체육 활동을 대폭 확대하여 체, 덕, 지를 겸비한 인재로 육성한다. 이를 위해 중학교에서 기존 주당 2~3시간인 체육수업에 '학교스포츠클럽 활동' 1~2시간을 포함하여 주당 4시간씩 전 학기(6학기) 모두 편성한다.
- 학교폭력 가해 학생의 경우 조치 사항이 학생부 '학적사항', '출결상황'의 특기사항과 '행동특성 및 종합의견란'에 기재한다.
- 대학에서 학생 선발 시 학업능력을 살펴보는 창의성·잠재력에 더하여 타인과 공감하고 배려하는 인성을 겸비한 인재 선발 체제를 강화한다.

6) 가정과 사회의 역할 강화

- 가정과 사회의 역할 강화를 통한 학교폭력 예방을 위해 바른 인성 함양을 위한 '밥상머리교육 범국민 캠페인' 추진한다(표 8.3 참조).
- '가족사랑의 날'인 수요일과 주말을 활용하여 가족이 함께 식사와 대화를 나누며 기본 예절교육, 부모-자녀와의 상호이해 확장을 유도한다.

표 8.3 밥상머리교육 운영 예시

순서	내용	시간
도입	밥상머리교육 사례 소개, 음식문화와 한식의 역사, 전통에서 배우는 밥상머리교육	10분
전개	우리 가족의 어제 저녁 밥상 풍경 그리기	20분
	내가 바라는 밥상 풍경 그리기	10분
요리하며 밥상머리교육	1. 건강한 영양식단 준비하기 : 요리 재료(영양소)	5분
	2. 재료준비하며 생활의 지혜 배우기 : 재료 고르는 법(유통기한, 식품표시)	5분
	3. 함께 요리하며 친밀감 높이기 : 요리하며 칭찬, 지지와 스킨십	20분
	4. 완성요리 맛보며 예절과 사회성 길러주기 : 식사규칙과 예절	15분
정리	밥상머리교육 이렇게 실천하세요!	5분

7) 게임 · 인터넷 중독 등 유해 요인 대책

- 청소년들의 과도한 게임 이용을 제한하고, 폭력적인 게임으로 인해 유발되는 학교폭력을 근절하고자 정부에서 시행하는 강제적 또는 자발적 게임 이용을 제한하는 제도를 실시한다.
- 음란, 폭력 등 게임물에 대한 청소년 유해성 심사 강화를 위해 게임물 등급분류 기준을 강화한다.
- 학교폭력 대책에 대한 게임업계의 사회적 책임의 일환으로 관련 사업자 스스로 청소년 게임중독 예방을 위한 공적사업 추진을 확대한다.
- 청소년의 PC방 이용시간을 오후 10시까지로 제한하고 있는 법령을 위반한 업주에 대한 벌칙규정을 강화하기 위하여 단속을 실시하고 폭력 조장, 음란 · 명예훼손에 관련한 정보 심의를 강화한다.
- 게임 · 인터넷 중독 등의 심각성을 명확히 이해하고, 적극적으로 학생들을 지도하기 위한 '게임 · 인터넷 · 스마트폰 올바른 사용을 위한 생활지도 매뉴얼'을 개발하여 보급한다.
- 학교폭력을 심화시키는 사이버폭력을 예방하고, 건강한 인터넷 이용 문화를 조성하기 위한 유 · 청소년 및 교원 대상 교육 및 캠페인을 실시한다.

표 8.4 게임·인터넷 중독 등 유해요인 방지를 위한 관련 법률

구분		관련 부처	법적 근거	주요 내용
이용시간제한	셧다운제	여성 가족부	청소년보호법 제26조	만 16세 미만의 청소년에 대하여 오전 0시부터 오전 6시까지 인터넷게임 제공 금지
	게임시간 선택제	문화체육관광부	게임산업진흥에관한법률 제12조의3제1항	만 18세 미만의 청소년 이용자 본인과 법정대리인에게 게임물 이용내역 정보를 월 1회 이상 제공하고 본인이나 법정대리인이 요청하는 경우 게임이용시간 등을 제한
	쿨링 오프제	교육과학기술부	초중등학생의 인터넷 게임중독 예방 및 해소에 관한 특별법안 제10조	초·중·고교 학생 및 만 6세~만 18세 아동·청소년에 대하여 연속해서 2시간 이하 또는 하루 4시간 이하로 인터넷 게임 제공시간을 제한 ※ 제18대 국회 종료에 따른 법안 자동폐기

- 학교폭력 유해요인의 하나인 게임·인터넷 중독을 상담·치료지원하기 위한 상담치료센터, 중독대응센터 등을 운영한다.

8) 2.6 대책의 평가

관계부처는 현장중심의 맞춤형 대책을 발표하면서 2.6 대책에서 제시한 총 일곱 개 영역에 대해서 다음과 같이 평가하였다(한유경 외, 2013).

- 학교장과 교사의 역할 및 책임강화 : 사안발생 후 가해 학생 즉시 출석정지, 은폐 축소 시 엄중조치 등 학교의 책무성을 강화하였으나, 여전히 단위학교에서 학교폭력을 은폐축소하려는 현상이 여전하였다. 또한 전문상담인력 확대가 상담효과에 대해서는 긍정적이었으나, 현장수요에 비해 전문인력이 부족하고, 교사 및 학생 간의 원활한 소통이 이루어지지 않고, 생활지도 여건이 열악하였다.
- 신고조사 체계 개선 및 가·피해 학생 조치 강화 : 117 신고 센터 통합, 실태조사 등 신고 및 조사 기반이 잘 구축되었다. 예를 들어 117 신고 건수가 2011년 280건에서 2012년 80,127건으로 286배가 증가하였다. 한편 가해 학생 강제전학 등 엄중조치로 경각심을 제고하였으나, 시간 때우기 식의 특별교육이 여전히 존재하고, 강제전학으로 인한 부적응 문제가 발생하였다.

- 또래활동 등 예방교육 확대 : 학교폭력 예방교육이 연 2회로 의무화되어 교육 시간이 양적으로 확대되었다는 점은 긍정적이었다. 그러나 일부 학교는 단순 전달식의 형식적인 교육을 운영하였다. 감사원의 조사에 따르면 경기 등 세 개 지역의 29.4%(1,016개교)가 단순 전달식 교육을 실시하는 것으로 나타났다. 한편 또래상담 등 학생 스스로가 문제를 해결하는 문화가 학교에 형성되었다.

- 학부모 교육 확대 및 학부모의 책무성 강화 : 직장교육 및 온라인 교육 등 학부모 교육을 확대하고 학부모 학교 참여를 유도하고 있으나 일부 학부모 위주로 참여하는 경향이 있었다. 가해 학생 학부모의 특별교육이 의무화되고 책무성을 강화하였으나, 학부모 간 분쟁을 효과적으로 조정하는 기제가 부족하였다.

- 교육 전반에 걸친 인성교육 실천 : 체육 및 예술교육, 프로젝트 인성교육, 교육청 평가 개선 등을 통해 실천적 인성교육이 강화되었다. 예방활동에 적극적이고 학교폭력을 숨기지 않고 처리한 학교가 우대 받을 수 있게 개선의 필요성이 지적되었다.

- 가정과 사회의 역할 강화 : 학교폭력지역위원회 및 지역협의회 처리 등 기반을 마련하였으나, 교육청과 지자체 간 협력이 부족하였다. 가정, 민간단체, 기업, 대학의 예방활동 등을 적극 지원하고 TV 드라마, 예능, 공익광고 등 다각적인 홍보활동을 추진할 필요가 제기되었다.

- 게임·인터넷 중독 등 유해요인 대책 : 게임시간 선택제, 유해정보 필터링 S/W 보급, 흡연과 음주 예방교육, 금연학교 등 관련 유해요인에 대한 다양한 정책이 추진되었다. 최근 사이버폭력이 심화됨에 따라 예방교육을 넘어 선제적 대응이 필요하며, 안전한 학교환경 조성을 통해 학생을 보호하는 것이 필요하다.

3. 현장중심 학교폭력 예방 및 대책(2013)

2.6 대책의 추진 결과 2013년 학교폭력에 대한 경각심이 높아지고 학교폭력 피해가 감소하는 효과 있었다. 예를 들어 교육부 학교폭력 실태조사에 따르면 2012년 8.5%였던 학교폭력 피해율이 2013년 2.2%로 현저하게 감소하였다. 그러나 학교폭력이 근절되지 않았고, 특히 심각한 피해는 크게 줄어들지 않아 학생 및 학부모들의 불안감은 지속되는 것으로 나

표 8.5 현장중심 학교폭력 예방 및 대책(2013)

비전	행복하고 안전한 학교
목표	학교폭력 및 학생위험 제로 환경 조성
전략	• 단위학교의 실효성 있는 자율적 예방활동 활성화 • 학교폭력 유형별 · 지역별 맞춤형 대응 강화 • 피해 학생 보호는 대폭 강화하고 가해 학생은 재발방지 역점

영역(5)	중점 과제(20)
1. 학교 현장의 다양한 자율적 예방 활동 지원 강화	① '어울림 프로그램' 개발 · 보급 등 예방교육 강화 ② 학교의 자율적인 예방활동 활성화 ③ 학교의 자율적인 예방활동 적극 지원 및 유도 ④ 꿈과 끼를 살리는 교육과정 운영 및 대안교육 활성화
2. 폭력 유형별, 지역별, 학교 · 급 별 맞춤형 대응 강화	⑤ 언어문화 개선을 통한 언어폭력 예방 ⑥ 사이버폭력 신고 및 예방교육 활성화 ⑦ 처벌보다는 관계 회복에 역점을 둔 집단따돌림 해소 ⑧ 성폭력 예방 및 피해 학생 치유 · 보호 강화 ⑨ 유관기관 협력을 통한 폭력서클 대응 강화 ⑩ 지역별 · 학교 · 급 별 맞춤형 대책 수립 · 추진
3. 피해 학생 보호 및 가해 학생 선 도 강화	⑪ 학교폭력 조기 진단 및 관리 강화 ⑫ 피해 학생 보호 및 치유 지원 강화 ⑬ 가해 학생 선도 및 조치 강화 ⑭ 학생 생활 지도 및 상담 여건 등 조성
4. 학교역량 제고 및 은폐 · 축소에 대한 관리 · 감독 강화	⑮ 학교역량 강화 및 지원 확대 ⑯ 은폐 · 축소 및 부적절 대처 관리 · 감독 강화
5. 안전한 학교 환경 및 전 사회적 대응 강화	⑰ 학교폭력 신고 시스템 개선 ⑱ 학교안전 인프라 확충 및 운영 내실화 ⑲ 지역사회의 예방 및 근절 활동 확산 ⑳ 학교폭력 대책 추진체계 재정비

타났다. 실태조사에 따르면, 일주일 동안 1~2회의 학교폭력이 4개월 동안 지속되는 등의 심각한 학교폭력이 2012년 110,000건에서 2013년 64,000건으로 줄었으나 발생건수는 여전히 높았다. 이에 대한 근원적인 해법이 현장에 있다는 판단 하에, 교육부를 비롯한 관계 부처는 이러한 문제점을 해결하기 위해 현장중심의 맞춤형 대책을 발표하였다.

1) 학교현장의 다양한 자율적 예방활동 지원 강화

(1) 체험중심 학교폭력 예방프로그램('어울림')을 2017년까지 모든 학교에 적용

- '학급·체험활동 중심'의 학교폭력 예방교육 '어울림 프로그램'을 학교 교육과정에 반영하여 실시하도록 개발·보급한다.
- 예방교육을 학교 교육과정에서 운영할 수 있게 관계 법령을 개정한다.
- 생활지도특별지원학교, 희망학교를 대상으로 프로그램 및 전문인력(어울림 컨설턴트)을 우선 지원하고, 2017년까지 모든 학교에 프로그램을 적용할 수 있는 기반을 구축·시행한다.
- 모든 학생, 학부모(예비학부모 포함), 국가 및 공공기관 종사자들을 대상으로 연 1회 이상 연극, 뮤지컬 등의 체험중심 예방교육을 실시한다.

표 8.6 어울림 프로그램 운영 예시(초등학교 저학년)

모듈	차시	통합 주제 및 활동 내용	시간(분)	관련 교과 및 단원(차시)	매체(준비물)
공감	1	친근감 표현하기 • 별칭 짓기 및 외우기 • 별칭으로 이야기 꾸미기 • 꾸민 이야기 발표하기	40	3학년 1학기 국어 7. 이야기의 세계(6/6)	사인펜, 사포 6조각, 크레파스, 연필, 스카치테이프
	2	그림으로 소통하기 • 자신 생각을 밑그림 그리기 • 사포 협동화 색칠하기 • 느낀점 발표하기	40	3학년 1학기 미술 2. 수채화의 세계(8/8)	
	3	타인 감정 인식하기 • 기분온도계로 기분 표현하기 • 감정맞추기 스피드 게임 • 음악으로 감정표현하기	40	창의적 체험활동	감정온도계, 감정형용사, 스케치북, 감정카드, 피아노, 리코더
	4	타인 감정 공감하기 • 돌려 그리기 • 서로 감상하고 의견 나누기 • 역할극으로 발표하기	40	창의적 체험활동	

※ 어울림프로그램(한국형 Kiva프로그램) : 역할극, 음악·미술활동, 집단상담, 감정코칭 등을 기반으로 학생·학부모·교원이 참여하는 소통·공감 증진을 통한 학교폭력 예방프로그램

(2) 학교의 자율적인 예방활동 활성화

- 학교의 자율적인 예방활동을 내실 있게 운영하기 위해 학교장에게 학교별 예방 및 대책 수립 시행 책무를 명확하게 부여한다.
- 기존의 또래상담, 또래조정, 자치법정 외에 마음 나누기, 동아리 활동 등 학생자치활동과 명상, 사제동행 프로그램 등 학교 자율의 다양한 예방활동을 적극 장려하고 지원한다.

(3) 학교의 자율적인 예방활동 적극 지원 및 유도

- 학교의 자율적인 예방활동을 촉진하고 확산하기 위해 예방활동을 적극적으로 수행하려는 학교(꿈키움 학교)를 육성하고 지원한다.
- 우수사례는 적극적으로 발굴하고 확산하며 이를 위해 우수학교 및 교원에 대한 포상을 한다.
- 예방활동을 적극 수행하고 시안을 신속하고 공정하게 처리한 교원이 우대받을 수 있도록 총점 조정, 차등 부여 등 학교폭력 교원 승진가산점을 개선한다.
- 학교의 다양한 자율적인 예방활동이 평가에 반영될 수 있게 학교정보공시, 교육청, 지자체 평가를 개선한다.

(4) 꿈과 끼를 살리는 교육과정 운영 및 대안교육 활성화

- 학생들이 꿈과 끼를 키울 수 있도록 자유학기제, 인성교육, 학생맞춤형 진로설계, 예술 및 체육 등을 내실 있게 운영한다.
- 학생들의 다양한 교육수요에 부응할 수 있도록 학교 내 대안교실을 운영하고, 공립 대안학교 설립 등을 추진한다(2013년 5개의 공립 대안학교를 2015년까지 10개, 2017년까지 17개로 확대하여 모든 시도에 설치).
- 시도 및 시군구 청소년상담복지센터 내 학업중단청소년 프로그램을 확대한다(학업중단 청소년 통합지원 프로그램 운영을 2013년 50개소에서 2017년 100개소로 확대).

2) 폭력 유형별, 지역별, 학교 · 급 별 맞춤형 대응 강화

(1) 언어문화 개선을 통한 언어폭력 예방

- 언어폭력도 학교폭력임을 명확하게 인식할 수 있도록 초등학교 저학년부터 단계적으로 바른 언어 사용 교육을 강화한다.
- 학생, 교사, 학부모 용 언어 습관 자가진단표 및 대상별 맞춤별 교육 매뉴얼을 개발하여 학교에 보급한다.
- 학교 차원의 다양한 언어문화를 개선하는 운동을 전개하고 우수사례를 확산한다.
- 언어개선 학생동아리 활동, 방송사와 함께 하는 '학교로 찾아가는 바른 우리말 선생님' 등 캠페인을 확대한다.

(2) 사이버폭력 신고 및 예방교육 활성화

- SNS를 통한 사이버폭력 발생 시 학교전담경찰관, 교내 상담인력 등의 즉시 개입 지원 체계를 마련한다(학생들이 SNS를 통해 사이버폭력 피해를 받을 때 학교전담경찰관, 교내 상담인력 등을 대화방으로 초대하여 즉시 도움을 요청).
- 상담 및 치유 지원을 위해 상설 인터넷 치유학교를 운영하고, 인터넷 중독 대응 센터를 설치하며, Wee 센터 게임 과몰입 상담 전문인력을 배치한다.
- 학교 내 올바른 인터넷 및 스마트폰 등 사용을 위한 학교규칙 제 · 개정 운동을 전개하고, 학부모 대상 자녀의 스마트폰 사용 지도 교육을 강화한다.

(3) 처벌보다는 관계 회복에 역점을 둔 집단 따돌림 해소

- 담임교사가 조기에 따돌림을 파악할 수 있도록 사회성 측정법 등을 적용한 따돌림 선별 도구를 개발하고 보급한다.
- 학생 간 관계 회복에 중점을 둔 '교우관계 회복기간제'를 도입하고 시행한다. 특히 집단 따돌림 피해 학생 자존감 회복 등 학교 적응 지원을 위한 치유 프로그램 서비스를 제공한다(표 8.7).

표 8.7 교우관계 회복기간제 운영(안)

1단계	자치위원회 개최(신고 후 7일 이내)
2단계	자치위원회 결정으로 '교우 관계 회복 기간' 부여(4주 내외) • 집단 따돌림, 사이버 따돌림 등 관계적 유형의 학교폭력에 적용 • 피해 학생, 가해 학생 및 보호자, 담임교사(상담교사, 책임교사)의 동의 필요
3단계	교우관계 회복을 위한 다양한 활동 실시
4단계	자치위원회 결정 시 피해·가해 학생, 학부모, 담임교사의 의견을 종합적으로 고려하여 처리(학폭법 시행령 제19조)

(4) 성폭력 예방 및 피해 학생 치유 및 보호 강화

- 학교에서 성폭력 사안 처리 시 피해 학생 및 보호자의 의사를 존중하여 사생활이 최대한 보호될 수 있도록 법령을 개정한다.
- 성교육 및 성폭력 예방교육 수업 시수를 확대하고 학부모 및 교직원의 인식 제고를 위해 교육자료를 개발하고 교육을 강화한다(유치원 8시간에서 10시간, 초·중·고 10시간에서 15시간).

(5) 유관기관 협력을 통한 폭력서클 대응 강화

- 학생, 학부모, 주민의 신고, 학교 상담 및 생활지도 과정에서 알게 되는 정보 등을 종합하여 폭력서클 실태를 파악하여 학교전담경찰관, 관할 경찰서 협력으로 수준별로 대응한다(표 8.8).

표 8.8 수준별·주체별 대응 체계

수준	지표	대응주체	대응방안
또래집단 ⋮ 폭력서클	집단화	학교	또래집단의 건전화 노력
	집단 내부 폭력(경미)		단위 학교 차원의 대응
	경미한 범죄행위를 하거나 할 우려가 있는 경우	경찰	학교전담경찰관 집중 관리(학교, 교육청 적극 협조)
	심각한 범죄행위(집단폭행, 상납 등 금품갈취)		경찰 수사 등 엄중 대응(학교, 교육정은 적극 협조)
	외부조직 연계(상급학교, 성인 조직 등)		

(6) 지역별, 학교 · 급 별 맞춤형 대책 수립 및 추진

- 실태조사 결과를 토대로 시도교육청에서는 학교폭력의 유형별, 지역별, 학교 · 급 별 맞춤형 지원 및 관리 대책을 수립한다.

3) 피해 학생 보호 및 가해 학생 선도 강화

(1) 학교폭력 진단 및 관리 강화

- 학교폭력 실태조사는 비밀보장 등 학생의 자율적 참여 원칙이 지켜질 수 있도록 가이드라인을 제작하고 보급한다.
- 정서행동특성 검사 결과에 따라서 심층 상담, 심층 심리검사, 보호조치 등 사후 지원을 강화한다.
- 2015년까지 모든 시 · 도에 지역 학생정신건강 지원체계를 구축하여 검사 · 치료비 지원, 학교의사 지정 등 지원을 강화한다.

(2) 피해 학생 보호 및 치유 지원 강화

- 모든 시도에 피해 학생 전담기관을 설치하고 지원을 강화한다.
- 피해의 정도가 심각하고, 장기 치유 · 교육이 필요한 학생을 위해 기숙형 장기위탁과정을 지원한다.
- 피해 학생이 적시에 치료받을 수 있도록 학교안전공제회를 통해 선치료비 신청 절차를 간소화하고 지원 범위를 확대한다(표 8.9).

표 8.9 학교안전공제회 치료비 신청 절차 간소화

구분	현행		개선
신청 절차	구상권 청구를 위해 학부모 정보를 학교안전공제회에 제출	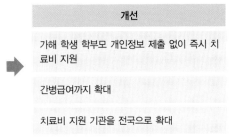	가해 학생 학부모 개인정보 제출 없이 즉시 치료비 지원
지원 범위	요양급여만 지급		간병급여까지 확대
지원 기관	해당 지역 기관만 치료비 지원 기관으로 인정		치료비 지원 기관을 전국으로 확대

(3) 가해 학생 선도 및 조치 강화

- 학부모와 함께 하는 가족단위 특별교육 프로그램 운영을 확대한다.
- 가해 학생 강제전학에 따른 부적응 문제 해소를 위해 가해 학생 전학, 퇴학 조치 시 중장기 대안교육 기회를 제공한다.
- 가해 학생 선도조치의 학생부 기재를 졸업 후 2년간 유지하되, 졸업사정위원회에서 기재사항 삭제 여부에 대해 심의를 요청하고, 학교폭력자치위원회에서 반성 정도, 긍정적 행동변화 등을 기준으로 최종 심의한다.
- 가해 학생이 반성하고, 긍정적 행동변화를 보인 경우 졸업 후 즉시 삭제한다.
- 행동변화가 없거나 재발 등 문제 발생 시 졸업 후 2년 뒤 삭제한다.

(4) 학생 생활지도 및 상담 여건 등 조성

- 학생 생활지도 및 상담 여건 개선을 위해 학급당 학생 수를 감축하고 교원 업무를 경감시키는 것을 지속적으로 추진한다.
- 모든 교원의 상담 역량을 강화하기 위해 전체 교사를 대상으로 5년 주기 상담 연수를 기회를 제공한다.

4) 학교역량 제고 및 은폐 축소에 대한 관리 및 감독 강화

(1) 학교역량 강화 및 지원 확대

- 학교 관리자 법교육 강화 등 관계부처 합동으로 학교폭력 관련 인력에 대한 연수를 지원한다.
- 학교폭력자치위원회 학부모위원 비율을 조정하여 외부전문가의 참여를 확대하고 공정성을 강화한다.

(2) 은폐 축소 및 부적절 대처 관리 감독 강화

- 은폐 축소, 부적절한 화해 종용 등을 시도한 교직원은 엄중 처벌하거나 피해자 전담기관에서 운영하는 특별연수를 실시한다.

학교폭력 신고접수 시 시·도 교육청에 즉시 보고하고, 주요 처리 단계별로 실시간 보고한다.

5) 안전한 학교 환경 및 전 사회적 대응 강화

(1) 학교폭력 신고 시스템 개선

- 쉽고 신속하게 신고할 수 있게 117을 긴급번호로 지정한다.
- 등하교 알림 기능 중심의 기존 '안심알리미'를 긴급신고 및 위치전송이 가능한 'U-안심알리미'로 단계적으로 전환하고, 피해 학생 및 취약계층 학생을 중심으로 지원한다.
- 학교폭력 상황 발생 시 학부모에게 SMS로 즉시 통보한다.
- 학생들이 마음 놓고 교원, 전문 상담사 등과 상담할 수 있도록 PC 스마트폰 기반 익명 신고상담 시스템을 구축한다.

(2) 학교안전 인프라 확충 및 운영 내실화

- 취약지역을 중심으로 CCTV를 확대하고, 관계부처 협력을 통해 모니터링 체제를 강화한다.
- 초·여중·여고, 중·대규모 학교, 기타 안전 취약 학교에 학생보호 인력을 우선 추가 배치하고 교내외 순찰을 강화한다.
- 효과적인 학교폭력 예방 및 대응을 위해 학교전담경찰관 증원 및 고위험학교 등에 집중 배치한다.
- 학교환경개선을 통한 학교폭력 유발 심리를 감소시키기 위해 범죄예방 환경설계(CPTED)를 도입한다(범죄예방 환경설계란 설계 시 미관 증진, 오픈 공감, 이용자 편의 등을 통해 범죄유발 요인을 감소하는 것을 의미).

(3) 지역사회의 예방 및 근절 활동 확산

- 청소년이 건강한 끼를 발산하고 사회적인 역량을 강화할 수 있도록 다양한 청소년 활동 프로그램과 지역사회 참여활동 등을 확대하고 우수프로그램 인증제를 통해 질 관리를 강화한다.

- 민간단체(청예단, 패트롤맘 등), 기업(정부-기업 간 MOU 활성화), 종교계, 대학 등 지역사회 예방 활동을 활성화한다.
- 방송(드라마, 예능, 공익광고 등), 신문, 온라인 매체(홈페이지, SNS, 트위터 등) 등 다각적 홍보 활동으로 국민 인식을 제고한다.

(4) 학교폭력 대책 추진체계 재정비

- 기본계획에 따라 교육부장관 및 관계부처, 교육청 및 지자체, 학교장이 매년 시행계획을 수립·시행하도록 법령을 개정한다.

현장중심 학교폭력 대책의 주요내용

1. 학교의 다양한 자율적 예방활동 적극 지원

   (신규)   체험중심 학교폭력 예방 '어울림 프로그램' '17년까지 전 학교 도입

   (신규)   '꿈키움 학교' 3,000개 육성으로 또래보호, 사제동행 등 학교 자발적 예방활동 활성화

2. 유형별·학교·급 별 맞춤형 대응 강화

   (확대)   언어폭력은 초등 저학년부터 바른 언어 사용 습관형성과 언어 등 학교문화 선도학교 150개교 운영

   (신규)   집단따돌림에 대해'교우관계 회복기간제' 도입 상급학교 등과 연계된 폭력서클은 경찰과 협력 즉시 해체

   (개선)   초등학교는 U-안심알리미 무상보급 단계적 확대, 중·고교는 교내순찰 및 또래 보호 강화 등 중점 추진

3. 피해 학생 지원체계 대폭 강화, 가·피해 학생 맞춤형 지원 내실화

   (신규)   모든 시·도에 '피해 학생 전담기관' 신설 및 '분쟁조정 지원센터' 설치

   (개선)   가해 학생 전학·퇴학 시 대안교육 기회 제공

4. 학교단위 역량강화 및 은폐·축소 등 부적절한 사안 처리 시 엄정 조치

(확대)　　　부적절한 사안 처리 방지를 위해 '즉시·실시간 보고' 체제 구축

(신규)　　　'학교폭력 특별점검단' 운영, 전국 모든 학교장 대상 법교육 실시

5. 117의 긴급전화 전환 및 학교전담경찰관 확대

(개선)　　　117을 긴급전화로 전환, 신고 후 2주 내 확인 등 사후관리 강화

(개선/신규)　학교전담경찰관 확대(현재 1인당 17개교 → '14년, 1인당 10개교 담당), 고화소 CCTV 확대, 범죄예방 환경설계(CPTED) 도입

4. 2014년 현장중심 학교폭력 대책

2014년 3월 정부는 학교폭력 실태조사 결과와 국무조정실의 학교폭력대책 심층 결과를 바탕으로 교사·학생·학부모 및 전문가들의 의견을 반영한 '현장중심 학교폭력 대책 2014년 추진계획'을 발표했다.

국무조정실의 심층평가에서는 예방활동의 내실화, 사이버폭력·집단 따돌림 등 새로운 유형의 학교폭력에 대한 대응을 강화하고, 사후관리 단계에서 학교와 지역사회의 협력을 높일 필요가 있는 것으로 나타났다. 2014년 현장중심 학교폭력 대책의 핵심과제는 언어·사이버폭력 근절 문화를 조성하고 이에 대한 대응에 초점이 맞추어져 있다. 본 절에서는 2013년 대책과 비교하여 달라진 부분만을 간략히 살펴보겠다.

1) 2013년 현장중심 대책 평가

학교폭력의 지속적인 감소 추세에 따라 학교폭력에 대한 국민들의 안전체감도도 개선되고 있으나 아직까지는 낮은 상황이다.

▶ 학교폭력 안전 체감 '불안하다'(안전행정부) : ('13.7월) 68.6% → ('13.12월) 52.8%

최근 사이버상에서 학생들의 의사소통이 급증하면서 발생하는 다양한 신종 사이버폭력과 일상화된 언어폭력에 대응이 필요하다.

▶ (사이버 갈취) 사이버머니, 캐릭터, 데이터나 소액결제 등을 요구하는 행위

▶ (사이버 감금) 메신저 등에서 상대를 계속 불러서 비방, 욕설을 하는 행위

- 관련 정책들을 추진하기 위한 기반이 확대되고 있으나, 현장의 다양한 수요를 고려하여 이를 반영할 수 있도록 운영 내실화가 필요하다.

  ▶ 학생들에 대해 평소 많은 관심과 시간을 투자할 수 있도록 담임시간 확보, 교원업무경감 등 실질적인 생활지도 여건 마련 필요

  ▶ '어울림 프로그램' 보급(72종) 및 예방교육 시간이 확대되었으나, 학교폭력의 심각성을 공감할 수 있는 체험형 예방교육 확산 필요

  ▶ 전문상담인력 및 Wee 프로젝트가 지속적으로 확충되고 있으나, 여전히 부족한 수준이고, 현장 수요를 반영한 내실 있는 운영 요구

2) 달라진 핵심 내용(뉴스와이어, 2014.3.14)

(1) 사이버폭력 및 언어폭력 해소

- 자녀의 사이버폭력 피해에 부모들이 보다 적극적으로 대처하고, 적절한 지도를 할 수 있도록 자녀 핸드폰에 학교폭력으로 의심되는 메시지가 수신될 경우에 이를 부모들에게 안내해 주는 '학교폭력 의심문자 알림서비스'를 실시한다.
- 이동통신사 등에게 19세 미만 청소년에 대한 유해정보 필터링 서비스 제공을 의무화하는 방안도 추진한다.
- 사이버상의 의사소통에 익숙한 학생들에게 물리적 공간이 아닌 사이버 공간에서의 욕설, 비방, 사이버 감금, 데이터 갈취 등도 학교폭력이라는 것을 명확히 이해시키고, 사이버폭력의 심각성을 이해할 수 있도록 자치위원회 위원 대상 연수를 강화하고, 사이버폭력 또한 물리적 폭력과 동일한 수준에서 엄중 처벌될 수 있도록 관련 지침 및 매뉴얼을 보완한다.
- 교육과정을 개정하여 국어, 도덕, 사회 교과시간 등을 통해 올바른 스마트폰 이용습관, 사이버 언어예절, 네티켓 등에 대한 학습을 강화하고, 학생들의 사이버 · 언어폭력 예방과 관련하여 어떻게 교육할지 고민하는 교사들을 위해 교과서와 연계된 정보통신 윤리교육 자료, 교수학습 안내서를 다양하게 제공한다.

학생·학부모·교사에게 자신의 언어습관을 돌아보고 개선할 수 있도록 '언어습관 자가진단도구'를 개발·보급한다.

방송사(KBS, EBS 등), 민간기업, 정부부처가 공동으로 언어문화 개선과 건전한 스마트폰 이용 등에 대한 캠페인을 전개한다.

(2) 문화체험형 예방교육 확대

역할극·연극·뮤지컬 등 문화체험형 교육을 확대하여, 학교폭력에 대해 강의만 들었을 때와는 달리, 폭력의 심각성을 직접 체감하고 공감하는 기회를 확대한다.

경찰서에 마련된 체험장에서 경찰역할, 역할극 체험 등을 통해 준법의식을 키우고 학생의 학교폭력으로부터 스스로를 지킬 수 있도록 '청소년 경찰학교' 프로그램을 운영한다.

강의중심 예방교육에서 벗어나 학급단위 체험중심의 학교폭력 예방교육을 위해 '어울림 프로그램'을 확대하고 교사들이 적극 참여할 수 있게 연수를 강화한다.

(3) 학교의 자율적인 예방활동 활성화

건전한 또래문화 형성을 지원하고, 다양한 학교예방 프로그램을 운영하고자 하는 학교는 '어깨동무학교'(학교폭력 예방 선도학교, 3,000교) 공모를 통해 필요한 운영비를 지원한다.

학생들에 대한 기초상담을 위해 학부모와 주변 대학생 자원봉사자에게 소정의 교육 후 학생 상담을 실시할 수 있도록 하고, 심층상담이 필요한 학생들에게는 전문상담교사나 외부기관과의 연계를 통해 체계적인 상담을 지원한다.

지역사회도 지자체를 중심으로 각 지역의 학교폭력 문제를 해결하기 위한 다양한 활동을 전개할 것이며, 정부에서도 '지역단위 학교폭력 예방·근절 활동 지원 사업'을 추진하여 이를 지원한다.

(4) 수요자 중심 서비스 강화

보복이 두려워 친구의 피해 사실을 알리지 못하던 학생들이 PC나 스마트폰으로 '익명·신고 상담 시스템'에 접속하여 학교 선생님에게 익명으로 상담을 받을 수 있게, 익명 신고·상담 시스템을 구축한다.

- 학교폭력 관련 정보를 얻고자 하는 사람들이 보다 편안하게 원하는 정보들을 손쉽게 얻을 수 있도록 '학교폭력 내비게이터' 서비스를 실시한다.
- 학교폭력으로 어려움을 겪고 있는 민원인들은 교육청과 교육부에 설치된 '민원신문고'에 사안을 접수하고, 담당자·상담사·변호사 등으로 구성된 '사안처리 점검단' 운영을 통해 학교폭력이 은폐·축소되지 않고 신속·공정하게 해결한다.

(5) 안전한 학교 환경 조성

- 학교전담경찰관 인력을 대폭 확대하여, 학생들과 자연스럽게 인사하며 학교를 순찰하고, 학생들과 SNS 친구가 되어 수시로 상담할 수 있도록 하고 예방교육, 사안처리, 폭력서클 관리 등에 있어 교사를 적극적으로 지원할 수 있도록 할 계획이다.
- 학교전담경찰관 : ('13년) 681명 ⇒ ('14년) 1,078명 ⇒ ('15년 이후) 1,138명
- 학교 뒤편 사각지대에 학습장을 설치하고, 복도·계단을 밝은색으로 도색하는 등 학교환경을 개선하여 폭력 유발요인을 감소시키는 범죄예방환경설계(CPTED)도 점차 확대한다.

제9장

학교폭력법과 학교폭력전담기구

이 장에서는 '학교폭력 예방 및 대책에 관한 법률(학교폭력법)'을 살펴볼 것이다. 이 법률에는 법률의 제정 목적 및 정의를 포함하여 학교장의 임무, 학교폭력대책자치위원회의 설치 및 운영, 전문상담교사 배치 및 전담기구 구성, 학교폭력 예방교육, 피해 및 가해 학생에 대한 조치, 학교폭력 발생 시 처리절차 등이 제시되어 있다. 학교폭력법은 학교폭력 예방 조치, 발행 이후 처리과정 및 절차를 포함하는 중요한 법률이기 때문에 담당교사와 학교 관리자들이 꼭 알아둘 필요가 있다.

또한 이 장에서는 학교폭력법에 대하여 살펴본 이후 학교폭력 발생 시 사안조사를 담당하는 기구인 학교폭력전담기구에 대해서 학교폭력 사안처리 가이드북(교육부, 2012)에 실린 내용을 중심으로 설명하고자 한다.

1. 학교폭력 예방 및 대책에 관한 법률

1) 학교폭력법의 제정 및 개정

'학교폭력 예방 및 대책에 관한 법률' 제정 이전에는, 폭력의 유형에 따라 각기 다른 법률의 적용을 받았다. 예를 들어 신체적 폭력의 경우 '형법'과 '폭력행위 등 처벌에 관한 법률'의 적용을 받았고, 성폭력의 경우 '성폭력 범죄의 처벌 및 피해자 보호 등에 관한 법률' 등의 법을 적용받았다(이민희 외, 1998).

(1) 학교폭력법의 제정

보다 근본적인 차원에서 학교폭력 문제에 대처하고자 2004년 학교폭력 예방법이 제정되었다. 2004년 제정된 학교폭력법은 학교폭력 예방 근절 추진 지원체제를 구축하도록 규정하고 있다. 이를 위해 교육부 하에 학교폭력대책기획위원회를, 교육청에는 학교폭력 예방 및 대책 전담부서를, 학교에는 학교폭력대책자치위원회를 구성하도록 하였으며, 각 학교·급 별로 학교폭력책임교사 선임 및 예방교육을 의무적으로 실시하고, 상담실 구비 등을 규정하였다. 학교폭력 예방법 제6조를 바탕으로 2005년 학교폭력의 예방 및 대책에 관한 기본계획을 수립하게 되었다. 이처럼 2004년에 학교폭력법이 제정되어 임시방편적인 처방이 아닌 법적 구속력을 가지고 학교폭력 대책을 지속적으로 추진될 수 있는 기반을 마련하게 되었다(문용린, 이승수, 2010).

(2) 학교폭력법의 개정

학교폭력법에 대한 새로운 문제점들이 대두되었다. 학교폭력법에서 제한하고 있는 학교폭력의 범위에 대한 문제, 가해자 및 피해자가 모두 학생이어야 한다는 조항에 대한 적용 대상 확대에 대한 문제(원혜욱, 2004; 박병식, 2005; 김학일, 2005)와 학교폭력에 성폭력이 포함되어야 한다는 문제들이 제기되었다(김학일, 2005; 이미경, 2005; 송태호, 2005). 또한 대책이 구체적이지 않고, 피해 학생 보호가 실제적이지 않으며, 피해 학생에 대한 치료의 구상권 확보에 대한 조항이 부족하고, 지역사회 연계성이나 민관협력 시스템이 부족하다는 비판이 있었다(박병식, 2005).

이러한 문제점을 개선하기 위해 2008년 3월, 학교폭력법의 제6차 전부개정이 실시되었다. 이에 학교폭력법은 6차 전부개정안부터 성폭력을 학교폭력 중 하나로 포함하게 되었다. 또한 기존의 '폭행, 협박, 따돌림'으로만 정의되던 학교폭력을 '상해, 폭행, 감금, 협박, 약취, 명예훼손, 공갈, 강요 및 성폭력, 따돌림, 정보통신망을 이용한 음란폭력 정보 등'으로 보다 넓은 개념으로 정의하였다. 덧붙여 가해 학생이 조치를 거부하거나 회피하였을 경우의 징계방안을 마련하였고, 가해 학생 대부분에게 특별교육을 이수하도록 규정하였으며, 가해 학생과 보호자가 함께 동반교육을 받게 하는 근거를 마련하였다(제17조). 그리고 시도에 학교폭력대책지역위원회(이하 지역위원회)의 설치조항을 신설하고(제9조), 학교 내 학교폭력 전담기구 구성조항을 신설하였다(제14조).

그러나 이후에도 학교폭력의 정의가 불분명하고 새로운 유형의 학교폭력이 추가되어야 한다는 의견, 학교안정공제회가 부담하고 구상권을 청구문제 등이 제기되어, 학교폭력법은 2008년 전부개정 이후, 제11차 일부개정까지 총 3회의 개정을 거쳐 수정되었다. 특히 2013년 3월에 이루어진 제11차 개정안은 학교폭력근절 종합대책의 일환으로 이루어졌다. 〈표 9.1〉은 2004년 국회의원 발의를 통해 제정된 학교폭력 예방법을 정리한 것으로 2013

표 9.1 학교폭력 예방법 제 · 개정 이유

개정 일자	제 · 개정 이유 및 내용
법률 신규제정 2004. 01. 29	심각한 사회문제로 대두하고 있는 학교폭력 문제에 효과적으로 대처하기 위한 전담기구의 설치, 정기적인 학교폭력 예방교육의 실시, 학교폭력 피해자의 보호와 가해자에 대한 선도 · 교육 등 학교폭력의 예방 및 대책을 위한 제도적 틀을 마련하려고 하였음. 이를 위해 학교폭력 예방 · 근절 추진 지원체제 구축[학교폭력대책기획위원회(교육부), 학교폭력 예방 및 대책 전담부서(교육청), 학교폭력대책자치위원회(학교)]하고 각급 학교별로 학교폭력 책임교사 선임 및 예방교육 의무적 실시, 상담실 구비함. 또한 5년 주기의 '학교폭력 예방 및 대책 기본계획' 수립하도록 강제함
법제명변경 및 전면개정 2008. 03. 14	학생폭력의 개념 속에 성폭력을 포함시키도록 하되 다른 법률에 특별한 규정이 있는 경우에는 이 법을 적용하지 않도록 하여 성폭력 피해자의 프라이버시 보호를 강화하고, 피해자 치료비용에 대한 구상권을 신설하며, 가해 학생의 보호자도 함께 특별교육을 받을 수 있도록 하는 등 피해 학생에 대한 보호와 치료 및 가해 학생에 대한 선도를 강화함
일부개정 2009. 05. 08	긴급상담전화 설치, 피해 학생에 대한 보복행위 금지, 장애 학생 보호규정 마련함
법률 제10642호 일부개정 2011. 05. 19	학교폭력대책자치위원회의 전체 위원의 과반수를 학부모 대표로 위촉하도록 하고, 피해 학생, 가해 학생 또는 그 보호자의 신청이 있는 경우에는 학교폭력대책자치위원회의 회의 결과를 공개하도록 의무화하며, 교육장으로 하여금 학교폭력 예방교육을 위한 홍보물을 연 1회 이상 학부모에게 배포하게 함
일부개정 2012. 01. 26	따돌림의 정의를 신설하고, 강제적인 심부름도 학교폭력 정의에 추가하여 학교폭력의 정의를 구체화하고, 학교폭력에 대한 예방 및 대책의 실효성 확보를 위하여 교육과학기술부 장관으로 하여금 시 · 도교육청의 학교폭력 예방 및 대책을 평가하고 이를 공표하도록 하며, 학교폭력자치위원회가 내린 전학 등의 조치에 대하여 이의가 있는 학생 및 보호자가 시 · 도학생징계조정위원회에 재심을 청구할 수 있도록 함
일부개정 2012. 03. 21	학교폭력의 범위를 학생 간에 발생한 사건에서 학생을 대상으로 발생한 사건으로 확대하고, 가해 학생의 전학 및 퇴학조치에 한정되었던 재심청구를 피해 학생에 대해서도 허용하고, 가해 학생의 특별교육에 학부모가 동참하도록 의무화하는 한편, 학교 현장에서 학교폭력을 문제시하지 않는 것을 개선하기 위하여 학교폭력을 축소 · 은폐한 학교장 및 교원에 대해서는 징계할 수 있는 명확한 법적 근거를 마련하고, 학교폭력 전담기구의 적극적인 운영을 위하여 교감을 포함하게 함
일부개정 2013. 07. 30	학생보호인력의 자격요건을 정하고, 학생보호인력을 희망하는 사람에 대한 범죄경력 조회가 가능하도록 함으로써 학생을 안전하게 보호함

출처 : 국가법령정보센터 및 박주형 · 정제영 · 김성기(2012) 참조

년 9월 현재까지 제 · 개정 사유에 대한 핵심 이유 및 내용을 정리한 것이다.

2) 학교폭력법 주요 내용

학교폭력 예방 및 대책에 관한 법률은 총 22조와 부칙 2조로 구성되어 있다. 그 구성 내용은 법률의 제정 목적 및 학교폭력의 정의, 국가 및 지방자치단체의 책무, 기본계획의 수립, 학교폭력대책위원회의 설치 · 기능, 교육감의 임무, 학교폭력 조사, 학교폭력 대책자치위

원회의 설치 및 운영, 전문상담교사 배치 및 전담기구 구성, 학교폭력 예방교육, 피해 학생의 보호, 가해 학생에 대한 조치, 재심청구, 분쟁조정, 학교장의 의무, 학교폭력의 신고의무, 긴급전화의 설치, 정보통신망에 의한 학교폭력, 학생보호 인력의 배치 등에 관한 법령을 정하고 있다.

(1) 목적(제1조)

이 법은 학교폭력의 예방과 대책에 필요한 사항을 규정함으로써 피해 학생의 보호, 가해학생의 선도 · 교육 및 피해 학생과 가해 학생 간의 분쟁조정을 통하여 학생의 인권을 보호하고 학생을 건전한 사회구성원으로 육성하는 것을 목적으로 한다.

(2) 정의(제2조)

- **학교폭력** : 학교폭력이란 학교 내외에서 학생을 대상으로 발생한 상해, 폭행, 감금, 협박, 약취 · 유인, 명예훼손 · 모욕, 공갈, 강요, 강제적인 심부름 및 성폭력, 따돌림, 사이버 따돌림, 정보통신망을 이용한 음란 · 폭력 정보 등에 의해 신체 · 정신 또는 재산상의 피해를 수반하는 행위를 말한다. 여기서 학생이란 초등학교나 중학교 또는 고등학교에서 학생의 신분을 갖고 있는 자를 말하며, 대학생, 퇴학생, 취학의무 유예자, 취학의무 면제자, 정원 외 학적관리 대상자 등은 학생에 포함되지 않는다.
- **따돌림** : 따돌림이란 학교 내외에서 두 명 이상의 학생들이 특정인이나 특정 집단의 학생들을 대상으로 지속하거나 반복적으로 신체적 또는 심리적 공격을 가하여 상대방이 고통을 느끼도록 하는 일체의 행위를 말한다.
- **사이버 따돌림** : 사이버 따돌림이란 인터넷, 휴대전화 등 정보통신기기를 이용하여 학생들이 특정 학생들을 대상으로 지속적 · 반복적으로 심리적 공격을 가하거나 특정 학생과 관련된 개인정보 또는 허위사실을 유포하여 상대방이 고통을 느끼도록 하는 일체의 행위를 말한다.

(3) 다른 법률과의 관계(제5조)

- 학교폭력의 규제, 피해 학생의 보호 및 가해 학생에 대한 조치에 있어서 다른 법률에

특별한 규정이 있는 경우를 제외하고는 이 법을 적용한다.

- 성폭력은 다른 법률에 규정이 있는 경우에는 이 법을 적용하지 아니한다.

(4) 교육감의 임무(제11조)

- 교육감은 시도교육청에 학교폭력 예방과 대책을 담당하는 전담부서를 설치·운영하여 관할 구역 안 학교폭력이 문제를 해결한다.
- 교육감이 하는 주요 임무는 학교폭력이 발생할 때 해당 학교장 및 관련 학교장에게 그 결과 및 결과 보고를 요구하고, 학교장으로 하여금 학교폭력의 예방 및 대책에 관한 실사계획을 수립·시행해야 한다.
- 학교장 또는 소속 교원이 학교폭력에 대해 축소 및 은폐를 시도한 경우에는 징계위원회에 징계 의결을 요구해야 한다.
- 또한 관할 구역에서 학교폭력의 예방 및 대책 마련에 기여한 바가 큰 학교 또는 소속 교원에게 상훈을 수여하거나 소속 교원의 근무성적 평정에 가산점을 부여할 수 있다.
- 학생의 전학 및 퇴학 처분과 관련하여, 교육감은 전학의 경우 필요한 조치를 취해야 하며, 퇴학처분의 경우 해당 학생의 건전한 성장을 위하여 다른 학교 재입학 등의 적절한 대책을 강구해야 한다.
- 학교폭력의 실태를 파악하고 학교폭력에 대한 효율적인 예방 대책을 수립하기 위해 학교폭력 실태조사를 연 2회 실시해야 한다. 또한 학교폭력 조사 및 상담과 관련하여, 학교폭력 피해 학생 상담, 가해 학생·학부모 조사 및 상담 등 학교폭력 관련 사항에 대한 조사 및 상담 등을 수행해야 한다.

(5) 학교폭력대책 자치위원회의 설치, 기능, 구성(제12, 13조)

- 학교폭력의 예방 및 대책에 관련된 사항을 심의하기 위해 학교에 학교폭력대책자치위원회를 둔다.
- 자치위원회 구성에 있어 대통령령으로 정하는 사유가 있는 경우 교육감의 보고를 거쳐 둘 이상의 학교가 공동으로 자치위원회를 구성할 수 있다.
- 자치위원회는 위원장 1인을 포함하여 5인 이상 10인 이하의 위원으로 구성하되, 전체

위원의 과반수는 학부모 대표로서 학부모 전체 회의에서 직접 선출된 학부모 대표로 위촉해야 한다. 자치위원회에 관한 부분은 10장에서 자세히 다룰 것이다.

(6) 전문상담교사 배치 및 전담기구 구성(제14조)

- 학교장은 학교에 대통령령으로 정하는 바에 따라 상담실을 설치하고 초중등교육법 제19조 2에 따라 전문상담교사를 둔다.
- 학교장은 교감, 전문상담교사, 보건교사 및 책임교사 등으로 전담기구를 설치하여, 학교폭력 사태를 인지한 경우 지체 없이 전담기구 또는 소속 교원으로 하여금 가해 및 피해 사실 여부를 확인하도록 한다.
- 전담기구는 학교폭력에 대한 실태조사와 학교폭력 예방 프로그램을 구성 · 실시하며, 학교장 및 자치위원회의 요구가 있을 때에는 학교폭력에 관련된 조사결과 등 활동결과를 보고해야 한다.

(7) 학교폭력 예방교육(제15조)

- 학교장은 학기별로 1회 이상 학생을 대상으로 하는 학교폭력에 관한 교육을 실시해야 한다.
- 학교장은 교직원 및 학부모에 대한 교육을 학기별로 1회 이상 실시해야 한다.
- 학교장은 학교폭력 예방교육 프로그램의 구성 및 그 운용 등을 전담기구와 협의하여 전문단체 또는 전문가에게 위탁할 수 있다.

(8) 피해 학생의 보호(제16조)

자치위원회는 피해 학생의 보호를 위하여 필요하다고 인정하는 때에는 피해 학생에 대하여 다음과 같은 조치를 취할 수 있다.

1. 심리상담 및 조언
2. 일시보호
3. 치료 및 치료를 위한 요양

4. 학급교체

5. 삭제〈2012.3.21〉

6. 그 밖에 피해 학생의 보호를 위하여 필요한 조치

다만 학교장은 피해 학생의 보호를 위하여 긴급하다고 인정하거나 피해 학생이 긴급보호의 요청을 하는 경우에는 자치위원회의 요청 전에 심리상담 및 조언(16조 1호), 일시보호(16조 2호), 피해 학생의 보호를 위한 필요한 조치(16조 6호)를 할 수 있다. 이 경우에는 즉시 자치위원회에 조치 사항에 대해 보고해야 한다.

(9) 가해 학생에 대한 조치(제17조)

자치위원회는 피해 학생의 보호와 가해 학생의 선도 및 교육을 위해 가해 학생에 대하여 다음과 같은 조치(수 개의 조치를 병과하는 경우 포함)를 학교장에게 요청할 수 있다.

1. 피해 학생에 대한 서면사과
2. 피해 학생 및 신고 · 고발 학생에 대한 접촉, 협박 및 보복행위의 금지
3. 학교에서의 봉사
4. 사회봉사
5. 학내외 전문가에 의한 특별 교육이수 또는 심리치료
6. 출석정지
7. 학급교체
8. 전학
9. 퇴학처분

이들 조치 중에서 제2호부터 제4호까지 및 제6호부터 제8호까지의 처분을 받은 가해 학생은 교육감이 정한 기관에서 특별교육을 이수하거나 심리치료를 받아야 하며, 그 기간은 자치위원회에서 정한다. 이때 특별교육을 이수할 때 학생의 보호자도 함께 교육을 받아야 한다.

(10) 재심청구(제17조의2)

자치위원회나 학교장이 내린 조치에 이의가 있는 피해 학생 또는 보호자는 그 조치를 받은 날부터 15일 이내, 그 조치가 있음을 안 날부터 10일 이내에 지역위원회에 재심을 청구할 수 있다.

(11) 분쟁조정(제18조)

자치위원회는 학교폭력과 관련하여 분쟁이 있는 경우 분쟁을 조정할 수 있는데, 조정기간은 1개월을 넘지 못한다. 분쟁조정을 하고자 할 때에는 피해 학생, 가해 학생 및 보호자에게 통보해야 하며, 소속학교가 다른 학생간에 분쟁은 교육감이 해당학교의 자치위원회장과 협의를 거쳐 직접 분쟁을 조정한다.

(12) 학교폭력의 신고 의무(제20조)

- 학교폭력 현장을 보거나 그 사실을 알게 된 사람은 학교 등 관계 기관에 이를 즉시 신고해야 하며, 신고를 받은 기관은 가해 학생 및 피해 학생의 보호자와 소속 학교의 장에게 통보해야 한다.
- 학교장은 통보받은 즉시 자치위원회에 이를 통보해야 한다.
- 누구라도 학교폭력의 예비 · 음모 등을 알게 된 자는 학교장 또는 자치위원회에 고발할 수 있으며, 교원의 경우는 학교장에게 보고하고 학부모에게 알려야 한다.

(13) 학생보호인력의 배치(20조의5)

- 국가 및 지방지치 단체 또는 학교의 장은 학교폭력을 예방하기 위해 학교 내에 학생보호인력을 배치하여 활용할 수 있다.
- 다음과 같은 사람은 학생보호인력이 될 수 없다.
  - 국가 공무원법 제33조 각 호의 어느 하나에 해당하는 자,
  - 아동청소년의 성보호에 관한 법률에 따른 아동청소년 대상 성범죄 또는 성폭력범죄의 처벌 등에 관한 특례법에 따른 성폭력범죄를 범하여 벌금형을 선고받고 그 형이 확정된 날부터 10년이 지나지 아니하였거나, 금고 이상의 형이나 치료감호를 선

고받고 그 집행이 끝나거나 집행이 유예면제된 날부터 10년이 지나지 아니한 자
- 청소년 보호법에서 청소년 출입 및 고용 금지 업소의 업주나 종사자

(14) 비밀누설 금지(제21조)

- 학교폭력 예방 및 대책과 관련된 업무를 수행하거나 수행하였던 자는 그 직무로 인하여 알게 된 비밀 또는 가해 학생·피해 학생 및 제20조에 따른 신고자·고발자와 관련된 자료를 누설하여서는 안 된다.
- 자치위원회 회의는 공개하지 않은 것을 원칙으로 한다. 다만 피해 학생·가해 학생 또는 그 보호자가 회의록의 열람 및 복사 등 회의록 공개를 신청한 경우에는 학생과 그 가족의 성명, 주민등록번호 및 주소, 위원의 성명 등 개인정보에 관한 사항을 제외하고 공개해야 한다.

(15) 벌칙(제22조)

- 비빌누설금지를 위반한 자는 300만 원 이하의 벌금에 처한다.
- 자치위원회의 교육 이수 조치를 따르지 아니한 보호자에게는 300만 원 이하의 과태료를 부과한다.

2. 학교폭력전담기구 구성 및 역할

학교폭력전담기구는 학교폭력 예방 및 대책에 관한 법률 제14조에 의해 각 학교에서 반드시 설치해야 하는 기구이다. 학교폭력전담기구는 학교폭력 사건이 발생하였을 때 가장 먼저 대응하는 기구이다. 학교폭력전담기구의 역할은 ① 학교폭력 사건의 발생을 인지하고, ② 신고접수 및 학교장에게 보고하고, ③ 즉시조치(긴급조치 포함)를 하며, ④ 사안조사를 하는 것이다.

1) 학교폭력전담기구의 구성

학교폭력전담기구의 구성권자는 학교장이다. 학교폭력전담기구에는 교감, 전문상담교사,

보건교사 및 책임교사 등이 참여한다. 또한 학교폭력과 관련된 사람들, 즉 생활지도부장이나 상담부장 등의 보직교사도 구성원으로 참여할 수 있다. 이 전담기구의 구성원들은 학교폭력 사안과 관련하여 유기적으로 협력하여 처리할 수 있도록 다음과 같이 역할 분담을 할 수 있다.

먼저 책임교사는 피해 학생과 가해 학생의 담임교사와 전문상담교사와 함께 진상을 조사해야 한다. 이때 육하원칙에 따라서 사안을 기록해야 하며 증인 및 증거자료를 확보한 후에 자치위원회에 이를 보고해야 한다. 또한 보건교사는 피해 학생과 가해 학생의 신체적이고 정신적인 피해 상황을 파악하여 전문기관에 의뢰해야 한다. 전문상담교사는 학생에 대한 조사를 진행할 때 가능한 한 상담자로서의 태도를 견지하여, 조사가 진행될 수 있도록 도와야 한다. 특히 피해자 및 가해 학생의 심리적 상태를 파악하는 것이 중요하며, 필요한 경우 학생 상태에 대한 소견을 제시해야 할 수도 있다.

2) 학교폭력전담기구의 기능

학교폭력전담기구의 주요 기능은 학교폭력 사안이 발생했을 때 이에 대해 즉각적인 초동 조치를 취하고, 사안을 심사하는 것이다.

(1) 학교폭력 사안 조치

학교폭력 사안이 발생했을 때 학교폭력전담기구는 먼저, 학교폭력 신고를 접수받고, 관련

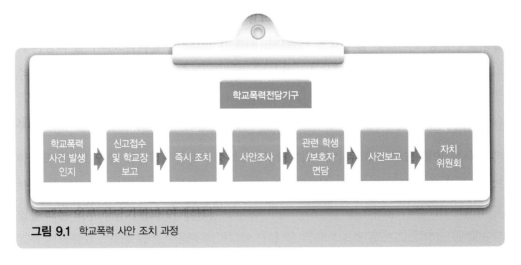

그림 9.1 학교폭력 사안 조치 과정

학생 보호자에게 이를 통보해야 한다. 이후 신고 사안에 대해서 조사한 후 자치위원회와 학교장에게 조사내용을 알려야 한다. 이후 피해 학생 및 가해 학생에 대한 보호 및 생활지도를 한다.

- 1단계 : 학교폭력 사건 발생 인지

학교폭력이 발생했음을 인지한 교사, 학생, 보호자 등은 학교폭력 전담기구에 이에 대해 신고한다.

- 2단계 : 신고 접수 및 학교장 보고

학교폭력전담기구는 신고된 사안을 접수대장에 반드시 기록한다. 이러한 기록은 이후 학교장 및 교원이 학교폭력과 관련하여 문제 은폐 여부를 판단하는 중요한 기초자료로 활용되므로, 사소한 것이라도 정확하게 기술해야 한다. 이후 학교장 및 담임교사에게 보고한 후 피해 학생 및 가해 학생 보호자에게 통지한다. 또한 사안이 중대한 경우 학교장 및 자치위원장에게 즉시 보고해야 한다.

- 3단계 : 즉시조치

학교폭력 전담기구는 피해 학생과 가해 학생을 즉시 격리시키는 것이 중요하다. 이때 피해 학생이나 신고·고발된 학생이 가해 학생으로부터 보복행위를 당하지 않도록 조치하는 것도 중요하다. 피해 학생과 관련하여서는, 아동청소년 성보호에 관한 법률에 따라 성폭행에 대해서는 반드시 수사기관에 신고하고, 성폭력 전문상담기관 및 병원을 지정하여 피해를 치유하도록 도와야 한다. 또한 피해 학생의 신체적 정신적 피해를 치유하기 위한 조치도 실시되어야 한다. 또한 가해 학생의 선도가 긴급할 경우에는 자치위원회의 결정이 있기 전에, 학교폭력법 제17조 4항에 따라 조치를 취할 수 있으며, 이후 즉시 자치위원회에 보고해야 한다.

- 4단계 : 사안조사

학교폭력전담기구에서 사안조사를 할 때는 구체적으로 이루어져야 한다. 피해 학생과 가해 학생 면담, 주변학생 조사, 설문조사, 객관적인 입증자료 수집 등을 통해서 구체적인 사안을 조사한다. 이렇게 조사한 결과를 바탕으로 사건보고서를 작성한다. 이때 조사된 내용은 비밀을 유지해야 하는데, 특히 성폭력의 경우는 비밀 유지에 힘써야 한다.

- 5단계 : 관련 학생 및 보호자 면담

사안 조사 결과에 대해 해당 학생의 부모에게 알리고, 향후 진행 절차에 대해서 통보한다.

- 6단계 : 사건보고

가해나 피해 사실 여부에 대해서 종합적으로 정리하여 상황보고서를 작성하고 이를 학교장 및 자치위원회에 보고한다.

(2) 학교폭력 예방활동 실시

학교폭력전담기구는 학교폭력 실태조사를 실시하고 학교폭력 예방교육을 실시한다. 학교폭력 실태조사는 연 2회 정기적으로 실시하며 학생, 교직원, 보호자에게 시행할 예방교육 프로그램 계획을 수립하고 운영한다. 이때 예방교육프로그램 계획은 자치위원회의 심의를 거친다.

3) 사안조사 방법

(1) 사안조사 방법

사안조사 방법에는 서면 조사, 해당학생 및 목격자의 면담 조사, 사안현장 조사 등이 있다. 이러한 조사를 통해 신속하게 자료를 확보하는 게 중요하며, 특히 면담 조사를 할 때는 육하원칙에 근거하여 조사를 한 후 구체적으로 확인서를 받는다. 피해 학생과 가해 학생의 확인이 어긋날 경우에는, 목격한 학생의 확인을 받거나 증거자료 확보가 필요하다.

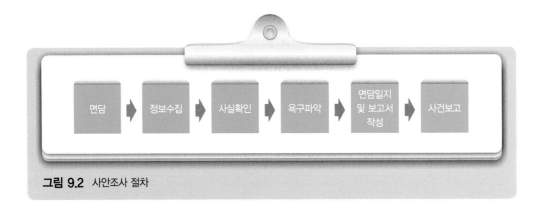

그림 9.2 사안조사 절차

(2) 사안조사 절차

사안조사는 면담, 정보수집, 사실확인, 욕구파악, 면담일지 및 보고서 작성, 사건보고 순으로 이루어진다.

• **1단계 : 면담**

면담 시에는 신뢰감과 안정감을 주는 게 중요하다. 사안이 다소 일반적일 때는 학생들의 언행을 통해서도 파악이 가능한다. 하여 해당학생들의 눈맞춤, 눈빛, 손 떨림, 목소리 크기 및 눈 높이 등을 통해 학생들의 불안, 분노, 우울 등을 파악할 수 있다. 또한 학생의 심리 정서적 상태를 파악하기 위해서 전문상담교사 등 상담전문가에게 도움을 요청한다.

- 피해 학생 면담 — 먼저 피해 학생은 심리적으로 고통을 당한 상태이기에 무엇보다 적절한 위로와 지지가 중요하다. 그러고 나서 피해 학생의 피해 상황과 욕구를 파악하고, 가해 학생으로부터 보복을 당하지 않도록 교사가 책임감을 가지고 지도 · 관리해 줄 것을 인지시켜서 불안감을 낮추고 신뢰감을 높인다. 또한 자치위원회의 진행 과정, 준비 사항(확인서, 증거자료 등), 보호 조치 등 절차와 내용에 대해서 설명해 준다.

- 피해 학생 보호자 면담 — 피해 학생 보호자에 대한 면담과 관련하여, 확인된 사실을 부모가 정확히 알고 있는지, 오해가 있는지 등에 대해 파악하고 조사한 사실에 대한 추가 의견이나 자료 여부에 대해 점검한다. 중요한 것은 학생의 재발 방지에 대해 안심할 수 있도록 하는 점이다. 또한 피해를 당한 학생의 심리적 안정을 위해 가정에서 어떻게 지도하고 보호해야 하는지에 대해서 안내한다. 또한 학교에서 공정하게 처리할 것임을 알리고 그 신행절차에 대해서도 안내힌다. 만약 피해측이 가해측과 면담을 요청할 경우, 교사나 전문가 입회하에 면담을 실시하도록 한다. 왜냐하면 단독으로 피해측과 가해측이 만날 경우 갈등이 심화되거나 다른 문제가 생길 수 있기 때문이다.

- 가해 학생 면담 — 가해 학생을 면담하는 데 있어 가장 중요한 것은 폭력에 대한 왜곡된 인식을 교정하는 것이다. 즉 폭력은 용인되지 않으며 가해 학생이 저지른 행동은 잘못된 것이라는 사실을 알려주고 피해 학생이 당한 충격과 상처를 이해시킨

다. 또한 가해 학생들이 폭력을 사용하게 된 상황에 대해 충분히 탐색하고 가해 학생에게 어떤 과정을 거쳐 조치가 내려지는지 알려준다. 또한 추후에 가해행동이 재발되지 않도록 주의를 주고, 재발할 경우 심각한 수준의 처벌을 받을 수 있음을 알려준다. 이 과정에서 가해 학생을 낙인찍거나 체벌해서는 안 된다.

- 가해 학생 보호자 면담 — 가해 학생 보호자에 대한 면담과 관련하여, 가해 학생의 부모가 '우리 아이도 피해자다'라고 주장하는 경우가 있다. 이럴 경우 근거를 제시하여 주장하도록 유도한다.

  보호자 면담에서 중요한 것은, 조사한 사실에 대한 추가 의견이나 자료 여부에 대해 점검하며, 학교폭력 사안처리의 진행절차에 대해 안내한다. 또한 학교폭력 행위에 대하여 책임과 결과가 따른다는 인식을 갖도록 하며, 학교폭력 상황을 정확하게 전달을 한다. 또한 학생의 보호를 위하여 어떤 노력을 할지 안내하며, 가해 학생의 재발방지에 대하여 가정에서의 부모역할을 안내한다.

- 목격 학생 면담 — 목격 학생 면담에 있어 가장 중요한 것은 비밀 보장에 대해 충분히 안내해서 보복에 대한 두려움을 갖지 않도록 하는 것이다. 관련 정황을 구체적으로 확인서에 쓰도록 한다.

● 2단계 : 정보수집

피해 학생에 대한 정보, 즉, 학년, 성별, 인적 사항, 피해 학생 수, 교우관계, 장애 유무, 평소 학교생활, 특이사항 등에 대해서 파악한다. 그리고 폭력 유형(신체폭행, 금품갈취, 따돌림 등), 폭력 형태(집단폭력, 일대일 폭력 등), 발생 및 지속기간(1회적 · 지속적 사안), 발생장소, 발생원인, 치료비, 피해 정도 등 사안 파악을 위한 정보를 수집한다. 또한 가해 학생의 학년, 성별, 인적 사항, 가해 학생 수, 가해 동기, 다른 피해자 및 유사 사안의 관련 유무 등의 정보를 수집한다.

● 3단계 : 사실 확인

사실확인에서 중요한 것은 진위파악으로서, 일치성, 상호인정, 주변확인 일치라는 원칙에 맞게 사실을 확인해야 한다. 일치성은 피해측과 가해측 면담과정에서 얻은 정보 등을 통해 얻어진 결과들이 일치하는지를 파악하는 것이며, 상호인정은 조사 결과를 피해 학생과 가해 학생이 상호 인정하는지를 확인하는 것이며, 주변확인의 일치는 목격 학생의 확인과 일치하는지를 점검하는 것이다.

사실 확인을 위해서는 육하원칙에 따라 피해 학생, 가해 학생, 목격 학생의 확인서를 기재하고 필요한 경우 해당 학급 및 학생 대상 설문조사를 실시한다. 이메일, 채팅, 게시판, SNS, 피해사실 화면 온라인상 캡쳐, 문자 메시지, 사진, 동영상 자료, 음성증거자료 등 온오프라인 자료를 수집한다. 폭력 피해를 증명할 수 있는 신체·정신적 진단서, 의사 소견서, 관련 사진을 수집한다.

● 4단계 : 욕구 파악

피해 학생 및 가해 학생, 그리고 보호자의 사안 해결에 대한 욕구를 파악하고, 피해·가해 상황에 대한 수용 정도 및 사과, 처벌, 치료비 등에 대한 합의 등에 대해서 파악한다.

● 5단계 : 정황 파악

피해 학생의 대처능력 및 적응능력 등 현재까지의 대처방법에 대해서 파악한다. 또한 가해 학생 측의 대응방법에 대해서도 파악한다.

● 6단계 : 면담일지 및 보고서 작성

관련 학생과 보호자, 관련학생의 담임교사와 면담을 한 후에는 면담일지를 작성하며 조사가 끝난 후에는 보고서를 작성한다.

● 7단계 : 사건보고

피해 및 가해 사실 여부에 관하여 종합적으로 정리하여 학교장 및 자치위원회(자치위원회의 요청이 있는 경우)에 보고한다. 만약 긴급하고 중대한 사안이 발생한 경우 즉시 해당지역 교육청에 보고할 수 도 있다.

(3) 학교폭력 사안조사 기준

전담기구는 진위 파악과 관련하여 학교폭력 사안 중점요소를 파악하고 폭력 행위의 경중을 염두에 두어야 한다. 사안 조사 기준에 따라 조사를 실시한다. 폭력 유형에 따른 중점 파악 요소는 〈표 9.2〉와 같다.

표 9.2 폭력 유형에 따른 중점 파악 요소

폭력 유형		중점 파악 요소
신체적 폭력		상해의 심각성, 감금 · 신체적 구속 여부, 성폭력 여부
경제적 폭력		반환 여부, 손괴 여부, 협박/강요의 정도
정서적 폭력	괴롭힘	지속성 여부, 협박/강요의 정도, 성희롱 여부
	따돌림	
언어적 폭력		욕설/비속어, 허위성, 성희롱 여부
사이버 매체 폭력		명의도용, 폭력성/음란성, 유포의 정도, 사이버 성폭력 여부

제10장

학교**폭력** 자치위원회

이 장에서는 학교폭력 관련 핵심 기구인 학교폭력자치위원회(이하 자치위원회)에 대해서 살펴보고자 한다. 자치위원회는 학교 내 학교폭력 예방 및 대책에 관련된 사항을 심의하기 위한 조직으로서, 9장에서 다룬 학교폭력 전담기구와 함께, 학교에서 발생한 학교폭력 관련 사안을 직접적으로 다루는 핵심적인 조직이다.

전담기구가 학교폭력 사안 조사에 초점을 둔다면 자치위원회는 조사결과를 바탕으로 피해 학생과 가해 학생에게 적절한 조치를 내리는 것에 중점을 둔다고 할 수 있다. 특히 자치위원회가 합법적인 절차를 거치지 않고 최종 조치를 결정할 경우, 피해 학생과 가해 학생 측이 모두 자치위원회 결정에 반발하여 재심을 요구하는 등 문제해결이 더욱 어려워질 수 있다. 따라서 교사들과 학교 관리자들은 자치위원회의 기능과 역할 그리고 운영 절차에 대해 자세히 알아둘 필요가 있다.

이 장에서는 자치위원회의 구체적인 구성방법, 운영 절차 및 진행, 피해 학생에 대한 보호조치와 가해 학생에 대한 선도 · 교육 조치의 절차와 종류 등에 대해서 설명할 것이다. 또한 자치위원회 조치에 승복하지 않았을 때의 사후 조치, 소집 시 준비사항, 소집 방법 및 역할에 대해서 설명할 것이다. 그리고 이 장의 중심내용은 교육부가 중심이 되어 제작한 '학교폭력 사안처리 가이드북'에서 가져온 것임을 밝혀 둔다.

1. 자치위원회 구성 및 운영

자치위원회는 학교폭력 예방 및 대책에 관련된 사항을 학교 안에서 다루는 기구로, 학교폭력의 예방 및 대책에 관련된 사항을 심의하기 위해 만들어진 조직이다. 자치위원회는 학교마다 구성하게 되어 있으나, 대통령령으로 정하는 사유가 있는 경우에는 교육감의 보고를 거쳐 둘 이상의 학교가 공동으로 자치위원회를 구성할 수도 있다(법 제12조 제2항). 자치위원회는 주요 심의 사항은 다음과 같다.

- 학교폭력의 예방 및 대책을 위한 학교의 체제 구축
- 피해 학생의 보호
- 가해 학생의 선도 및 조치
- 피해 학생과 가해 학생 간의 분쟁 조정

1) 자치위원회 구성

자치위원회의 구성은 위원장 1인을 포함하여 5인 이상 10인 이하의 위원으로 구성된다. 자치위원회의 위원은 학교장이 임명하거나 위촉하는데, 위촉 가능한 대상은 다음과 같다(시행령 제14조 제1항).

- 해당 학교의 교감
- 해당 학교의 교사 중 학생생활지도의 경력이 있는 교사
- 학부모 대표
- 판사 · 검사 · 변호사
- 해당 학교 관할 경철서 소속 경찰공무원
- 의사의 자격이 있는 사람
- 이 밖에 학교폭력 예방 및 청소년 보호에 대한 지식과 경험이 풍부한 사람

학부모 대표는 보호자 전체회의에서 직접 선출된 학부모 대표로 한다. 다만 학부모 전체회의에서 보호자대표를 선출하기 곤란한 사유가 있는 경우에는 학급별 대표로 구성된 보호자 대표회의에서 선출된 보호자 대표나 전문성을 갖춘 학부모로 위촉할 수 있다. 판사, 검사, 변호사 관련 위촉에 있어서는 대한법률구조공단(132) 및 지역변호사회 연계할 수 있으며, 법률전문가를 위촉할 수도 있다. 소속 경찰공무원으로서는 해당 지역 경찰청 여성청소년계, 지구대, ONE-STOP지원센터, 학교폭력전담경찰관으로 할 수 있다. 학교폭력 예방 및 청소년보호에 대한 지식과 경험이 풍부한 사람으로서는 학교폭력SOS지원단(1588-9128), 청소년상담복지센터, ONE-STOP지원센터, 배움터지킴이 등 청소년 전문 인력으로 위촉할 수 있다.

(1) 외부 전문가 참여 유도를 위한 전략

판사, 검사, 변호사 참여를 유도하기 위해 담당자는 지역변호사회, 교육청 소속 변호사 등에 추천을 요청함으로써 사회봉사를 원하는 변호사와 연계하도록 노력한다. 또한 의사 자격이 있는 전문가를 위촉하기 위해서는 학기 초 의사 자격이 있는 보호자에게 가정통신문 등을 통해 자치위원회를 적극 홍보함으로써 관심 있는 보호자의 참여를 유도할 수 있다. 경찰 공무원의 참여를 위해서는 해당 지역 및 학교의 담당 경찰관을 위원으로 하는 것이 가장 바람직하다.

> **사례** 학교폭력대책자치위원회에 기자, 변호사를 대동하여 참석을 요구한 사례(학교폭력 사안처리 Q&A, 2012)
>
> Q : 두 학생이 몸싸움을 벌여서 학교 측에서 자치위원회를 소집하였습니다. 피해 학생의 보호자가 변호사, 기자를 대동하고 자치위원회에 참석하면서 자료를 요구함과 동시에 기자를 통한 촬영을 요구하고 있습니다. 이에 대해서 학교 측에서는 어떤 대응을 해야 하나요?
>
> A : 변호사, 기자 등이 자치위원회에 참석할 권리는 없음. 자치위원회는 피해 학생의 보호, 장애 학생의 보호, 가해 학생에 대한 조치, 피해 학생과 가해 학생 간의 분쟁조정 등을 포함하여 비공개로 진행되기 때문에(학폭법 제21조 제3항), 변호사, 기자 등은 참석 및 촬영이 불가합니다.
>
> A : 피해·가해 학생 및 보호자에게 회의록 공개 가능. 피해·가해 학생 또는 그 보호자가 회의록의 열람·복사 등 회의록 공개를 신청한 때에는 학생과 그 가족의 성명, 주민등록번호 및 주소, 위원의 성명 능 개인정보에 관한 사항을 제외하고 공개해야 합니다(학폭법 제21조 제3항).

2) 자치위원회 구성원의 역할

자치위원회는 위원장, 위원, 간사로 구성된다. 위원장의 역할은 학교장에게 위원회 소집 요청을 하고 회의 주재를 한다. 또한 위원장은 간사 1명을 지명할 수 있는데 이때 간사는 학교 교직원에서 자치위원회의 사무를 처리할 사람으로 지명한다. 위원장은 위원 중에서 호선하며, 위원장이 부득이한 사유로 직무를 대행할 수 없을 때는 미리 지정하는 위원이 그 직무를 대행한다(시행령 제14조 제2항).

위원은 회의 안건을 심의하고, 분쟁조정을 하는 데 참여한다. 자치위원회 위원의 임기는 2년이며, 사임 등으로 새로 위촉되는 임기는 전임 위원 임기의 남은 기간으로 한다(시행령 제14조 제3항). 또한 간사는 회의록을 작성하고 자치위원회 관련 사무적인 일을 처리한다.

(1) 자치위원회 위원이 회의에서 배제되는 경우

자치위원회 위원은 학교폭력에 있어 중요한 사항을 결정하기 때문에 공정한 조치가 이루어 질 수 있게 다음과 같은 사항에서는 자치위원회의에서 배제된다.

- 위원이나 그 배우자 또는 그 배우자였던 사람이 사건의 피해 학생 또는 가해 학생의 보호자인 경우 또는 보호자였던 경우
- 위원이 해당 사건의 피해 학생 또는 가해 학생과 친족이거나 친족이었던 경우
- 그 밖에 위원이 해당 사건의 피해 학생 또는 가해 학생과 친분이 있거나 관련이 있다고 인정하는 경우
- 자치위원회의 위원에게 공정한 심의를 기대하기 어려운 사정이 있다고 인정할 만한 상당한 사유가 있는 경우. 이 경우 위원은 기피신청서를 작성하고 자치위원회는 기피신청에 대해서 해당 위원의 기피 여부를 의결한다.

(2) 자치위원회에서의 학교장의 역할

학교장은 자치위원회에서 배제되지만, 학교의 장으로서 자치위원회와 긴밀하게 협조해야 한다. 자치위원회의 피해 학생에 대한 조치 요청이 있는 때 학교장은 피해 학생 보호자의 동의를 받아 7일 이내에 해당 조치를 취해야 하고, 이를 자치위원회에 보고해야 한다(법률 제16조 제3항). 학교장은 교육감에게 학교폭력이 발생한 사실 및 조치, 결과를 보고하고, 관계 기관과 협력하여 교내 학교폭력 단체의 결성예방 및 해체에 노력해야 한다(법률 제 19조).

3) 자치위원회의 운영

(1) 자치위원회의 위원장 호선 및 위원의 임기

- 위원장은 위원 중에서 호선하며, 위원장이 부득이한 사유로 직무를 대행할 수 없을 때에는 위원장이 미리 지정하는 위원이 그 직무를 대행한다(시행령 제14조 제2항).
- 자치위원회 위원의 임기는 2년으로 한다. 다만 사임 등으로 새로 위촉되는 임기는 전임 위원 임기의 남은 기간으로 한다(시행령 제14조 제3항).

(2) 자치위원회 회의의 개의와 의결

자치위원회의 회의는 재적위원 과반수의 출석으로 개의하고, 출석위원 과반수의 찬성으로 의결한다(시행령 제14조 제4항).

2. 자치위원회의 운영 절차

자치위원회에서 주로 심의 의결하는 사항은 피해 학생, 가해 학생, 보호자 의견확인 및 기회부여, 피해 학생 보호조치, 가해 학생 선도 및 교육 조치, 분쟁조정 등이다. 여기서는 자치위원회 회의가 학교폭력 사안을 처리하는 절차를 살펴보고 이와 관련하여 학교장이나 교사가 준비해야 할 사항에 대해서 살펴보고자 한다.

1) 자치위원회 소집

자치위원회 소집의 주체는 자치위원회 위원장이다. 자치위원회는 분기별 1회 이상 회의를 개최하는데, 자치위원회의 위원장은 다음과 같은 경우 자치위원회를 소집해야 한다.

- 자치위원회 재적 위원 4분의 1 이상이 요청하는 경우
- 학교장이 요청하는 경우
- 피해 학생 또는 그 보호자가 요청하는 경우
- 학교폭력이 발생한 사실을 신고받거나 보고받은 경우

- 가해 학생이 협박 또는 보복한 사실을 신고받거나 보고받은 경우
- 그 밖에 위원장이 필요하다고 인정하는 경우(법률 제13조 제2항)

 경찰에서 동일 사건으로 수사가 진행되고 있는 사례(학교폭력 사안처리 Q&A, 2012)

Q : 남학생들 간 집단 싸움 도중 A 학생이 중상해를 입었습니다. 이 후 A 학생의 보호자가 상대 학생들을 고소하여 현재 경찰에서 수사가 진행 중인데 자치위원회를 개최해야 하는지요?

A : 학교폭력 사안으로 인정되는 경우에는 경찰의 수사 진행 여부와 상관없이 자치위원회를 개최해야 함. 경찰의 수사는 형사 처벌 또는 소년보호 처분 등을 목적으로 이루어지는 사법절차로서 자치위원회에서 가해 학생을 교육·선도하기 위한 조치와는 별개의 절차입니다. 따라서 경찰에서 수사가 진행 중이라고 하더라도 학교폭력 사안의 경우에는 자치위원회를 개최해야 하며, 자치위원회 개최를 미루거나 연기할 수 없습니다. 가해 학생이 자치위원회 조치를 받은 후 형사처벌 또는 소년보호처분을 받게 되더라도 이는 이중처벌에 해당하지 않습니다.

2) 소집 방식

소집 방식은 원칙적으로 위원장이 서면으로 통보한다. 그러나 만약 긴급을 요하는 사안이 있는 경우에는 전화통화 등을 이용하여 신속하게 소집을 통보할 수 있다. 이때 위원장이 해당 학생 및 보호자에게 자치위원회 소집에 대해 통보할 경우에는 서면으로 통보하도록 한다. 회의 때는 일시와 장소, 출석위원, 토의내용 및 의결사항 등이 기록된 회의록을 작성해야 한다(법률 제13조 제3항).

3) 자치위원회 개최 시 준비할 사항

(1) 서류준비

학교는 필요한 서류를 미리 준비한다. 예를 들어 사안 조사서, 관련 학생 확인서, 증거자료

등을 준비해야 한다. 자치위원회에서 하게 될 사안보고와 관련된 자료들은, 위원과 위원장이 충분히 숙지하도록 돕기 위해 자치위원회 시작 전 위원과 위원장에 전달해야 한다.

(2) 공간

피해 학생과 가해 학생들이 대기 할 수 있는 장소를 준비하되, 양측을 위한 각기 다른 장소를 마련한다.

(3) 회의 참석비

자치위원회에 출석한 위원에게는 예산의 범위 내에서 수당과 여비를 지급할 수 있다. 이에 학교장은 학교 회계 예산안 편성 시 현실성 있는 수당과 여비가 지급될 수 있도록 이를 반영해야 한다. 그러나 공무원인 위원이 그 소관 업무와 직접적으로 관련하여 회의에 출석한 경우에는 지급해서는 안 된다(시행령 제14조 제6항).

4) 자치위원회의 진행 과정

- 위원장이 자치위원회 개최를 알리는 것으로 자치위원회의는 시작된다.
- 책임교사는 자치위원회 개요를 안내한다. 자치위원회 목적, 진행 절차, 주의사항에 대해서 안내한다. 이때 주의사항으로는 발언을 하기 전에 먼저 동의를 구할 것, 욕설 및 폭언, 폭행 시에는 퇴실 조치되며, 회의 참석자 전원은 비밀유지 할 의무가 있다는 사실에 대해서 공지해야 한다. 이후 참석자 소개를 하고, 진행과정이 녹취됨을 알린다.
- 개요안내가 끝난 후 책임교사는 사안보고를 한다.
- 피해측과 가해측의 내용 확인을 한다. 먼저 피해측의 확인이 이루어지는데 사안을 확인하고 피해측의 입장에서 요구를 말하도록 한다. 위원회에서 피해측에 질문하고 답변을 듣는다. 이후 가해측의 확인이 이루어지는데 사안을 확인하고 가해측의 입장을 말하도록 한다. 이후 질의응답 시간이 이루어진다.
- 피해자 및 가해자의 보고가 끝난 이후 자치위원들은 협의를 통해서 피해 학생에 대한 보호조치와 가해 학생에 대한 선도 및 교육 조치에 대해서 논의하고 결정한다.

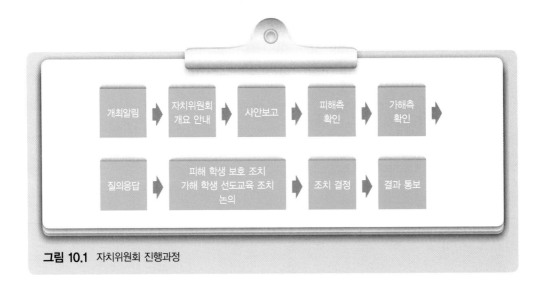

그림 10.1 자치위원회 진행과정

- 피해측과 가해측에 서면으로 결과를 통보한다.

〈그림 10.1〉은 자치위원회 진행과정을 정리한 것이다.

3. 자치위원회의 의결 및 심의 내용

자치위원회는 회의를 통해 피해 학생의 보호 조치, 가해 학생의 선도조치를 의결하며, 교육감과 함께 분쟁조정을 하는 역할을 수행한다.

1) 피해 학생 보호조치

자치위원회는 피해 학생의 보호를 위하여 필요하다고 인정하는 때에는 피해 학생에 대하여 다음과 같이 학교폭력법에 명시한 각 호에 해당하는 조치를 할 것을 학교장에게 요청할 수 있다.

제1호 : 심리상담 및 조언

학교폭력으로 인한 정신적 · 심리적 충격으로부터 회복하기 위하여 학교 내의 교사 혹은 학교 외 전문상담기관에서 심리상담 및 조언을 받도록 하는 조치이다. 학교 내 상담교사가 없을 때는 외부 상담기관과 연계한다.

제2호 : 일시보호

지속적인 폭력이나 보복을 당할 우려가 있는 경우 일시적으로 보호시설이나 집 또는 학교 상담실 등에서 보호를 받는 조치이다.

제3호 : 치료 및 치료를 위한 요양

학교폭력으로 인하여 생긴 신체적·정신적 상처의 치유를 위하여 일정 기간 출석을 하지 않고 의료기관 등에서 치료를 받는 조치이다. 피해 학생은 보호조치로 집이나 요양기관에서 신체적·심리적 치료를 받을 때는 치료기간이 명시된 진단서 또는 관련 증빙자료를 첨부하여 자치위원회에 제출해야 한다.

제4호 : 학급교체

지속적인 학교폭력 상황 및 정신적 상처에서 벗어나도록 하기 위해서 피해 학생을 같은 학교 내 다른 학급으로 소속을 옮겨주는 조치이다. 피해 학생 입장에서는 새로운 학급에 적응해야 하는 부담이 있으므로, 조치 결정에 있어 피해 학생의 의견을 적극 반영하는 것이 좋다.

제5호 : 삭제

제6호 : 그 밖에 피해 학생의 보호를 위하여 필요한 조치

그 밖에 피해 학생의 보호를 위하여 필요하다고 판단되는 다양한 조치 방법으로는 치료 등을 위한 의료기관에의 연계, 법률 구조기관 등에 필요한 협조와 지원요청, 신변보호지원 등을 할 수 있다.

- **추가보호조치** : 학생의 결석이 피해 학생 보호조치(법률 제16조 제1항) 등 보호가 필요한 학생에 대하여 학교장이 인정하는 경우 그 조치에 필요한 결석을 출석일수에 산입할 수 있다(법률 제16조 제4항). 또한 보호조치를 받았다는 사실 자체가 성적평가 등에서 불이익으로 작용하지 않도록 해야 하며, 피해 학생이 결석하게 되어 부득이하게

성적평가를 위한 시험에 응하지 못하게 된 경우에도 학교학업성적관리규정에 의거하여 불이익이 없도록 조치해야 한다. 피해 학생에 대한 보호조치 등으로 인해 피해 학생이 결석하게 되는 경우 학교장은 학생의 가정학습에 대한 지원 등 교육상 필요한 조치를 마련해 줄 필요가 있다.

만약 자치위원회가 개최되기 전 학교장은 피해 학생을 보호하기 위해 긴급하다고 인정하거나 피해 학생이 긴급보호의 요청을 하는 경우에는 심리상담 및 조언, 일시보호 및 그 밖에 피해 학생의 보호를 위하여 필요한 조치를 할 수 있다. 이러한 경우 자치위원회에 즉시 보고하여야 한다(법률 제16조 제1항). 물론 이러한 조치를 요청하기 전에는 피해 학생 및 그 보호자에게 의견확인의 기회를 부여하는 등 적정한 절차를 거쳐야만 한다(법률 제16조 제2항).

> 사례 **자치위원회 결정 후, 피해 학생이 지속적인 고통을 호소하는 사례**(학교폭력 사안처리 Q&A, 2012)
>
> Q : 1년 전 남학생 A가 여학생 B를 강제 추행하여 당시 자치위원회를 통해 가해 학생 및 피해 학생에 대한 조치를 취했습니다. 그런데 피해 여학생이 1년이 지난 지금에 와서 "학교에 다니기 힘들다. A를 보면 죽고 싶다."고 하는데, 학교는 어떻게 대응해야 할까요?
>
> A : 새로운 피해사실에 의해 피해 학생이 심리적 고통을 받고 있는 경우 자치위원회를 개최하여 가해 및 피해 학생에게 조치를 해야 함. 1년 전 조치 이후로도 피해의 후유증을 계속 겪고 있다가 힘들어서 피해를 호소하는 경우인지, 아니면 새로운 피해 사실, 예컨대 그때의 일을 가해 학생이 다른 학생에게 언급하여 새로이 소문이 났다든지, 그때의 일을 상기시키는 새로운 언동을 한 바가 있다면 별건의 학교폭력이 다시 발생한 것으로 보아야 합니다. 따라서 학교는 새로운 피해 사실이 있는지를 우선적으로 확인하여 새로운 피해 사실이 발생했을 경우 새로운 학교폭력에 대하여 자치위원회를 개최하여 가해 학생에 대한 가중 조치 및 피해 학생에 대한 보호 조치를 취해야 할 것입니다.

> A : 새로운 피해 사실이 없음에도 피해 학생이 지속적인 고통을 호소하는 경우 학교는 피해 학생에 대한 상담, 치료 등 지원 강화. 새로운 피해 사실이 없는 경우 동일한 학교폭력 사안에 기초하여 또다시 자치위원회에서 가해 학생에 대한 조치를 결정하는 것은 허용되지 않습니다. 다만 이전 학교폭력 경험에 의해 지속적인 고통을 호소하는 경우라면 학교에서는 자치위원회 개최가 없더라도 Wee센터, Cys-Net 등 심리치료 프로그램 지원 등 피해 학생에 대한 추가적인 지원을 강구해야 할 것입니다.

2) 가해 학생 조치

자치위원회는 가해 학생의 선도·교육을 위하여 가해 학생에 대하여 다음 각 호의 하나에 해당하는 조치를 할 것을 학교장에게 요청해야 한다. 가해 학생에 대한 조치의 기준은 가해 학생이 행사한 학교폭력의 심각성·지속성·고의성, 가해 학생의 반성 정도, 해당 조치로 인한 가해 학생의 선도 가능성, 가해 학생 및 보호자와 피해 학생 및 보호자 간의 화해의 정도, 피해 학생이 장애 학생인지 여부이다.

제1호 : 피해 학생에 대한 서면사과

가해 학생이 피해 학생에게 서면으로 그동안의 폭력행위에 대하여 사과를 함으로써 서로 화해하도록 하는 조치이다.

제2호 : 피해 학생 및 신고·고발 학생에 대한 접촉, 협박 및 보복행위의 금지

피해 학생이나 신고·고발 학생에 대한 가해 학생의 접근을 막아 더 이상의 폭력이나 보복을 막기 위한 조치이다.

제3호 : 학교에서의 봉사

가해 학생에게 반성의 기회를 주기 위한 조치로서 교내에서 봉사활동을 하는 조치이다. 학교에서의 봉사활동을 조치하는 이유는, 선도적·교육적 차원에서 단순한 훈육적 차원이

가해 학생 보호자 특별교육 운영 기준

- **교육 원칙**
  - ▶ 기관 특성·폭력 사안의 유형 등을 고려하여 다양한 교육프로그램 마련
  - ▶ 보호자들의 특별교육 참가율 제고를 위하여 주말, 야간교육 개설 권장
- **교육 내용**
  - ▶ 학교폭력 전반적 이해를 통한 예방 및 대처 방안
  - ▶ 가해행위를 하는 학생의 심리상태 파악
  - ▶ 바람직한 학부모상 등 자녀 이해교육법
- **특별교육 인정 기준**

교육 대상 처분	이수시간	교육 운영	비고
보복행위 금지, 학교봉사, 사회봉사	4시간 이내	교육감 지정기관 프로그램 중 일반 학부모 교육과 통합 가능	이수증 제출 대체
특별교육, 출석정지, 학급교체, 전학	5시간 이상	교육감 지정기관 가해 학생 학부모 별도 과정 이수	학부모·학생 공동교육 가능
참고 : 법무부 보호자교육 운영 현황			

  - ▶ 대상 : 소년원 및 비행예방센터에서 수용·교육하고 있는 소년 보호자
  - ▶ 실시기관('11년 이수자수) : 소년원(5,815명), 비행예방센터(1,683명)
  - ▶ 교육내용 : 소년보호처분 안내, 부모교육(신뢰감 형성, 갈등해결, 희망열기) 등 7시간 내외 교육
- **과태료 부과 절차**

조치	학부모특별교육 이수 조치	학부모특별교육 실시	과태료 부과
시행기관	학교폭력자치위원회	학교장/시도교육감	시도교육감
내용	특별교육 이수조치를 받은 가해 학생의 학부모에게 특별교육 의무이수 조치	(학교장) 자치위의 조치가 있은 날로부터 7일 이내에 학부모에게 특별교육을 이수토록 통보(기한 : 3개월 이내) ⇩ (학교장) 3개월간 학부모가 특별교육을 미이수할 경우 교육감에게 명단 통보 ⇩ (교육감) 학교장에게 명단을 통보받은 15일 이내에 학부모에게 특별교육 이수 통보(기한 : 1개월 이내)	(교육감) 특별교육을 미이수한 학부모에게 과태료 부과 예고 통보 ⇩ (학부모) 과태료 부과 예고통보를 받은 날로부터 15일 이내 특별교육을 이수하거나 의견제출 ⇩ (교육감) 특별교육 이수증을 제출한 경우에는 과태료 부과 취소 ⇨ 15일간 의견제출이 없는 경우 과태료 부과 ⇨ 과태료 부과 이후에도 특별교육을 이수하지 않는 경우 기간별 가중부과
근거	'학교폭력 예방 및 대책에 관한 법률' 제17조 제9항	'학교폭력 예방 및 대책에 관한 법률' 제22조 제2항 '학부모 특별교육 과태료 부과 지침'	'질서위반행위규제법' 제16조 등

아니라, 봉사의 진정한 의미를 알고 학생 스스로 잘못을 깨달을 수 있게 하는 조치이다. 먼저 가해 학생에게는 학교 내의 화단 정리, 교실의 교구 정리, 화장실 청소, 장애 학생의 등교 도우미 등을 하도록 하게 한다. 학교에서의 봉사는 출석정지하고는 의미가 다른 조치이므로 가능한 한 학습권을 침해하지 않도록 한다. 봉사활동의 지도는 생활지도부장, 담임교사, 생활지도부 교사, 상담교사 등이 맡는다.

제4호 : 사회봉사

사회봉사 조치는 사회구성원으로서의 책임감을 느끼기 위한 조치이다. 학교에서는 사회봉사를 실시하는 지역 기관과 연계하여 사회봉사가 실질적으로 이루어질 수 있도록 한다.

제5호 : 학내외 전문가에 의한 특별교육 이수 또는 심리치료

이 조치의 경우 가해측은 교육감이 정한 기관에서 특별교육을 이수하거나 심리치료를 받아야 하며, 그 기간은 자치위원회에서 정한다.

* **가해자 및 보호자 특별교육 조치 :** 제2호부터 제4호까지 및 제6호부터 제8호까지의 처분을 받은 가해 학생은 교육감이 정한 기관에서 특별교육을 이수하거나 심리치료를 받아야 하며, 그 기간은 자치위원회에서 정한다(법률 제17조 제3항). 학교장은 가해 학생 특별교육 이수조치를 결정한 경우, 교육감이 지정한 기관에서 그 학생의 보호자도 특별교육을 이수하도록 해야 한다. 보호자가 특별교육에 불응할 경우, 학교장은 법률에 의하여 300만 원 이하의 과태료가 부과됨을 안내하고 특별교육을 이수할 것을 재통보하여 이수하도록 해야 한다(법률 제17조 제9항, 제22조 제2항).

제6호 : 출석정지

이 조치는 가해 학생을 학교에 출석하지 못하게 하여 피해 학생과 격리시키는 조치이다. 이때 가해 학생에 대한 출석정지 기간은 출석일수에 산입하지 않는다.

제7호 : 학급교체

가해 학생을 피해 학생으로부터 격리하기 위하여 같은 학교 내의 다른 학급으로 옮기는 조치이다.

제8호 : 전학

전학조치는 가해 학생을 피해 학생으로부터 격리시키고 피해 학생에 대해 더 이상의 폭력 행위를 하지 못하도록 하기 위하여 다른 학교로 소속을 옮기도록 하는 조치이다. 자치위원회에서 가해 학생에 대하여 전학조치를 의결하면 학교장은 14일 이내에 전학조치를 취해야 하며, 가해 학생이 다른 학교로 전학을 간 이후에는 전학 전의 피해 학생 소속 학교로 다시 전학 올 수 없도록 해야 한다.

* 전학 처분 시 유의사항 : 교육감 또는 교육장은 전학 조치된 가해 학생과 피해 학생이 상급학교에 진학할 때에는 각각 다른 학교를 배정해야 한다. 이 경우 피해 학생이 입학할 학교를 우선적으로 배정해야 한다.

제9호 : 퇴학처분

퇴학처분은 피해 학생을 보호하고 가해 학생을 선도·교육할 수 없다고 인정될 때 취하는 조치이다. 하지만 의무교육과정에 있는 가해 학생에게 퇴학처분은 불가능하다.

학교장은 가해 학생을 퇴학처분하기 전에 일정 기간 동안 가정학습을 하게 할 수 있으며 (초·중등교육법 시행령 제31조 제6항), 퇴학처분을 할 때에는 당해 학생 및 보호자와 진로상담을 해야 한다. 또한 지역사회와 협력하여 다른 학교 또는 직업교육훈련기관 등을 알선하는 데 노력해야 한다(초·중등교육법 시행령 제31조 제7항).

교육감은 퇴학처분을 받은 학생에 대하여 법률 제17조 제12항에 따라 해당 학생의 선도의 정도, 교육 가능성 등을 종합적으로 고려하여 초·중등교육법 제60조 제3항에 따른 대안학교로의 입학 등 해당 학생의 건전한 성장에 적합한 대책을 마련해야 한다(초·중등교육법 시행령 제23조 제1항). 또한 가해 학생에 대한 재입학에 필요한 세부사항은 교육감이 정한다(초·중등교육법 시행령 제23조 제2항).

표 10.2 자치위원회 결과 생활기록부 기재방법

입력 영역	가해 학생 조치 사항 '학교폭력법' 제17조 제1항	
학적사항 특기사항	• 8호(전학)	• 9호(퇴학처분)
출결사항 특기사항	• 4호(사회봉사) • 6호(출석정지)	• 5호(특별교육이수 또는 심리치료)
행동특성 및 종합의견	• 1호(서면사과) • 3호(학교에서의 봉사)	• 2호(접촉, 협박 및 보복행위 금지) • 7호(학급교체)

긴급조치

가해 학생에 대한 선도가 긴급한 경우 학교장은 우선 제1호로부터 제3호까지, 제5호와 제6호의 조치를 할 수 있으며, 제5호와 제6호는 병과 조치할 수 있다. 이 경우 자치위원회에 즉시 보고하여 추인을 받아야 한다. 자치위원회가 학교장에게 가해 학생에 대한 조치를 요청할 때 그 이유가 피해 학생이나 신고한 학생에 대한 협박 또는 보복행위일 경우에는 조치내용을 가중할 수 있다. 또한 가해 학생 조치에 대한 결과는 생활기록부에 기재한다.

자치위원회 처분 결정에 대한 이행강제

가해 학생이 조치를 거부하거나 기피하는 경우 자치위원회는 대통령령으로 정하는 바에 따라 추가로 다른 조치를 할 것을 학교장에게 요청할 수 있다(법률 제17조 제11항). 추가조치로 초중등교육법 시행령 제31조에 따라 다음과 같은 사항의 처분을 내릴 수 있다.

- 학교 내 봉사
- 사회봉사
- 특별교육이수
- 1회 10일 이내 연간 30일 이내 출석정지
- 퇴학

보호자 간 합의를 이유로 자치위원회에서 이미 결정된 조치의 철회를 요청한 사례(Q&A, 2012)

Q : 학생 간 학교폭력이 발생하여, 자치위원회를 통해 가해 학생에 대한 조치가 이미 결정되었습니다. 그런데 이후 가해 학생 보호자가 피해 학생 보호자와 합의하였다고 하면서 조치를 철회해 달라고 요구합니다. 이 경우 자치위원회의 조치 결정을 철회할 수 있나요?

A : 자치위원회의 결정을 철회하는 것은 불가능합니다. 위 사례의 경우 자치위원회의 조치 결정이 이미 이루어진 상황입니다. 가해 학생 보호자는 재심 청구 제도를 통해 권리 구제를 받을 수 있으므로 조치 결정에 대한 철회를 요구할 권한은 없습니다.

3) 분쟁조정

분쟁조정은 피해 학생, 가해 학생 또는 그 보호자 중 어느 한쪽이 해당 분쟁사건에 대한 조정권한이 있는 자치위원회 또는 교육감에게 신청할 때 발생한다.

(1) 분쟁조정의 개시

자치위원회는 분쟁조정의 신청을 받으면 그 신청을 받은 날부터 5일 이내에 분쟁조정을 시작해야 한다(시행령 제27조 제1항). 자치위원회는 분쟁의 일시와 장소를 통보해야 하며(시행령 제27조 제2항), 해당 당사자들은 불가피한 사유로 참석이 불가능할 때 조정의 연기를 요청할 수 있다.

자치위원회 또는 교육감은 자치위원회 위원 또는 지역위원회 위원 중에서 분쟁조정 담당자를 지정하거나, 외부 전문기관에 분쟁과 관련된 사항에 대한 자문 등을 할 수 있다(시행령 제27조 제4항).

(2) 분쟁조정의 거부 중지 및 종료

자치위원회 또는 교육감은 분쟁조정의 개시를 거부하거나 중지할 수 있는데(시행령 제28

조 제1항) 그러한 경우는 다음과 같다. 분쟁 당사자 중 어느 한쪽이 분쟁조정을 거부한 경우, 피해 학생 등이 관련된 학교폭력에 대하여 가해 학생을 고소 및 고발하거나 민사상 소송을 제기한 경우, 분쟁조정의 신청내용이 거짓임이 명백하거나 정당한 이유가 없다고 인정되는 경우이다.

(3) 분쟁조정의 종결

분쟁조정은 다음과 같은 경우 끝낼 수 있다(시행령 제28조 제2항). 즉 분쟁 당사자 간에 합의가 이루어지거나 자치위원회 또는 교육감이 제시한 조정안을 분쟁당사자가 수락하는 등 분쟁조정이 성립하는 경우와 분쟁조정 개시일부터 1개월이 지나도록 분쟁조정이 성립되지 않은 경우이다.

(4) 분쟁 당사자에 통보

자치위원회 또는 교육감은 분쟁조정의 개시를 거부하거나 분쟁조정을 중지한 경우 또는 분쟁조정을 끝낸 경우에는 그 사유를 분쟁 당사자에게 통보해야 한다.

(5) 분쟁조정의 결과 처리

자치위원회나 교육감은 분쟁조정이 성립한 경우 합의서를 작성하고 자치위원회는 분쟁 당사자에게, 교육감은 피해 학생 및 가해 학생 소속 학교 자치위원회와 분쟁 당사자에게 각각 통보해야 한다(시행령 제29조 제1항). 합의서에는 분쟁 당사자의 주소와 성명, 조정 대상 분쟁의 내용(분쟁의 경위, 조정의 쟁점), 조정의 결과가 포함되어야 한다. 또한 합의서에는 분쟁 당사자와 조정에 참가한 위원이, 교육감이 조정한 경우에는 분쟁 당사자와 교육감이 각각 서명날인해야 한다(시행령 제29조 제2항). 이후 자치위원회 위원장은 분쟁조정의 결과를 교육감에게 보고해야 한다(시행령 제29조 제3항).

제11장

가정과 지역사회 예방과 대책

학교폭력이 발생하는 장소가 주로 학교라고 해서 학교폭력의 문제가 학교에서만 해결해야 할 문제는 아니다. 이는 학교폭력이 학교를 포함한 개인, 가정, 지역사회 등 다양한 체계들 간 상호작용의 결과로 인해 발생하기 때문이다(문용린 외, 2005). 우리는 학교폭력이 발생했을 때 다소 학교폭력을 일으킨 가해 청소년의 개인적 특성이나 혹은 학교폭력이 일어난 학교에게 문제를 돌리는 경우가 많다. 그러나 학교폭력의 발생은 그리 단순하지 않다. 예를 들어 어떤 학교에서 A라는 학생이 집단 따돌림을 당하는 문제가 발생했다고 하자. A라는 친구가 집단 따돌림을 당하는 것과 관련하여 여러 가지 원인들을 추측해 볼 수 있다. A라는 친구를 심하게 괴롭힌 B라는 친구는 부모로부터 학대를 지속적으로 당했고 이로 인해 공격성이 높을 수 있다. 하여 B라는 학생은 특히 아버지로부터 체벌이 가해진 날은 어김없이 A라는 친구를 더 괴롭힐 수 있다. 그런데 B는 A라는 친구를 괴롭힐 때 동네에서 함께 어울려 다니는 형들과 함께 한다. 사실 B가 사는 동네는 B나 그 형들이 어울리며 소위 노는 행위, 즉 술을 먹거나 누군가를 때리는 행위를 하기 편한 곳이 많다. 이 경우에서 보면, 집단 따돌림은 B의 공격적인 성향, 그런 성향을 부추기는 부모의 학대, 그리고 B와 비슷한 성향을 가진 친구들과 쉽게 어울릴 수 있는 지역 특성과도 관련이 깊을 수 있다. 이런 경우 B의 학교폭력 가해행동이 중단되도록 하기 위해서 B의 행동에 대한 상담이나 조치만으로는 근본적인 해결이 어렵다.

최근 학교폭력 문제와 관련해서 주목받고 있는 생태학적인 관점에서는 학교폭력이 개인적 특성과 체계 간의 상호작용을 통해 발생하기에, 학교폭력 예방 및 대책이 개인뿐만 아니라 가족, 학교, 지역사회 차원에서 이루어질 것을 강조하고 있다(Osher, 2008). 학교폭력은 특정한 심리적인 특성을 가진 개인들 간 일어나는 갈등이라기보다는, 이를 둘러싼 사회적, 물리적, 제도적, 공동체적 맥락에서 일어나는 집단적인 현상으로 이해하는 것이다.

예를 들어 학생 간의 집단 따돌림을 생각해 보자. 이 집단 따돌림은 두 학생 간의 갈등이라기보다는 치열해지는 경쟁사회에서 배려와 공감 문화 및 공동체 의식의 실종과 관련이 깊다. 좋은 대학을 가기 위한 경쟁으로 인해 청소년은 70% 이상의 시간을 다른 친구보다 더 좋은 성적을 위해 공부하며, 같은 반 급우를 마음을 터놓는 친구보다는 경쟁자로 본다(Kim, 2009). 학생들은 성적에 매달려 옆자리 친구를 돌볼 겨를이 없으며, 함께 생활하는 반 친구들을 경쟁하고 이겨야 할 대상으로 여긴다. 과열화된 입시경쟁으로 인해 학생들은 교실에서 소외감과 외로움을 깊이 경험한다(통계청, 2010). 결국 우정과 따뜻함 대신 경쟁심, 소외감으로 채워진 교실은 따돌림과 폭력으로 이어지기 마련이다.

이 장에서는 학교폭력을 예방하고 근절하는 데 있어, 청소년에게 가장 중요한 환경인 가정과 지역사회가 어떤 역할을 하고, 어떻게 기능해야 하는지에 설명하고자 한다. 청소년의 건강한 성장이 환경과의 밀접한 상호작용 속에서 이루어진다는 점에서(윤철경 외, 2006) 가정과 지역사회가 건강한 역할 및 기능은 학교폭력 예방뿐 아니라 청소년의 건강한 성장에 크게 기여할 것이다.

1. 가정에서의 예방과 대책

가정은 청소년 성장에 가장 영향력이 큰 환경요인이다(윤철경 외, 2006). 학생들은 대부분의 시간을 가정에서 보낸다. 맞벌이 등 현대 사회가 부모와 학생 간 시간을 충분히 허락하지 않는다 해도 청소년들의 인성이나 가치관은 부모로부터 영향을 가장 많이 받는다. 또한 청소년들이 학교폭력으로 고통을 받거나 힘들 때 가장 위로를 받고 도움을 받아야 하는 곳은 가정이다. 이에 학교폭력을 예방하고 근절하는 데 있어 가정에서의 역할을 살펴볼 필요가 있다.

1) 학교폭력과 부모의 역할

학교폭력에 있어 가정 환경적 요인은 가장 중요한 요소로 보고되고 있다(김재엽, 이지현, 정윤경, 2008; 도기봉, 2008; 오미경, 안지영, 김지신, 2013; 윤명숙, 이묘숙, 민수영, 2012). 청소년은 누구나 가정을 통해서 성격이나 정서적 특성을 형성한다. 가정교육이 매우 중요함에도 불구하고 오늘날의 가정은 그 기능을 제대로 수행하지 못하는 것으로 보인다. 핵가족화, 결손가정 및 이혼율의 증가, 여성의 사회적 진출, 가족생활 공간의 협소화 등으로 인해 사실상 집은 있으나 가정은 없는 경우가 많다. 과거 전통사회에서 가정은 예절이나 도덕교육을 담당했고, 대가족 사회에서의 가족 구성원이 사회성이나 대인 관계에 대한 교육을 담당했었다면, 현대 사회에서 가정은 가치관 형성 및 인성 교육을 기대하기 어려운 실정이다(곽형식, 1999). 배려하고 함께 덕을 행하던 공동체 문화는 실종되었다. 생활전선에서 바쁜 부모는 일관성이 없는 태도, 즉 과잉보호나 무관심으로 아이들을 대하고, 고민을 서로 토로할 건전한 대화는 부재하며, 그저 좋은 대학 진출에 대한 기대와 스펙 쌓기에 대한 일방적 대화만이 존재한다(The Ameriacn Teacher, 1998; 임영식, 1998 재인용). 스트레스를 풀고 여유로와야 할 가정은 오히려 아이들의 스트레스를 양산하는 곳으로 변질되어 가고 있다. 아이들은 다른 사람을 배려할 마음의 여유도 없고, 그럴 명분도 알지 못한다. 남들보다 잘난 것이 최고이고 그러기 위해 너도 나도 노력하는 사회에서 힘이 좀 더 센 내가 좀 못난 저 사람에게 장난치는 깃은 합당하다고 어쩌면 아이들은 생각할지도 모른다.

학교폭력에 있어 가정의 역기능적인 구성요인을 좀 더 구체적으로 살펴보면, 부모의 애정과 관심의 결여, 부정적인 태도, 자녀의 피해를 경시하는 태도, 부모의 권위적인 태도와 지나친 통제(곽영길, 2007; 이복실, 2007), 부모의 감독부재(Roberts Jr. & Morotti, 2000), 방임과 학대(조유진, 2005), 가정폭력(김재엽, 이순호, 2011; 조춘범, 2010), 부모 자녀 간 의사소통 및 사호작용 방식(김재엽, 이근영, 2010; 아영아, 정원철, 2007; 김연, 황혜정, 2005), 부모의 범죄성향이 학교폭력에 직접적으로 영향을 미치는 것으로 나타났다. 특히 부부간의 폭력 행사 및 가해행동에 영향을 미치는 것으로 나타나는데, 적대적·강압적 부모 양육태도 및 부모의 학대는 학교폭력 가해행동에 큰 영향을 미치는 것으로 보인다(김재엽, 이순호, 2011; 윤명숙 외, 2012; 조춘범, 조남흥, 2011). 부모가 적대적이고 거부적인 양육태도를 갖거나 학대를 하는 경우 자녀들은 분노와 좌절감을 경험하게 된다. 이러한 분노와 좌절감은 자기 자신에 대한 분노로 내면화되거나 혹은 타인에 대한 분노 표출로 외현화될 가능성이 많다. 이때 자기 자신에 대한 분노의 내면화는 자살이나 자해로 이어지기도 하지만, 분노를 쉽게 표출하기 쉬운 상대를 만나게 되면 외현적으로 나타나게 된다. 결국 부모의 학대나 적대적 태도는 자녀들에게 분노와 적대감을 쌓게 하고, 이러한 분노 표출의 방법은 자녀들이 부모에게 배운 적대적이고 학대하는 방법을 택한다. 이러한 과정은 아래 상담자가 상담 장면에서 만난 사례에서 잘 드러난다.

중학교 3학년인 윤성(가명)이는 중학교 1학년 후배를 때렸다. 윤성이가 때린 후배는 윤성이와 전혀 알지 못하는 사이이다. 그럼에도 불구하고 윤성이는 병원에 입원할 정도로 후배를 때렸다. 윤성이가 후배를 때린 이유는 후배가 자신을 무시했기 때문이다. 자신을 무시했다고 생각하는 순간 윤성이는 참을 수 없을 정도로 분노를 느꼈고, 자신이 무엇을 하고 있는지 잊을 정도로 화가 났었다고 말했다. 상담자는 물었다. "그 잠깐 찰나에 그 후배가 어떤 식으로 그렇게 무시하는 표시를 했니?" 윤성이는 말했다. "저랑 눈을 맞추었는데 눈을 내리 깔지 않았어요." 그날 사실 윤성이는 아버지에게 아침에 밥 먹다가 말대꾸를 한다고 맞았다. 윤성이는 그 후배를 때리는 순간 이것이 그 후배를 향한 분노인지, 아니면 그 누군가 다른 사람에 대한 분노인지 몰랐다고 했다. 그리고 어쩌면 아버지에게 맞지 않았더라면 그 후배가 그날 그렇게 했어도 때리지 않았을 거 같다는 이야기를 했다.

이처럼 전반적으로 가정에서의 인성 및 가치관 교육 등 긍정적인 기능이 상실되는 반면, 부모의 학대 및 강압적 양육태도 등 가정의 역기능적인 기능이 증가함에 따라 학교폭력은 심각해지고 흉포화되고 있다. 따라서 학교폭력을 근본적으로 해결하고 예방하기 위해서는 가정이 긍정적인 기능을 수행하도록 돕는 것이 필수적이다. 예를 들어 자녀를 과보호하는 경우 자녀는 주도성을 잃고, 자신을 스스로 방어할 수 있는 능력이나 또래의 공격에 효과적으로 대처하는 능력을 계발하는 것이 제한된다(Georgiou, 2008). 그러나 부모가 자녀와 높은 유대 관계를 갖고, 자녀의 요구에 따뜻하고 수용적인 관계를 맺는다면, 자녀들은 자신감을 갖고 긍정적인 교우 관계를 맺게 될 것이다. 따라서 학교폭력과 관련하여 가정의 역할, 특히 부모의 역할은 중요하다. 이런 맥락에서 부모들에게 가정에서 긍정적인 역할을 수행할 수 있는 방법을 알려주는 부모교육은 필수적이다. 또한 부모들은 학교폭력 발생 시 부모가 보다 긍정적으로 기능할 수 있는 방법에 대해 교육을 받을 필요가 있다.

2) 부모교육 프로그램

앞서 기술하였듯이 부모의 양육태도, 부모-자녀 간 의사소통과 같은 상호작용 관계는 학교폭력과 직접적으로 관련이 있다. 그러나 막상 부모들은 학교폭력으로부터 벗어나 건강하게 성장할 수 있도록 어떻게 자녀를 양육해야 할지에 대해서는 구체적으로 알기 어렵다. 이와 관련하여, 국내외에 학교폭력 관련 부모교육 프로그램을 살펴봄으로써 부모가 보다 효과적으로 역할을 할 수 있게 돕는 것은 학교폭력 예방과 재발방지에 있어 효과적이다.

(1) 국외 부모교육 프로그램

학교폭력은 비단 우리나라만이 아닌 전 세계적인 현상으로 상당수의 아동청소년들이 학교폭력 문제로 고통당하고 있다(청소년폭력예방재단, 2010; Olweus, 1995). 이에 여러 국가에서 학교폭력에 관한 다양한 국외 학교폭력 해결 프로그램을 개발하고 있다. 여기서는 학교폭력 예방 프로그램에서도 특히 부모교육과 관련된 부분에 대해서 설명하고자 한다.

- 노르웨이의 Olweus Bullying Prevention Program : Olweus Bullying Prevention Program(1995)은 가장 대표적인 학교폭력 문제해결 프로그램이다. 이 프로그램의 목적은 학생들의 동료관계를 개선하고 학교를 안전하고 즐거운 장소로 만들 책임이 있다는 전제하에 학생들이 안심하고 다닐 수 있는 학교를 만드는 데 있다. 프로그램의 특징은 가해자 및 피해자 등 몇몇 해당 당사자들만 대상으로 하는 것이 아니라 학생, 부모, 교사 모두를 대상으로 하는 다차원적인 프로그램이라는 점이다. 이 프로그램은 슈퍼비전을 위한 협동적인 시스템, 직원 대상 교육, 부모회의 및 가해자와 피해자 대상 개인수준의 개입 등으로 구성되어 있다.

  이 프로그램에서 부모의 참여와 부모교육을 위로하는 방식은 다음과 같다. 우선 학교폭력을 협의하는 자리인 학교협의회에 교장, 교감, 학교폭력 전담교사, 학교폭력위원회, 학생, 및 부모를 참여시켜, 학교폭력 장기계획에 부모의 의사를 반영한다. 또한 학교폭력 예방에 있어서도 부모의 참여를 유도한다. 교사와 부모가 전화 통화나 개인 면담을 실시하고, 부모에게 우편으로 학교폭력에 관한 정보를 전달하여 부모의 이해와 협조를 구한다. 또한 가정에서 자녀들과 함께 합리적인 규칙을 만들고, 자녀들이 규칙을 잘 따르면 칭찬과 강화를 하는 반면, 규칙을 위반하면 일관되게 부정적인 반응을 보이도록 부모를 교육한다. 또한 자녀와 보다 많은 시간을 함께 보내고 자녀의 행

표 11.1 Olweus 학교폭력 프로그램의 주요 구성요소

영역	구성요소
일반 필수조건	• 폭력에 대한 인식과 성인의 참여
학교 수준의 참여	• 설문조사 • 학교회의의 날 • 휴식과 점심시간의 효과적인 감독 • 조정그룹의 구성 • 교직원과 부모와의 회합
학급 수준의 개입	• 폭력을 방지하기 위한 학급규칙 • 정규적인 학급모임 • 부모와의 화합
개인 수준의 개입	• 폭력 가해 및 피해에 관한 진지한 대화 • 가담 학생 부모와의 진지한 대화 • 교사와 부모의 상상력의 활용

출처 : 최인재, 김경준 외 (2007)

동을 모니터링하게 교육한다.

- **영국의 포괄적 부모교육 개입** : 영국의 학교폭력 대응 프로그램은 조기개입을 강조하고 있는데, 이는 11세에서 15세 청소년의 29.3%가 학교폭력 행동에 관여하고 있으며 (Cassidy, 2009), 아동기 행동문제를 보이는 사례 중 50%가 성인기의 반사회적 인격 장애로 이어진다는 보고에 기초한다(Eva-Maria et al., 2011). 조기개입을 위해, 영국은 부모를 대상으로 부모양육 태도와 부모자녀관계를 향상시키는 데 주력하여 '포괄적인' 부모교육 개입에 초점을 두고 있다. 이들 프로그램은 대략 8~12주, 일주일에 1.5~2시간 동안 실시되며, 부모 자녀 관계와 행동 수정 방식에 초점을 두는 두 가지 종류의 프로그램이 있다. 프로그램의 예로는 Positive Parent Program과 Incredible Yeard를 들 수 있다(정현주, 이호준, 김하나, 2012에서 재인용).

- **미국의 부모 학교폭력 예방교육** : 미국에서는 학교의 안전성 증진을 위한 부모 대상 학교폭력 예방교육을 실시하는데, 핵심적인 내용으로는 기능적 가족치료, 가족강화 프로그램 등이 있다(고성혜 외, 2003). 또한 미국 비행예방사무국(Office of Juvenile Justice and Deliquency Prevention)은 청소년폭력 예방을 위한 다양한 주제와 영역의 프로그램을 지원하고 있는데, 기능적 가족치료, 다중체계 치료법처럼 부모를 대상을 한

프로그램을 포함하고 있다. 기능적 가족치료 프로그램은 11~18세 위험에 청한 청소년과 그 가족을 대상으로 하며, 다중체계치료법은 가족 구성원 모두가 책임 있는 행동을 장려하고 무책임한 행동을 줄이도록 매일 혹은 매주해야 할 일들을 안내한다.

- 오스트레일리아의 Friendly Schools and Families와 ABCD Parenting 프로그램 : 오스트레일리아에서는 초등학교를 대상으로 하는 Friendly Schools and Families 프로그램이 있는데 직원교육과 부모 및 지역사회의 참여를 강조한다. 여기서는 부모교육의 일환으로 팸플릿에 자녀의 학교폭력 문제를 어떻게 효과적으로 다룰지 또는 어떻게 예방할지에 대해 안내한다. 즉 반응적이고 책임감 있으며, 권위가 있는 부모로서 그 역할을 잘 수행할 수 있도록 부모 자녀 간 의사소통 방식의 향상, 자녀들의 사회기술 전략 구축, 효과적인 경청 기술 등을 안내한다.

  또한 멜버른 북서부 대도시 지역 9~14세 청소년 자녀를 둔 부모를 대상으로 하는 ABCD Parenting program이 있다(Burke, Brennan & Roney, 2010). 6회로 구성된 프로그램의 목적은 부모들에게 청소년기 자녀들과 신뢰롭고 수용적인 관계를 발달시키고 유지하는 기술과 정보를 제공한다. 구성 내용은 청소년에 대한 이해와 공감 발달, 청소년기 자녀와 부모 상력한 관계 형성, 청소년기 자녀의 책임감과 자율성 형성, 부모의 셀프케어로 구성되어 있다.

(2) 국내 학교폭력 관련 부모교육 프로그램

국내에서도 학교폭력이 크게 이슈화되면서 다양한 부모교육 프로그램이 개발되고 있다. 여기서는 학교폭력에 초점을 둔 프로그램으로서, 학교폭력 가해 및 피해 부모를 대상으로 하는 프로그램을 살펴보고자 한다.

- 가해 학생 부모 교육 프로그램(고성혜 외, 2003) : 프로그램의 목적은 가해 학생 부모가 바람직한 부모역할을 수행할 수 있게 도움으로써 자녀들의 문제행동이나 부적응을 예방하고, 부모 자녀 관계의 향상을 돕는 것이다. 이 프로그램은 부모가 자녀를 보다 객관적으로 이해할 수 있게 프로그램 실시 전, 가해 학생 대상으로 스트레스, 공격성, 그리고 가족지지도 척도를 실시하여 그 결과를 알려준다. 프로그램의 구성은 〈표

표 11.2 가해 학생 부모 대상 프로그램 구성

		프로그램 내용	회기
탐색 및 문제 인식	내 자녀 바로알기	• 오리엔테이션 및 자기소개 • 청소년의 발달적 특성과 시대적 변화에 대한 이해 • 있는 그대로의 자녀수용(가해 학생으로서의 수용)	1
	부모로서 나에 대한 이해	• 자녀 훈육방식에 대한 반성 • 자녀에 대한 비합리적인 기대의 문제점 인식	1
문제 해결 및 종결	바람직한 부모역할	• 부모 자녀 간 역기능적인 의사소통에 대한 이해 • 기능적인 의사소통 기술 습득	1
		• 부모 자녀 간의 규칙 정하기 • 바람직한 부모역할에 대한 모색과 다짐	1

출처 : 고혜성 외(2003)

11.2〉와 같다.

- 해밀스쿨 프로그램(청소년폭력 예방 재단 경남지부) : 이 프로그램은 초 · 중 · 고등학교 학교폭력 가해자 대상 특별 교육 프로그램으로서 가해 학생이 건강한 사회인으로 성장하고, 원만한 대인관계를 맺는 것을 목적으로 한다. 프로그램에는 학생뿐 아니라 가해 학생 부모를 위한 부모교육을 함께 실시하며, 학부모상담과 심리검사를 실시한다(정현주, 이호준, 김하나, 2012에서 재인용).

- 학교폭력 개입 프로그램(자녀안심운동 서울협의회) : 이 프로그램은 방학 중에 실시되며, 가해 청소년을 대상으로 하되, 부모교육이 병행된다. 부모교육 및 상담에서는 부모의 분노감, 좌절감을 다루며, 학생들에게 직접 적용해 보도록 유도한다(최인재, 김경준 외, 2007).

- 학교폭력 가해 및 피해 학생 부모교육 프로그램(정현주, 이호준, 김하나, 2012) : 앞 세 가지 부모교육 프로그램은 주로 가해 청소년 부모를 대상으로 하거나 혹은 청소년을 대상으로 하는 프로그램 속에 부모교육이 부분적으로만 실시되었다는 한계가 있다. 이러한 한계를 고려할 때, 한국청소년상담복지개발원의 학교폭력 가해 및 피해 학생 부모교육 프로그램은 주목할 만하다.

한국청소년상담복지개발원은 학교폭력 가해자 부모교육 프로그램과 피해자 부모

교육 프로그램을 각각 개발하였다(정현주, 이호준, 김하나, 2012). 프로그램은 총 6회기씩으로 구성되어 있으며 그 내용은 〈표 11.3〉과 〈표 11.4〉와 같다. 이 프로그램의 목적은 첫째, 학교폭력 재발방지를 위한 부모역할을 익히고, 둘째, 부모 자신의 성장을 통해 자녀의 학교폭력 재발을 방지하는 것을 목표로 한다.

구체적으로 가해 학생 부모교육에서는 부모들이 자녀 성장의 조력자로서, 합리적 문제해결자로서 부모역할을 익히도록 하였고, 피해 부모교육에서는 자녀 성장의 조력자로서, 그리고 자녀의 권익옹호자로서 부모 역할을 익히도록 하였다. 이를 위해 부모역할 자녀에 대한 이해, 부모 자녀 관계 향상을 위한 의사소통 방법, 갈등관리 방법 등 구체적인 기술의 습득과 연습, 부모 자신에 대한 이해와 양육방식의 점검 등을 통해 부모의 양육효능감을 증진시키는 데 초점을 두었다. 그리고 학교폭력이 처리되

표 11.3 학교폭력 피해자 부모교육 프로그램(학교폭력, 부모는 무엇을 해야 할까요 — 치유편)

회기	회기명	세부 내용
	사전모임	• 프로그램 안내 • 사전 검사
1	왜 우리 아이에게 이런 일이 생겼을까요?	• 내 옆의 학교폭력 • 우리 아이들과 학교폭력 • 다시 한 번 일어서는 마음
2	왜 우리 아이가 말을 안 했을까요?	• 아이들 맘속에서는 무슨 일이? • 부모와는 무슨 일이?
3	부모는 무엇을 해야 할까요?(학교생활 도와주기)	• 학교폭력에 대처하는 부모의 자세 • 학교폭력에 대처하는 부모의 다른 자세 • 학교폭력에 대처하는 자녀의 다른 자세
4	부모는 무엇을 해야 할까요?(집에서 도와주기)	• 통하였느냐? • 부모와 함께 쓰는 시크릿 다이어리 • 우리 아이 보석 찾기
5	부모는 무엇을 해야 할까요?(부모도 지칠 때)	• 나도 괜찮은 부모 • 나의 지원부대 • 전문적인 도움 받기
6	앞으로 우리 아이는 어떻게 될까요?	• Before & After • Action Plan • 전하고픈 이야기 • 프로그램 사후 평가지 작성

표 11.4 학교폭력 가해자 부모교육 프로그램(학교폭력, 부모는 무엇을 해야 할까요 — 성장편)

회기	회기명	세부 내용
	사전모임	• 프로그램 안내 • 사전 검사
1	우리 아이가 왜 그랬을까요?	• 내 옆의 학교폭력 • 우리 아이들과 학교폭력 • 다시 한 번 일어서는 마음
2	우리 아이, 어디서부터 시작할까요?	• 마음에서 출발하기 • 학교폭력에 대처하는 부모의 자세
3	아이와 말이 안 통할 때는 어떡하죠?	• 아이와 말문 트기 • 아이와 통하기
4	아이가 말을 안 들을 때는 어떡하죠?	• 부글부글 100도 • 따뜻한 36.5도 • 우리 아이 보석찾기
5	부모도 지칠 때는 어떡하죠?	• 나도 괜찮은 부모 • 나의 지원부대 • 전문가 도움 받기
6	앞으로 우리 아이는 어떻게 될까요?	• Before & After • Action Plan • 전하고픈 이야기 • 프로그램 사후 평가지 작성

는 방식과 결과에 의해서 자녀들이 많은 영향을 받는다는 점을 고려하여, 학교폭력 문제를 합리적으로 해결하도록 학교폭력에 대한 인식의 재정비, 처리 절차에 대한 정확한 정보제공과 다양한 자원의 활용, 나아가 가 · 피해 징후 그리고 해결을 위한 다양한 방안들을 프로그램에 담았다. 이러한 프로그램 과정을 통해 궁극적으로 부모들이 무기력과 불안에서 벗어나 자녀의 학교폭력 문제가 해결될 수 있다는 희망과 작은 실마리들을 찾을 수 있도록 하였다.

3) 학교폭력 발생 시 부모 지침

학교폭력 발생 시 부모의 효과적인 역할과 관련하여, 자녀의 마음 이해, 부모 자녀 간의 관계 회복 등 부모 및 자녀의 심리적 적응을 다루는 것도 중요하지만, 현실적인 대처 또한 중요하다. 의외로 부모들은 자녀가 가해 학생이라거나 피해 학생일 때 어떻게 대처할지 몰라서 문제를 더 크게 만드는 경우도 있다. 예를 들어 학교폭력 가해자 부모가 인터넷에 학생을 비난하는 댓글을 남겨 문제가 된 경우나(법률신문, 2013. 8. 19), 아버지가 학교폭력 피해 자녀를 괴롭힌 가해 학생을 폭행하고 욕설하여 유죄판결을 받은 경우가(노컷뉴스, 2013. 9. 2) 그러하다. 따라서 여기서는 학교폭력이 발생했을 때 부모가 보다 효과적이고 현명하게 학생들을 지도할 수 있는 방안에 대해서 구체적으로 설명하고자 한다. 이 내용은 대부분 한국청소년상담복지개발원의 학교폭력 가해 및 피해 학생 부모교육 프로그램 매뉴얼에서 중요한 부분을 정리한 것이다.

(1) 학교폭력 발생 시 해서는 안 되는 부모의 태도

- 공격이 최상의 방어라고 생각하는 부모, 병원비 등 뒷감당은 모두 해 줄 테니 맞지 말고 때리라고 가르치는 태도
- 자녀에 대한 관심이 없고, 문제가 발생해도 '네가 알아서 하라'는 식의 대처
- 문제 발생 시 교사의 요청에도 바쁘다고 가지 않거나 피해 학생 부모를 피하는 태도
- 자녀를 과잉보호하거나 따라다니면서 대신 해결을 해 주려는 태도
- 자녀가 피해자일 때 일을 축소시키면서 서로 사이좋게 지내라는 소극적 태도

(2) 학교폭력 발생 시 부모가 알아야 할 사항

- **학교폭력 가해에 따른 법적인 조치 :** 학교폭력법 제17조에 따르면, 학교폭력 가해자에게는 서면사과, 피해 학생 및 신고고발 학생에 대한 접촉·협박 및 보복행위 금지, 학교에서의 봉사 및 사회봉사, 출석정지 및 전학, 전문가의 특별교육 이수 및 심리치료, 퇴학 처분의 징계조치가 내려지는데, 이에 대해서 가·피해 부모에게 알릴 필요가 있다. 특히 피해 학생 및 신고 고발 학생에 대한 접촉·협박 및 보복해위 금지, 학교에서의 봉사 및 사회봉사, 출석정지 및 전학은 특별교육 또는 심리치료 대상임을 알리고, 학생이 특별교육을 받는 경우 보호자도 반드시 교육을 받아야 함을 알린다. 이때 만약 보호자가 교육을 받지 않으면 300만 원 이하의 과태료를 부과하게 되어 있다. 또한 가해에 따른 법적인 조치는 학교폭력 자치위원회에서 결정하는데, 가해 학생이 행사한 학교폭력의 심각성, 고의성, 지속성, 가해 학생의 반성 정도, 해당 조치로 인한 가

해 학생의 선도 가능성, 가해 학생 및 보호자와 피해 학생 및 보호자 간의 화해 정도, 피해 학생이 장애 학생인지 여부를 고려하여 결정된다. 또한 가해 학생이 피해 학생을 협박하거나 보복하는 행위를 했을 경우 가중처벌 대상(1년 이상 유기징역)이 됨을 염두에 두고 자녀지도를 해 주어야 한다.

- (가해 학생 부모의 경우) 학교폭력 가해상황 : 가해 학생 부모는 제3자를 통해서 학교폭력 가해상황을 객관적으로 확인할 필요가 있다. 또한 잘못된 행동에 대해 자녀와 이야기를 나누고, 가해 처리 절차에 대해 알아 두고 피해 학생에게 사과하는 게 중요하다.

- (피해 학생의 경우) 피해 학생이 받게 되는 보호조치 : 피해 학생들은 심리상담 및 조언, 일시보호, 치료 및 치료를 위한 요양, 학급 개체 등의 보호를 받을 수 있으며 부모는 이러한 보호를 제대로 받을 수 있도록 도와야 한다. 특히 출석일수나 성적평가 등에서 불이익 당하지 않도록 도울 필요가 있다. 피해 학생이 받는 심리상담 및 조언, 일시보호, 치료를 위한 요양 등에 소용된 비용은 가해 학생의 보호자가 부담해야 한다. 또한 가해 학생이나 보호자가 불분명하거나 부담능력이 없는 경우, 학교안전공제회 혹은 시도교육청이 먼저 비용을 부담할 수 있으며, 학교장 혹은 피해 학생의 보호자는 공제급여를 학교안전공제회에서 직접 청구할 수 있다. 또한 피해 학생 부모는 학교를 통해 가해 학생에게 재발 방지 및 보복 금지에 대한 각서를 받고, 교사 입회하에 피해 학생이 가해 학생에게 학급 등에서 공개적으로 사과를 받도록 돕는다.

(3) 학교폭력 피해 부모임을 알았을 때 단계별 대처방법

- 1-1단계 : 침착함을 유지하라.
  - 학교폭력이 일어나면, 우선 침착하게 그 사실을 인정할 필요가 있다.
- 1-2단계 : 피해 자녀의 편에 서서, 안전을 확보하라.
  - 피해 자녀는 가해 학생들의 보복에 대한 두려움이 크다. 따라서 피해 학생들이 더 이상 폭력이나 보복에 노출되지 않도록 자녀 안정 확보가 가장 중요하다.
- 1-3단계 : 학교폭력 피해 상황을 구체적으로 파악하라.
  - 학생을 대상으로 발생한 일인가? ― 학교폭력이 학생들을 대상으로 발생한 것이어야 한다.

- 학생들 사이에서 다음 중 하나 이상의 일을 통해 신체, 정신, 재산상의 피해가 발생했는가? — 상해, 폭해, 감금, 협박, 약취, 명예훼손, 공갈, 강요 및 강제적인 심부름, 따돌림, 사이버 따돌림, 정보통신망을 이용한 음란, 폭력 정보 등
- 학교폭력의 피해가 얼마나 심각했는지에 대해 점검해야 한다. — 얼마 동안, 얼마나 자주, 얼마나 심각하게 어떤 방식으로 학교폭력이 이루어졌는지 확인하고 기록해야 한다.
  - 학교폭력이 발생한 시기
  - 학교폭력이 발생한 장소
  - 학교폭력에 참여한 학생들
  - 학교폭력이 어떤 식으로, 얼마나 심하게 이루어졌는지의 정도
  - 학교폭력이 발생한 이유
  - 학교폭력이 실제로 일어난 방식
- 어떤 식으로 자녀가 대응해 왔는지 확인해야 한다(단 그렇게밖에 못했냐는 식의 판단적 메시지는 주지 않는다).
- 증거자료를 남겨 놓는다 — 욕설 및 협박문자, 전화, 사이버 폭력 증거 등은 사진이나 캡처 등을 통해 저장하고 돈이나 물건을 빼앗겼다면 돈/물건의 액수, 장소, 방법을 기록하고 목격자를 확보한다.
- 2-1단계 : 자녀에게 문제해결에 대한 확신을 주라.
- 학교폭력 사실을 알려온 자녀의 용기를 지지하고, 그 동안의 아픔을 공감하고, 해결될 때까지 포기하지 않고 도와줄 것임을 확신시켜 주어야 한다.
- 2-2단계 : 문제해결 방식을 자녀와 함께 하나하나 상의하고 결정하라.
- 2-3단계 : 자녀의 상처를 보듬어 주라.
- "얼마나 힘들었니.", "이제라도 이야기해 줘서 고마워."와 같이 자녀의 마음을 공감하는 것이 중요하다.

사례 피해 자녀에게 절대 해서는 안 되는 행동

① 화를 내면서 아이를 야단친다. 예) 기껏 학교 보냈더니 그런 일이나 당하니?"

② 피해상황과 사건을 축소해서 말한다. 예) 그런 일은 어릴 때 겪는 일이야. 별거 아니야.

③ 자녀의 행동에 문제가 있다 여긴다. 예) 네가 잘못 행동한 게 무엇인 거 같니?

④ 지나치게 흥분하여 감정적으로 대처한다. 예) 누구야, 학교를 다 뒤집어 놓고 말테다.

⑤ 아이 때문에 자신이 고통스럽고, 창피해진 것처럼 말한다. 예) 너 때문에 못살 겠다.

(출처 : 청소년폭력예단재단)

- 2-4단계 : 부모의 소진에 대비하라.
  - 학교폭력으로 피해자는 성인기까지 힘들 수 있으므로 부모는 긴 싸움에 대비하는 자세가 필요하다.
- 3-1단계 : 학교폭력 발생 시 대응 절차를 알아두라.
  - 학교폭력 발생 시 부모는 117에 신고할 수 있다. 또한 학교폭력 신고 및 처리 절차에 대해 알아둘 필요가 있다(이 부분은 9장, 10장을 다시 참고하기 바란다).
- 3-2단계 : 학교폭력 조사 및 자치위원회 개최 시 다음을 고려하라.
  - 자녀가 원하는 해결방법인가?
  - 교사와 사전에 충분히 협의하였는가?
  - 자녀의 피해를 입증할 증거를 확보하였는가?
  - 가해 학생 및 부모가 사건 해결에 적극적이고 책임질 준비가 되어 있는가?
  - 예상되는 피해 학생에 대한 보호와 가해 학생에 대한 조치는 무엇인가?
  - 자치위원회 의결이 향후 자녀의 학교생할에 어떤 영향을 미칠 것인가?
- 3-3단계 : 학교 밖에서의 해결은 신중히 선택하라.
  - 가해 학생에 대한 보복심과 분노 등으로 인해, 경찰이나 소송 등을 고려하기도 하

지만, 사전준비나 다양한 노력 없이 사법기관에 고발하는 것은 효과적이지 않을 수 있다.

(4) 학교폭력 가해 부모임을 알았을 때 대처방법

- 1-1단계 : 침착함을 유지하라.
- 1-2단계 : 학교폭력 가해 상황을 구체적으로 파악하라.
  - 언제, 어디서, 얼마나 자주, 누구와 함께, 어떠한 가해 행동 등을 했는지 확인하라.
  - 담당교사를 통해 객관적인 가해 및 피해상황을 파악하라.
- 1-3단계 : 폭력 행동에 대한 부모의 가치관을 점검하라.
  - 가해 학생들은 부모의 가치관에 영향을 받았을 가능성이 많다. 이에 다음과 같은 생각을 가지고 있는지 점검한다.
    - 대수롭지 않은 행동이나, 장난, 놀림을 폭력이라고 보는 것은 지나친 생각이다.
    - 폭력을 당하는 아이는 맞을 만한 이유가 있다.
    - 폭력에 대처하는 방법은 폭력일 수밖에 없다.
    - 아이들은 싸우면서 크는 건데, 그걸 폭력이라고 생각하는 것은 지나친 반응이다.
- 1-4단계 : 자녀의 잘못된 행동을 자녀와 함께 이야기 나눠보라.
  - 자녀가 폭력이 다른 사람에게 미치는 부정적 영향을 인식하도록 지도한다.
  - 피해 학생에 대한 미안함과 자신의 행동에 대해 반성하는 마음을 갖도록 지도한다.
- 2-1단계 : 학교폭력 발생 시 처리 과정에 대해 알아두라.
- 2-2단계 : 가해 학생이 받는 처벌의 수준이 어느 정도인지 파악하라(9장에 자세히 기술되어 있다).
  - 가해 학생에 대한 조치
    - 피해 학생에 대한 서면사과
    - 피해 학생 및 신고 고발 학생에 대한 접촉, 협박 및 보복행위의 금지
    - 학교에서의 봉사
    - 사회봉사
    - 학교 외 전문가에 의한 특별교육 이수 또는 심리치료

- 출석정지

- 학급교체

- 전학

- 퇴학처분

- 가해 학생 부모가 받게 되는 조치

  - 보호자의 특별교육 이수

  - 피해 학생 보호조치에 소요된 비용 부담

- 3단계 : 자녀의 이야기에 귀 기울이고 공감하려고 노력하라.

  - 대화 시 피해야 할 말과 행동

    - 비난하는 말들 : "너는 왜 만날 그 모양이야?" "너가 잘못했네."

    - 경멸하는 말들 : "네가 정신이 있니?"

    - 죄책감과 불안감을 불러일으키는 말들 : "너 때문이잖아."

    - 화난 표정으로 취조하듯이 질문하는 태도

    - 팔짱을 끼거나 시선을 회피하면서 심리적 거리감을 조성하는 태도

2. 지역사회 예방과 대책

청소년의 건강한 성장에 영향을 미치는 주요 환경으로, 가정 외에 지역사회를 들 수 있다. 지역사회는 청소년에게 생활의 준거집단이자 교육의 장이며(유네스코한국위원회, 1997; 이연, 2007에서 재인용), 사회화 과정의 장이다. 청소년은 지역사회 구성원으로 지역사회를 체험하고 느끼며, 사회에서 요구하는 가치관, 규범, 행동양식을 익히는 사회화 과정을 경험한다(이민희 외, 2006).

　그러나 안타깝게도 현대 지역사회는 지역사회에 대한 공동체 의식의 감소와 유해환경의 만연 등으로 긍정적인 사회화 과정을 제공하지 못하며, 오히려 청소년의 문제행동을 조장하거나 그 원인으로 기능하는 경향을 나타내기도 한다(조흥식, 2000; 이연, 2007에서 재인용). 특히 도시화 · 산업화로 인한 전통사회의 사회규범이나 도덕윤리의 붕괴 내지 약화, 지역사회의 해체와 사회 전반에 걸친 유해환경은 학교폭력의 주요 원인이다(표갑수,

1998). 예를 들어 도덕윤리 없이 폭력이 만연한 지역에서 성장한 청소년은 폭력을 행사하는 어른들의 모습을 보고 왜곡된 롤 모델을 형성하게 된다.

몇몇 연구에 따르면, 지역사회의 빈곤, 지역사회의 응집력 및 조직화 정도, 매스컴의 폭력에 대한 묘사, 지역사회의 이동성, 지역사회의 법규나 규범, 지역사회에서 약물이나 술 등을 구입할 수 있는 정도 등이 청소년 문제행동과 관련이 깊다(Howell & Bilchik, 1995; 이민희, 임영식, 이진숙, 2004에서 재인용). 즉 지역사회가 빈곤 문제가 심각할수록, 거주자의 이동이 빈번하여 친밀도나 응집력이 낮을수록, 약물이나 술과 같은 유해환경 및 매스컴 폭력에 노출 정도가 클수록 학교폭력을 비롯한 청소년 범죄행동이 증가한다는 것이다. 이는 지역사회의 조직력 및 응집력 등 긍정적인 지역사회 요인이 감소할수록, 유해환경이나 폭력 접근성 등 부정적인 요인이 증가할수록 학교폭력 발생률이 강해짐을 시사한다. 따라서 학교폭력 예방이나 근절을 위해서는 지역사회가 건강해지는 데 긍정적으로 작용하는 요인을 증가시키고, 부정적으로 작용하는 요인을 감소시키는 것이 중요하다. 이 절에서는 학교폭력 예방 및 근절을 위해 지역사회의 긍정적인 기능을 어떻게 강화하는 것이 중요한지에 대해서 설명하고, 그 모범적인 사례를 설명하고자 한다.

1) 학교폭력 대처를 위한 지역사회 기능

지역사회는 학교폭력을 촉발시키는 부정적인 기능인 위험요인과 함께 학교폭력의 발생을 억제하는 긍정적인 기능이라 할 수 있는 보호요인을 동시에 갖는다. 즉 지역사회는 청소년들이 건전하게 육성되는 데 필요한 좋은 사회 환경을 지속적으로 경험할 수 있게 함으로써 문제행동을 사전에 막는 예방적 기능을 수행한다. 이러한 예방적 기능을 수행하는 데 있어 지역사회의 특징은 세 가지로 정리된다(Benson, 1996; 이민희, 임영식, 이진숙, 2003에서 재인용).

- 지역사회는 성인들, 조직들, 그리고 지역사회 기관들이 청소년들에 대한 의무와 특별한 행동 수행능력을 확인하기 위한 통합을 함께 나누는 곳이다.
- 지역사회는 청소년들을 인정하고 격려하며 지원하는 곳이 될 수 있다.
- 지역사회는 청소년들에게 긍정적인 경험을 제공하는 프로그램과 행동을 함양할 수

있는 학교, 종교집단, 청소년 기관, 기업체, 건강관리, 재단 등을 포함한 조직들과 기관들 그리고 체계들이 공존하는 곳이다.

이처럼 지역사회의 강점은 다양한 기관과 체계가 공존하고 있으며, 그 체계를 지역사회 안에서 통합적으로 묶을 수 있다는 점이다. 이는 지역사회가 학교폭력을 예방하여 건강한 성장을 돕기 위해서는, 지역사회 구성원이 함께 참여하고 각 기관이나 단체의 역량을 통합하는 보호체계를 구축하는 것이 중요함을 의미한다.

예를 들면 독일의 경우 Hurrelmann(1995)은 비제도적 지원자들, 제도적 지원자들, 제도적·비제도적 지원자들을 모두 포함하는 포괄적인 청소년을 위한 지역사회 네트워크를 구축해야 한다고 강조한 바 있다. 여기서 비제도적 지원자들은 부모, 형제자매, 친척, 친구, 또래 등이며, 제도적 지원자들은 교사, 의학, 심리학, 사회사업, 청소년 관련 공공 분야 등의 제도적 지원자이다. 또한 제도적·비제도적 지원자들은 청소년 관련 사회 자원인 청소년 단체, 청소년 지원 단체, 청소년 여가 활동단체처럼 제도적·비제도적 성격을 모두 가지고 있는 청소년 상담 단체를 의미한다(이민희, 임영식, 이진숙, 2003에서 재인용).

2) 학교폭력 대처를 위한 지역사회 연계 모형

학교폭력 대처를 위한 지역사회 연계 기능이 강조되면서, 외국이나 한국에서 연계 모형에 대한 연구가 활발해졌다. 여기서는 외국에서 제기된 연계모형과 한국 연구자들이 제기한 모형을 몇 가지 소개하고자 한다.

(1) 외국 지역사회 연계 모형

* 미국
  * 안전하고 마약이 없는 학교와 지역사회를 위한 법령(The safe and drug-free school and communities act of 1994) : 이 법에서는 학생을 대상으로 술·담배·마약의 사용, 소유, 판매 등을 예방할 수 있는 프로그램을 의무적으로 실시하도록 하고, 교사 및 교직원들을 대상으로 학교폭력 방지 및 약물남용 예방 프로그램을 실시하도록 규정하고 있다. 또한 학교폭력을 예방 전략 설계 및 실천 과정에서 학교 교사 및 직

원, 학부모, 학생, 검찰 및 경찰, 법원관계자, 지역사회 유지 등이 함께 참여하도록 유도한다(금명자 외, 2005).

- The Midwestern Prevention Project(이하 MPP) : 학교폭력 방지 및 약물남용 감소를 위해 지역사회 구성원들의 공동노력을 한 성공사례이다. MPP에서는 청소년들의 약물사용에 영향을 미치는 다양한 요인인 대중매체, 학교, 부모, 지역조직, 건강정책으로 프로그램을 구성하였으며 최소 5년에 걸쳐 장기적으로 이루어진다. 이때 지역사회와 정부 관료들은 지역사회 조직을 형성하기 위한 노력을 지속적으로 펼치며, 지역사회 조직은 약물남용 서비스에 대한 계획수립, 실행, 그리고 기금 및 지역사회 자원동원 등 주요한 활동을 한다. 구체적으로 지역사회 조직의 역할을 보면, 지역사회 구성원들은 부모와 지역사회 주민 프로그램에 직접 참여하고, 지역사회의 기업체는 재정적 지원을 담당한다. 대중매체는 약물사용의 부정적 결과를 널리 홍보하는 작업을 맡는다. 이외 지역사회의 시민단체와 교회, 기타 조직들은 프로그램 홍보를 위한 캠페인 등 적극적인 협력을 한다. MPP 실시 결과, 청소년들의 약물남용이 40% 이상 감소했으며, 음주도 상당한 감소효과를 냈다. 그리고 약물사용 예방에 관한 부모–자녀 간의 긍정적인 대화도 증가한 것으로 보고되었다.

- 청소년 법무 · 비행예방국의 Guide for Implement the Comprehensive Strategy for Serious Violent and Chronic Juvenile Offenders : 이 보고서에서는 지역사회 내 청소년 폭력을 예방하기 위한 일곱 가지 원칙과 일곱 가지 예방 전략을 제공하고 있다(이민희 외, 2006). 여기서는 예방 전력에 대해서만 살펴보겠다(정현주, 이호준, 김하나, 2012에서 재인용).

  - 지역사회 전체의 사회 환경에 청소년 폭력예방을 위한 영향력을 행사한다.
  - 지역사회는 우리의 소중한 것이라는 소유의식을 가지도록 의식화한다.
  - 지역사회 내 청소년 폭력예방과 관련된 다양한 그룹들과 접촉한다.
  - 지역사회 공무원과 지도자들의 참여를 이끌어 내야 한다.
  - 지역사회 내 청소년폭력의 원인이 될 수 있는 위험요소들에 우선 집중한다.
  - 지역사회 네트워크 참여자들의 장기적 · 지속적 노력에 대한 약속을 확보한다.
  - 전문적 지식과 경험을 가진 숙련된 자들이 예방 프로그램에 참여한다.

◆ 영국

영국은 다양한 법률(The Education Act, 1997, 1998 등)을 통해 각 기관과 관련 인사들의 책임과 역할을 명시함으로써 대처를 하고 있다. 학교폭력 근절을 위한 가장 핵심적인 주체는 각 학교라고 규정하고, 학교가 이 역할을 잘 수행할 수 있도록 교육부를 중심으로 정부기관과 민간단체들이 지원하는 형태를 띠고 있다. 구체적으로 정부기관은 학교에 지침을 제공하고, 교육을 지원하며, 성과를 점검한다. 학교폭력 관련 민간단체, 상담기관, 대학, 연구소 등은 연구 및 개발 기금을 제공한다. 또한 학교폭력 관련 단체들은 정부에 조사 및 연구 결과를 제공하며, 학교에서는 교육상담 프로그램을 제공하고, 협력 프로그램을 함께 운영한다(정현주, 이호준, 김하나, 2012 재인용).

(2) 국내 지역사회 연계 모형

◆ 컴넷(ComNet, Community Network) : 이민희 외(1998)는 '컴넷(ComNet : Community Network)'을 개발, 서초구 지역사회에서 시범적으로 운영하였다. 인력 구성은 컴넷 지

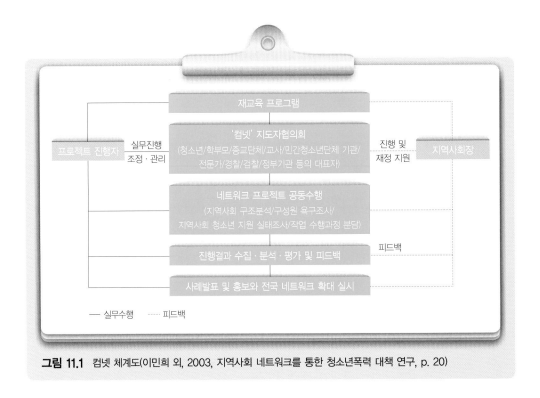

그림 11.1 컴넷 체계도(이민희 외, 2003, 지역사회 네트워크를 통한 청소년폭력 대책 연구, p. 20)

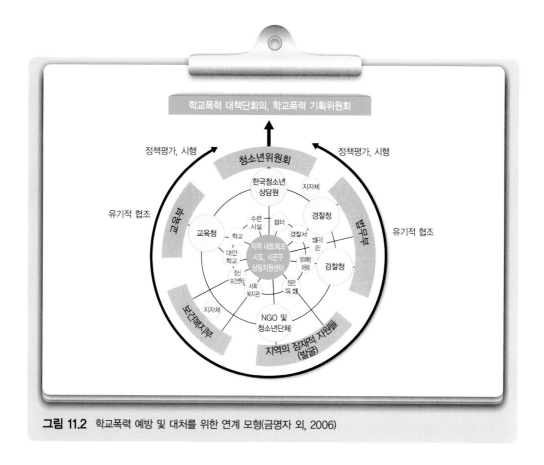

그림 11.2 학교폭력 예방 및 대처를 위한 연계 모형(금명자 외, 2006)

도자 협의회, 프로젝트 수행 지역사회 구성원, 프로젝트 진행자, 지역사회의 장이다. 컴넷은 청소년대표를 포함한 지역사회 각 구성요소의 지도자들로 구성된 협의회가 중심적 기능과 역할을 담당하며, 정부기관에서 상근직으로 고용된 코디네이터가 전문적 담당직무를 담당한다.

- 연계 모형 : 금명자 외(2005)가 제시한 연계 모형은 공공기관이 중심이 되는 모형이다. 이 모형은 각 부처와 기관이 수직적 관계와 수평적 관계를 동시에 맺으며 유기적 연계를 도모한다는 특징이 있다. 이 모형에서는 지역상담지원센터가 모형의 핵심이자 연계의 허브 역할을 담당하고, 지역 내 연계자원을 활용하여 피드백이 정책에 반영될 수 있도록 한다.
- 학교폭력 대처를 위한 지원체제 모형 : 박효정, 정미경, 박종효(2007)는 학교를 중심으로 하는 학교폭력 대응체제 모형을 제시하고 타당화하였다. 학교폭력 대처를 위한 지원체제 모형은 중심 기관과 유관기관으로 나누어지며, 제1수준 중심기관은 학교의 학교

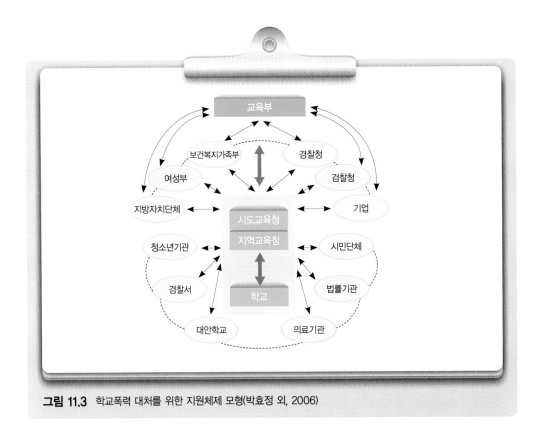

그림 11.3 학교폭력 대처를 위한 지원체제 모형(박효정 외, 2006)

폭력대책자치위원회가 중심이 되고 제2수준 중심기관은 교육청 내의 학교폭력대책위원회가 된다. 이러한 모형은 현재까지 이어져 온 학교폭력법 및 정책과 유사한 구조를 가지고 있다.

3) 학교폭력 대처를 위한 지역사회 연계 기관

이러한 모형들을 기반으로 학교폭력 근절 종합대책, Wee 프로젝트의 추진 및 확대, 원스톱 서비스 기관으로 Wee 센터와 CYS-Net의 역할이 강화되고 있다. 교육부는 학교기반의 위기학생 안전망인 Wee 프로젝트 사업을 확대실시하고 있고, 여성가족부 산하 한국청소년상담복지개발원과 청소년상담복지센터에서는 지역사회를 기반으로 하는 지역사회청소년통합지원체계(CYS-Net)를 구축하여 위기 청소년 지원서비스를 제공하고 있다. 두 기관은 각각 학교와 지역사회를 기반으로 위기 청소년 지원서비스를 제공하고 있다.

(1) 지역사회청소년통합지원체계

CYS-Net(Community Youth Safety-net, 지역사회청소년통합지원체제)은 지역사회의 위기 청소년을 위한 사회안전망으로, 지역사회 내의 활용 가능한 자원을 모두 연계해서 청소년을 효과적으로 돕기 위한 청소년 지원 네트워크이다. CYS-Net은 지역사회 시민, 청소년 관련 기관, 단체들이 위기상황에 빠진 청소년을 발견, 구조, 치료하는 데 참여하여 건강한 민주시민으로 성장하도록 지원하기 위해 협력하는 연계망이다. 운영 주체는 시·도 및 시·군·구 청소년지원센터로, 이 센터들은 시도지사가 청소년 기본법 제46조에 따라 설치한 기관이다. 따라서 CYS-Net의 핵심적인 특징은 지역사회 자원을 활용한 연계나 전문적인 서비스 등 지역 내 폭넓은 연계 체제 활용이 용이하다는 점이다. CYS-Net 연계 활동은 다음과 같다.

- 청소년상담지원센터는 학교, 교육청, 경찰관서, 노동관서, 국공립 의료기관, 보건소, 청소년 쉼터 및 청소년 지원시설을 필수연계기관으로 지정하여 위기 청소년의 발견

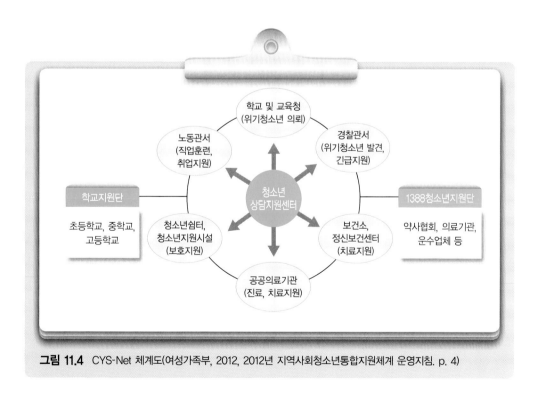

그림 11.4 CYS-Net 체계도(여성가족부, 2012, 2012년 지역사회청소년통합지원체계 운영지침. p. 4)

- 및 보호를 위해 연계 및 협력을 유도한다.
- 학교지원단을 구성하여 학교 및 교육청을 지원하고 1388 청소년 지원단을 구성하여 위기 청소년 발굴 및 보호를 위해 노력한다.
- 발견된 위기 청소년은, 상담, 보호, 교육, 자립 등 맞춤형 서비스를 제공받고, 가정 및 사회로의 복귀를 위한 지원활동을 받는다.

이와 같이 학교폭력 관련 사항도 CYS-Net의 위기개입 절차에 따라 처리된다. 즉 사례가 접수되면 문제 상황이나 내담자의 욕구, 자원, 위기 정도 등을 판단하게 되고, 이후 개입 전략을 수립한다. 개입전략으로는 관련 기관에 연계하거나 긴급구조를 실시할 수 있다. 이후 상담, 의료지원, 합의중재나 법률지원 등이 이루어지고, 일차적인 위기상황이 해소되거나 해결되었다고 보는 시점에서 사례 종결 후 사후관리를 실시한다. 특히 청소년 동반자 프로그램과 연계하여 청소년이 있는 현장에 직접 찾아가서 청소년이 필요로 하는 다양한 지원을 연계한다. 학교 교사나 부모가 CYS-Net과 관련된 서비스를 받고자 하면, 국번 없이 1388을 누르면 각 지역상담센터로 연결되어 이용 가능하다.

(2) Wee 프로젝트

Wee 센터는 Wee 프로젝트에 의해서 설립되었다. 이 프로젝트는 학교안전통합시스템으로 추진된 것으로, 학교, 교육청, 지역사회가 연계하여 학생들의 건강하고 즐거운 학교생활을 지원하는 다중의 통합지원 서비스망으로서, 3단계의 안정망으로 구성되어 있다. 1차 안전망 단위학교의 Wee 클래스, 2차 안정망 지역교육청의 Wee 센터, 3차 안정망 시도 교육청의 Wee 스쿨이다.

각각의 안전망은 지역사회의 유관기관과 긴밀한 협력을 통하여 학생들에게 다양하고 전문적인 서비스를 제공한다(최상근 외, 2011).

- Wee 센터는 학교, 교육청, 지역사회의 긴밀한 협력을 통해 위기 학생 및 일반 학생에게 진단-상담-치유의 원스톱 상담 및 치유프로그램을 제공한다.
- Wee 센터는 지역교육청 차원에서 설치되며, 특히 단위학교에서 개입하기 어려운 위

기 학생과 그 외에 상담을 희망하는 학생을 대상으로 상담 및 치유 프로그램을 제공한다.

- Wee 클래스는 단위학교에 설치된 학생상담실로서, 다양한 학교부적응 학생 및 징계 대상자에게 개별/집단/체험 프로그램을 운영한다.
- Wee 스쿨은 시도교육청 차원에 설치되며, 장기적으로 치유가 필요한 고위기군 학생을 대상으로 기숙형 장기위탁교육을 실시한다.

Wee 센터에서 표방하고 있는 원스톱 서비스는 일반적으로 다음과 같은 절차를 따른다.

- 담임교사나 학생 본인, 보호자, 관련 기관 등으로부터 의뢰된 사례는 접수면접을 거치게 된다.
- 위기 스크리닝이나 자기보고식 검사 등을 활용하여 접수 면접을 실시하게 되며, 이에 따라 1차 사례회의를 통해 사례를 분류하여 주 사례관리자를 배정한다.

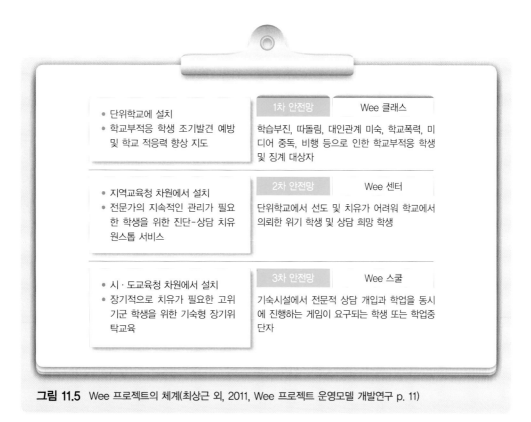

그림 11.5 Wee 프로젝트의 체계(최상근 외, 2011, Wee 프로젝트 운영모델 개발연구 p. 11)

- 의뢰서 접수부터 초기 개입까지 일주일을 넘기지 않도록 하고 있다.
- 이후 1차 심리검사를 실시할 수 있으며, 개별 상담, 교사 및 학부모 상담, 집중 프로그램, 지원 및 연계 등 다중 지원을 통한 사례개입을 실시한다.
- 개입이 경과된 후에는, 필요에 따라 2차 심리검사인 심층 심리검사를 통해 2차 사례회의를 실시하고, 심리치료나 의료치료 등 치료개입을 진행할 수도 있다.

사실 CYS-Net이 지역에 기반하고 있다면, Wee 프로젝트는 학교와 교육청에 기반을 둔 서비스 체제로서 지역사회 기능 강화와는 다소 차이가 있어 보인다. 그러나 이들이 주로 다루는 학생들이 지역사회 내 소속되어 많은 영향을 받고 있다는 점에서 지역사회와의 연계가 중요하게 부각될 것으로 여겨진다. 특히 이미 지역사회를 기반으로 하고 있는 상담체제인 CYS-Net과의 긴밀한 연계 강화가 더욱 중요할 것이다.

(3) 경찰청 117 학교 · 여성폭력 및 성매매피해자 긴급지원센터

경찰청에서 운영하고 있는 117 학교, 여성폭력 및 성매매피해 신고센터에서는 학교 · 여성폭력으로 인한 피해자의 인권보호 및 신속구조를 위해 설치 및 운영되고 있다. 117 학교 · 여성폭력긴급지원센터에서 제공하고 있는 원스톱 서비스는 여성가족부와 경찰청, 병원 등 3개 기관이 공동협약을 체결하여 운영하고 있다.

여성가족부는 성폭력 및 성매매 피해 여성에 대한 상담비, 의료비, 법률구조비, 설치운영비 등을 지원하고, 경찰청은 여자경찰관 3인의 지원 및 수사 지원활동을 담당하며, 병원은 지원센터의 설치공간과 의료지원을 담당한다. 센터의 운영인력은 센터장 1인, 의사, 법의학, 정신과, 상담 업무 등을 경험한 상근직 간호자 1명, 가정폭력 상담자 3년 이상 경력자 1명, 수사경력이 있는 여자경찰관 3명, 상근 행정요원 1명, 기타 상담원, 변호사 등 자원 변호사 등으로 구성되어 있다.

4) 지역사회 연계 우수 사례

CYS-Net이나 Wee 프로젝트, 117 서비스가 정부주도적인 지역사회 지원 서비스라면, 각 단위 지역사회나 학교가 자체적으로 지역사회 자원을 활용하고 연계하는 방법 또한 중요한 부분이다. 여기서는 지역사회가 학교폭력 예방 및 근절을 위해 운영한 모범사례를 제시하고자 한다. 모범사례는 교육부에서 운영한 학교폭력 예방 및 근절 우수사례(교육부, 2012)와 여가부에서 주최한 가족관계개선사업우수사례(한국청소년상담복지개발원, 2013)에서 선별하였다.

사례 1 상담전담교사 배치 및 학업중단청소년 프로젝트 운영(시흥시)

- 시흥시 전학교 상담교사 배치
- 학업중단(위기) 청소년을 위한 시흥 드림프로젝트 운영
  - 학교부적응 청소년 또는 학업중단 청소년 대상 상담 및 진로지도, 취업까지의 원스톱 서비스(1단계 : 개인 및 집단상담 ⇨ 2단계 : 직장체험 및 직업훈련 ⇨ 3단계 : 취업 또는 창업프로그램 교육)
- 지역사회와 함께 하는 청소년 보호 및 문화 여가 활동 지원
  - 학교폭력근절대책 민·관 협의체 구성 운영 : '아이 키우기 좋은 도시 시흥 만들기' 총 19과제 발굴
  - 삼성생명-학교 간 '세로토닌 드림클럽' 운영: 음악을 통한 정서치유프로그램
  - 청소년 스포츠 클럽 육성 및 소통공간 발굴: 청소년 동아리 문화존, 예술제 운영, 길거리 농구대회 등
- 청소년 대토론회
  - 청소년이 토론대회를 직접 개최, 학교폭력 중심에 있는 청소년의 시각으로 문제 접근, 실질적 해결책 마련
- 아이♥시흥 공모전
  - 아이 키우기 좋은 도시에 대한 시민들의 정책 공모전
- 학교폭력 예방 및 대응매뉴얼 제작·홍보
  - 학교 내 폭력 발생 시 가해 및 피해 학생 및 학교, 유관단체 등이 숙지해야 할 매뉴얼을 한눈에 알기 쉽게 제작 및 추진

- 주요 사업효과
  - 전학교 전문상담교사 배치를 통한 실질적 도움 제공
  - 시흥드림프로젝트를 통해 학업중단 청소년 진로 설계 및 취업연계(카페 티모르 창업 5명, 노동부 취업연계 바리스타과정 8명 이수, 검정고시합격 4명, 경기도 학업중단 청소년 자립 이수 프로그램 8명 이수)
  - 아이♥시흥 공모전을 통한 시민제안 정책에 반영 : 블랙잭 제안은 정책 입안 및 행정개선에 참고자료로 활용
  - 학교폭력 예방 및 대응매뉴얼 제작 및 홍보

 2 **학교사회 복지 사업 운영(과천시청)**

- 과천시 학교사회복지사업의 활발한 운영
  - 학교사회복지사업을 통해 학교와 가정, 다양한 지역사회를 연결하는 연결고리 매체로 활용하여 위기 학생 개인을 둘러싼 환경에 통합적 접근 제공
  - 학교에 학교사회복지실을 개소하여 학교사회복지사 파견
- 신입생 학교적응력 향상프로그램 운영
  - 3월에서 5월 학교 재량활동시간에 신입생들의 막연한 불안감 해소 및 학교부적응 예방을 위한 프로그램 운영
  - 강사 : 학교사회복지사, 청소년상담복지센터 직원
  - 초등학교 신입생 대상 : 미술치료와 치료놀이 프로그램
  - 중학교 신입생 대상 : 기억력, 자신감향상, 학교폭력 예방 프로그램
- 가정 내 갈등 해소를 위한 맞춤형 부모교육
  - 부부회복 프로그램, 찾아가는 부모교육
  - 예비 초중등맘 설명회
  - 부모자녀 관계론
  - 사티어 부모교육
  - 미술치료를 통한 부모교육

- 내 자녀의 학습진로전략 세우기
- 안전파수꾼 운영
  - 미국 피츠버그 시와 뉴욕 시 운영 '길거리 안전대사'와 '길거리 감시단' 적용
  - 퇴직경찰관을 활용하여 전동자전거를 타고 교내 순찰 및 계도 활동
- 주요 사업효과
  - 9,950명 학생 상담 및 심리검사, 연 5만 명 학생 집단상담 및 교육 프로그램 참여
  - 신입생 학교적응 프로그램을 통해 교우관계 개선 및 학교폭력 예방에 도움이 되었다는 보고
  - 부모-자녀 관계론 프로그램을 통해 학부모들의 변화 발견
  - 안전파수꾼 사업을 통한 학교폭력 조기 개입 효과

사례 3 학교폭력 지역협의회 구성 및 운영(광주광역시 동구청)

- 동구 학교폭력대책 지역협의회 효율적인 구성 · 운영
  - 동구 학교폭력대책 지역협의회 구성 : 광주동부교육지원청 중등교육과장, 동구의회 의원, 변호사, 광주동부경찰서 생활안정과장, 충장중학교장, 학교운영위원장, 동주민센터 주민자치위원장, 동구자율방범대장, 여성단체협의회장, 동구자원봉사센터이사장 등으로 구성
  - 동구청, 광주동부경찰서, 광주광역시동부교육지원청, 각 학교등 유관기관의 독자적 학교폭력 예방대책들을 유관기관 합동으로 실시 : 청소년 유해업소 및 유해매체물 등 홍보전단지 배포, 가두캠페인, 청소년 주류 제공 등 위반업소 적발
  - 교육부 실시 학교폭력 실태조사 결과보고서를 토대로 경찰서가 결과 분석 후 불량 서클 및 범죄우려 서클 검거
- 동구 학교사랑 지역협의회 신설 운영
  - 동주민센터 동장, 주민자치위원장, 새마을지도자 등을 위원장으로 하고,

학부모, 교사, 파출소, 경찰, 통장, 새마을부녀회원들 위원으로 한 동구 학교사랑지역협의회 신설

- 월 1회 정기회의
- 학교폭력 예방을 위한 순찰 및 선도활동
- 11개교 탁구대 설치 등 놀이공감 확보
- 배드민턴 등 5개교 특성화 프로그램

■ 주요 사업효과
- 교육부 주관 전국학교폭력 실태조사 결과 타 시도에 비해 낮은 학교폭력 발생률
- 동구 학교사랑 지역협의회 운영을 통한 학생들의 안전한 등하교 등 지역사회 환경조성에 크게 기여

사례 4 성동푸른교실로 가·피해 학생 지원(성동구청)

■ 밝은 미래를 위해 성동푸른교실 운영
- 대상 : 중고등학생 부적응학생 및 특별교육 명령 이수 대상자 등
- 운영방법 : 경찰서 견학, 심리검사, 미술치료, 학교폭력 예방 교실, 체험학습 제공

■ 고등학교 자퇴학생 학업지원사업(꿈을 키우는 희망교실)
- 대상 : 자퇴 학생
- 운영방법 : 국어, 영어, 수학, 사회, 과학 등 대입검정고시 교과목 맞춤지도 멘토를 통한 고민상담, 체험활동(동산 등), 심리상담사 상담실시

■ 학부모 알리미 지원사업
- 대상 : 관내 21개교
- 운영방법 : 가정통신문, 담임알림장, 교육청 공지사항, 학교별 홈페이지 정보 등 문자로 제공 학생, 학부모, 교사 커뮤니티 구성하여 활동할 수 있는 공간 제공

■ 학교폭력과 흡연예방을 위한 스쿨콘서트 운영

- 대상 : 초등학교 4~6학년
- 운영방법 : 흡연예방교육 등 학급단위로 역할극 형태로 실시
- 아동청소년 안전보호 교육
    - 대상 : 아동청소년복지시설, 초중등학교
    - 운영방법 : 전문강사가 대상 기관으로 찾아가서 학교폭력 예방교육 실시
- 청소년 바른 시민교육 및 학교폭력 예방 캠페인
    - 대상 : 중학생
    - 운영방법 : 학교폭력 예방교육, 인성함양교육, 캠페인 실시
- 주요 사업 효과
    - 학교폭력 유관기관 협조체제 구축 및 다양한 교육 프로그램 운영으로 학교폭력 대응
    - 참여 학생에게 체험 및 사례중심의 교육 실시

사례 5 가족관계 개선 사업(부산광역시청소년종합지원센터)

- 학교폭력 가해 · 피해 청소년 및 부모에 대한 체계적인 개입
    - 대상 : 초등학교 3학년 전교생 대상
    - 운영 절차 : 학교폭력이 발생한 후, 학교에서 상담센터로 개입 요청 ⇨ 요청 후 상담센터에서 학교 전체 대상으로 개입 방안 계획
    - 학교상황에 맞게 청소년 집단상담 및 캠프 내용 구성
    - 가피해 청소년 구분 없이, 학급 전체 대상으로 교육
    - 학생 교육뿐만 아니라 해당 학생과 가족 캠프
    - 개입내용 : 청소년 집단상담(전학년 대상), 가족캠프(전학년 대상)
    - 부모교육 특강, 부모 집단상담
    - 청소년 집단상담 내용 : 친구란, 학교폭력 예방교육, 분노조절, 성교육 및 성교육 예방교육 등
    - 가족관계 개선 캠프 : 자녀와의 의사소통 방법, 또래관계 증진 프로그램, 가족관계 증진 프로그램, 미술치료 등

- 주요 사업효과
  - 긍정적인 부모 자녀 관계 형성
  - 학교 전체적으로 긍정적인 학교폭력 예방 분위기 조성
  - 청소년 가·피해자 외 관련 당사자들, 즉 가족, 교사, 학급친구들 모두 상담·교육

제12장

학교와 학급에서의 대처

12 장은 이 책의 가장 핵심이 되는 장이라 할 수 있다. 앞서 학교폭력의 정의, 실태, 및 결과 그리고 학교폭력과 관련된 당사자들에 대한 이해와 법률 및 정책에 관한 내용을 살펴본 것은 궁극적으로 일선학교와 학급에서 학교폭력을 예방하거나 또는 대처하기 위한 가장 효과적인 방법을 마련하는 데 있다. 예를 들어 어느 전문가가 학교폭력에 대한 풍부한 이론과 지식을 가졌지만 실제적으로 학교현장에서 학교폭력을 효과적으로 예방하거나 대처할 수 있는 방법들을 구체적으로 제시하지 못한다면 이는 전문가로서의 역할을 충실히 감당하였다고 볼 수 없다. 한편 이와 반대되는 경우도 생각해 볼 수 있다. 말하자면 정확한 이론에 근거하지 않는 다양한 대책들을 마구 쏟아 놓은 것이 좋은 예이다. 가해 학생에 대한 이해가 충분하기 않았던 시기에는 가해 학생들을 대상으로 한 집단상담에서 자존감 향상을 위한 프로그램을 운영하곤 하였다. 이전 연구에서 공격성이 높은 학생들이 특성 중 하나가 낮은 자존감으로 밝혀졌기 때문에 자존감을 높이는 것이 이들이 공격성을 낮출 수 있는 것으로 기대했기 때문이다. 결과적으로 이런 프로그램은 큰 실패를 초래했다. 집단상담 후 가해 학생들은 자신들이 저지른 폭력행동을 반성하기는커녕 오히려 의기 당당하게 자신들이 행동을 변호하고 피해 학생의 잘못으로 전가시키는 일이 일어나곤 했다. 또한 집단상담 과정을 통해 가해 학생 집단의 결속력과 단결력을 공고히 해 줄뿐 아니라 궁극적으로 이들의 파괴적 행동을 강화시키는 결과를 초래하기에 이르렀다.

따라서 학교폭력을 위해 효과적인 예방책과 대처 방법은 이론에 근거하면서도 현장에 적용 가능한 방법들일 것이다. 본 장에서는 학교폭력 발생을 억제하고 예방하기 위해 학교와 학급에서 실천할 수 있는 방법들을 제시하는 데 중점을 두었다. 학교차원에서의 대책은 Olweus 프로그램을 중심으로 살펴보고 학급차원의 대책은 다양한 대책 중에서 학교현장에 가장 효과적으로 판단되는 것을 중심으로 살펴보고자 한다.

1. 학교에서의 대책

1) 학교폭력과 관련된 학교 변인

학교폭력의 발생 빈도와 장소, 사안의 심각성 수준 등은 학교마다 차이가 있다. 학교의 어떤 요인이 이러한 차이를 만드는 것인가? 나무, 수풀, 꽃, 나비, 벌, 잠자리, 시내, 오솔길 등 친자연적인 환경을 가진 학교는 빌딩, 자동차, 소음, 건물을 어지럽게 뒤덮은 간판, 아스팔트 도로 속에 갇혀 있는 학교들에 비해 학교폭력으로부터 안전한 것인가? 한 학급 정원이 25명으로 담임교사가 한 눈에 학생들을 파악하기 쉬운 학급으로 구성된 학교는 35명 또는 40명으로 구성된 과밀학급이 주를 이루는 학교들에 비해서 더 안전한 것인가? 전교생이 200~300명으로 거의 모든 전교생들이 서로 알고 지내는 소규모의 학교는 1,000명 이상의 대규모 학교에 비해 안전한 것인가? 우선 학교요인에 대한 몇 가지 사실을 대해 알아보자.

(1) 학교 위치와 학교 규모

얼핏 생각하면 과밀학급이 많고 자연환경의 혜택이 적은 대도시 학교에서 학교폭력이 많이 발생할 것으로 예상되지만 이것은 기우에 지나지 않는다. Olweus(1993)는 전국 규모의 노르웨이 실태조사를 바탕으로 대도시 학교와 그 외 학교의 학교폭력 발생비율에 있어 차이가 없음을 보고했다. 교육부가 발표한 2013년 학교폭력 실태조사에서도 비슷한 결과를 보고하고 있다. 대도시에 위치한 학교의 학교폭력 피해율이 중소도시와 읍면지역의 학교와 크게 다르지 않았다. 또한 학교 규모에 있어서도 대규모의 학교가 중소규모의 학교에 비해 피해율이 높지 않는 것으로 나타났다. 따라서 학교가 대도시 혹은 중소도시에 위치하는 가와 대규모의 학교인가 혹은 중소규모의 학교인가는 학교폭력과 직접적인 관련이 없는 것을 알 수 있다.

(2) 학급규모

학급에 35명 또는 40명이 함께 수업을 하게 되면 학생 한 명이 사용할 수 있는 공간도 제한될 뿐 아니라 상호작용 가운데 서로 불편을 초래할 가능성이 높다. 이에 비해 25명 정도의 학생들이 한 학급에서 수업을 받게 되면 공간도 여유롭고 담임교사가 한 명 한 명에게 개인적으로 친밀한 관계를 형성할 가능성이 높다. 이런 이유로 학급규모가 작을수록 학교폭력이 낮아질 것으로 예상할 수 있다. 하지만 사실은 그렇지 않다. Olweus(1993)에 의하면 학급규모가 소수든 다수든 학교폭력 피해율과는 크게 관련이 없다. 따라서 담임교사는 학급규모가 작다고 안심할 수 없으며 동시에 학급 인원이 많다고 걱정할 필요가 없음을 알 수 있다.

(3) 학교감독

학교 내에 교사와 학교 종사자의 감독이 미치는 않는 장소가 많을수록 학교폭력은 빈번히 발생한다. 학생들을 자율성과 책임감을 믿고 싶지만, 학생들을 감독하는 성인들(관리자, 교사, 방과 후 교사, 행정실 직원, 배움터 지킴이, 학교식당 종사원, 학부모 등)이 없을 때와 있을 때의 행동에는 상당한 차이가 있다. 자신들을 감독하는 성인이 없을 때 학생들은 더 과감하고, 무질서하고, 공격적인 행동을 한다. 따라서 성인의 감독이 미치는 않는 공간이 최소화되도록 학교를 구조화하는 노력이 중요하다.

(4) 학교 문화

학교 문화는 학교의 물리적 환경뿐만 아니라 학교교칙, 생활지도 방법 그리고 교사, 학생, 학부모들이 가지고 있는 가치, 태도 등을 말한다. 또한 학교 문화는 전통적으로 내려오거나 현재 교사와 학생들이 만들어가는 문화 모두를 포함한다. 학교 문화는 학교폭력과 깊은 관련이 있다. 힘에 의한 지배와 통제를 자연스러운 것으로 받아들이는 문화는 학교폭력을 강화시킨다(황혜자, 김종운, 2007).

운동장의 예를 생각해 보자. 점심시간에 중학교 1학년 학생들이 축구를 하고 있다. 이때 중 3학년 학생들이 한 둘씩 다가온다. 같이 축구를 하자고 한다. 1학년들이 함께 축구하는 것을 거부하면 공을 빼앗거나 멀리 차 버리는 행동들로 경기를 방해한다. 만일 함께 하게 되면 월등한 실력을 앞세워 혼자서 공을 몰고 다닌다. 곧이어 다수의 3학년 학생들이 몰려온다. 금세 운동장을 차지해 버린다. 1학년들은 구석으로 쫓겨난다. 이러한 상황들을 당연한 것으로 학생과 교사들이 수용하는 학교에서는 학교폭력이 발생할 확률이 높다.

처벌위주의 생활지도를 하는 학교나 또는 지나치게 관대한 방법으로 생활지도를 하는 학교 모두 학교폭력 발생률이 높다(Sugai & Horner, 2002). CCTV 설치를 강화하고, 교내 순찰 인력을 추가 배치하며, 학교 규칙 위반 시 엄격한 처벌을 강화하는 학교는 단기적으로 학생들이 문제행동과 학교폭력을 줄이는 데 효과적일 수 있다. 하지만 장기적인 면에서 이러한 처벌위주의 정책들은 효과를 발휘하지 못한다. 학생들을 잠재적인 학교폭력 가해자 또는 범죄자로 규정하고 있기 때문에 학교폭력에 대한 학생들의 인식변화와 학교폭력 예방을 위한 자발적인 참여를 이끌어 낼 수 없기 때문이다.

앞서 제3장에서 이미 살펴본 바와 같이 학교폭력과 관련된 학교 문화 요인은 다음과 같다(황혜자, 김종운, 2007).

- 교직원 또는 또래 지위가 높은 학생들이 학교폭력의 모델링이 되는 경우(교사가 언어적 폭력을 자주 행사한다든지, 인기 학생들이 집단으로 어울려 다니며 친구를 괴롭히는 경우)
- 사소한 학교 폭력을 정상적인 행동으로 인정하는 분위기

힘에 의한 지배와 통제를 자연스러운 것으로 받아들이는 학교 문화는 학교폭력을 강화시키는 반면, 민주적이고 배려와 소통이 강조되는 학교 문화는 학교폭력을 감소시킨다.

- 가해 학생에 대한 조치가 지나치게 혹독하거나 반대로 느슨할 경우
- 불분명하고 일관되지 않는 학교규칙 및 생활지도

2) 학교장과 교사

학교와 관련된 학교폭력 요인으로 학교감독과 학교 문화를 살펴보았다. 학교가 구조화되어 학교 곳곳이 성인들의 감독 아래에 놓여 있고, 처벌적이기 보다는 따뜻하고 수용하는 학교 문화가 정착될수록 학교폭력은 줄어든다. 그렇다면 어떻게 이러한 학교를 만들 수 있겠는가? 이에 대한 해답은 학교장과 교사의 중추적인 역할일 것이다.

(1) 학교장

학교 문화를 변화시키는 위해서는 학교구성원 모두가 협력하고 노력해야 한다. 학교 구성원들의 협력과 참여를 이끌어 낼 수 있는 가장 영향력 있는 사람은 학교의 행정을 책임지고 있는 학교장이다. 학교장은 학교 구성원들이 활기차고 안정된 분위기로 일할 수 있게 긍정적인 근무환경을 만드는 가장 핵심적인 역할을 담당한다. 학교 상담사를 대상으로 한 연구에서 학교장과의 관계는 상담사의 직무 만족도와 이직률에 중요한 영향을 미치는 강력한 요인으로 나타났다(Clemens, Elysia et al., 2009). 학교장과 우호적이고 협력적인 관계를 유지하는 학교 상담자일수록 직무만족도가 높고 이직률이 낮았다.

학교장이 학교폭력에 대해 어떻게 인식하고 있으며, 어떠한 방식으로 접근하는가는 학교폭력에 대한 학교 구성원들의 가치와 태도에 중대한 영향을 미치고 나아가 학교 문화에 영향을 미친다. 만일 학교장이 학교폭력을 학생들이 자라나는 시기 동안 누구나 한 번쯤은 거쳐 가는 성장과정으로만 생각한다면, 만일 하교장이 학교폭력이 피해 학생뿐 아니라 피해 학생의 가족들 그리고 가해 학생, 담임교사와 그 외 관련된 교사 및 목격 학생들에게 까지 심각한 피해를 줄 수 있다는 사실을 모른 채 학교폭력으로 인한 피해를 가볍게 여기고 폭력 사안을 빨리 종결시키려고 한다면, 학교장이 엄격한 규칙적용과 처벌만이 학교폭력을 위한 최선의 예방책이라는 신념을 가지고 복장, 두발, 흡연, 수업방해 행동, 폭언, 폭행, 집단 괴롭힘 등 규칙을 위반한 학생에게 벌점, 학교봉사, 출석정지, 전학, 퇴학 등의 처벌적인 내용만으로 생활지도를 한다면, 만일 학교장이 자신은 학교폭력에 대한 전문적인 지

식이 없기 때문에 담당자에게만 전적으로 학교폭력 예방과 대처의 책임을 맡겨버린다면, 아마도 이런 학교에서는 학교폭력이 쉽게 줄어들지 않을 것이다.

(2) 담임교사와 교사

학교장이 학교를 총괄하는 책임자라면 담임교사는 학급을 총괄하는 책임자이다. 학교마다 학교폭력 발생률과 피해율이 다르듯이 학급마다 학교폭력은 다른 양상을 나타낸다. 같은 학교에서도 담임교사의 역량에 따라 학교폭력은 증가할 수도 있고 감소할 수 있다.

"내가 맡고 있는 학급에서는 학교폭력이 일어날 일이 없어.", "학생들 간의 사소한 다툼은 어쩔 수 없는 거야.", "가정에서 잘해야지. 학교에서 아무리 잘한다고 해서 학교폭력이 줄어들겠어?" 등 자신이 담당하고 있는 학급은 학교폭력으로부터 예외일 것으로 인식하거나, 어느 정도의 다툼과 폭력을 인정하거나, 학교폭력의 원인을 가정의 탓으로만 돌리는 교사는 학교폭력을 증가시키는 원인을 제공한다.

이와 반대로 학생들을 공정하고 따뜻하게 대하고, 명확한 학급규칙과 위반 시 창의적이고 유연한 생활지도 대책을 가지고 있는 교사와 학급은 학교폭력으로부터 자유로울 수 있다. 어떻게 학교폭력으로부터 자유로운 학급을 만들 수 있는지에 대해서는 2절에서 좀 더 자세히 살펴볼 것이다.

3) 학교기반 프로그램

학교폭력 예방과 효과적인 대처를 위해서는 우호적이고 따뜻하며 약자를 보호하는 학교 문화와 학급 문화를 만드는 것이 중요하며, 이를 위해서 학교장과 교사의 역할이 핵심적인 요인임을 설명하였다. 학교폭력은 이 분야에 관심과 열정을 가진 한 사람의 노력으로는 많이 부족하다. 관리자, 담임교사와 일반교사, 전문상담교사, 영양교사, 보건교사, 방과 후 교사, 실무사, 행정실 직원, 급식 조리원, 학생, 학부도 등 학교구성원 모두가 협력하여 학교폭력에 대한 일관된 시각으로 한 방향으로 노력할 때 가능하다. 지금부터는 학교차원에서 실시할 수 있는 학교폭력 예방 및 대처 프로그램에 대해 살펴보기로 한다.

Trofi와 Farrington(2009)은 효과적인 학교폭력 예방 및 대처 프로그램을 알아보기 위해 연구인력 200명이 참여하는 대규모 프로젝트를 실시하였다. 1983년도부터 2008년까지 세계 각지에서 수행된 학교폭력 연구를 수집하고 분석하여 가장 효과적인 프로그램이 어떤 것인가를 확인하고자 했다. 이 프로젝트에는 모두 593개의 학교폭력 관련 연구가 분석되었다. 약 600여 개에 달하는 기존 연구들은 엄격한 1차 분류 기준을 거쳐 다음 단계 분석으로 이어졌다. 1차 분류기준은 다음과 같다.

- 해당 학교폭력 예방 및 대처 프로그램은 명확한 평가도구를 제시하고 있는가?
- 학교폭력에 대해 명확한 정의를 제시하고 있는가?
- 참여한 학생들은 프로그램을 스스로 평가할 기회와 도구들이 있는가?
- 프로그램에 참여한 학생들을 통제집단과 실험집단 구분하여 연구를 진행하였는가?
- 200명 이상의 학생들이 프로그램에 참여하였는가?

이러한 기준을 거쳐 59개의 연구가 최종 분석 대상으로 선정되었다. 연구자들은 59개의 연구들을 면밀히 검토한 후 단위학교를 기반으로 시행된 학교폭력 예방 및 대처 프로그램이 가장 효과적이라고 결론지었다. 바꾸어 말하면 학급과 학년을 대상으로 하는 것보다는 학교 전체가 동일한 프로그램을 운영할 때 가장 효과적이라는 의미이다. 또한 연구자들은 다음과 같은 프로그램 요소가 학교폭력을 예방하거나 대처하는 데 가장 효과적이라고 보고하였다.

- 가정에서의 자녀 지도에 도움을 주는 학부모 훈련
- 학교폭력 발생 예측지역의 관리감독 강화
- 체계적이고 교육적인 훈육 절차와 방법
- 학부모 총회
- 학부모를 위한 정보제공
- 명확한 학급규칙
- 공정하고 온정적인 학급관리
- 학교폭력과 관련된 시청각자료 제공
- 교사와 학생에 대한 학교폭력 프로그램의 강도와 길이(강도가 높고 장기간일수록 효

과적)

마지막으로 연구자들은 Olweus가 계발한 프로그램이 학교폭력 예방 및 대처에 가장 효과적이라고 결론지었다.

4) Olweus 학교폭력 예방 프로그램

Olweus 학교폭력 예방 프로그램(Olweus Bullying Prevention Program, OBPP)은 학교를 기반으로 하는 프로그램이다. Olweus 학교폭력 예방 프로그램(OBPP)은 학교폭력을 감소시키고, 새로운 학교폭력을 예방하며, 교우관계를 증진하려는 목적으로 개발되었다(Olweus, 1993; Olweus et al., 2007). 이 프로그램은 학교폭력을 예방하고 대처하는 것에 초점을 두고 있지만 궁극적으로 학생들 상호 간과 학생과 학교 구성원 상호 간에 친사회적이고 우호적인 관계를 증진하여 학교 공동체 의식을 계발하는 것을 목적으로 한다. 이제부터 Olweus 프로그램의 핵심적인 요소를 살펴보기로 한다.

(1) 네 가지 주요 원칙

Olweus 프로그램은 학교 교직원들에게 다음과 같은 네 가지 중요한 원칙을 강조한다.

- 학생들의 생활에 관심을 갖고 따뜻하게 대한다. 그들과 함께 생활한다.
- 허용될 수 없는 학생들의 행동에 대한 분명한 한계를 제시한다.
- 규칙을 어겼을 경우 지속적으로 비폭력적이고 적대적이지 않은 처벌을 제공한다.
- 권위와 적극적인 역할모델을 활용한다.

(2) 학교폭력 예방위원회

학교폭력 예방위원회는 Olweus 프로그램을 운영하고 책임지는 핵심적인 기구이다. 학교를 대표하는 구성원들로 이루어지며 8~15명 정도의 위원을 두는 것이 적당하다. 이 위원회에는 관리자, 학년부장, 전문상담교사, 교원 외 학교 인사, 학부모 대표, 지역사회 인사(방과 후 기관, 청소년 관련 단체 등), 학생 대표 등이 포함된다. 위원 구성 형태로만 놓고 보면, 현재 학교마다 설치되어 있는 학교운영위원회와 학교폭력자치위원회를 절반씩 섞은 느낌이다.

학교폭력 예방위원회는 Olweus 프로그램에 대해 이틀 동안 심도 있는 연수를 받은 후에 활동을 시작한다. 위원회의는 다음과 같은 역할은 담당한다.

- 학부모, 교사와의 의사소통
- 학교의 다른 행사와 Olweus 프로그램과의 조정
- 프로그램 운영에 대한 학생, 학부모, 교사로 부터의 피드백 수집과 분석 및 적용
- 학교폭력 예방위원회 정기회(1개월에 한 번 정도)

(3) 교직원 연수와 컨설팅

효과적인 프로그램의 실행을 위해 교직원 연수는 필수적이다. 교직원 연수는 학교에서 근무하는 전교직원을 대상으로 실시된다. 연수는 Olweus 프로그램 전반에 관한 것을 다루며 보통 하루 동안 진행된다. 연수강사는 앞서 Olweus 프로그램 연수를 받은 경험이 있는 학교폭력 예방위원회 위원이 담당한다. 연수시기는 학교에서 본격적으로 프로그램이 시행되기 이전이다.

컨설팅은 외부 Olweus 프로그램 전문가가 담당한다. 대략적으로 1년 동안 학교 담당자 또는 학교폭력 예방위원들에게 컨설팅을 제공한다. 외부 Olweus 프로그램 전문가는 학교폭력 예방위원회의 연수도 함께 담당한다.

(4) 학교폭력 실태조사

Olweus 프로그램의 핵심적인 요소 중 하나는 실태조사이다. 객관적이고 정확한 실태조사는 학교폭력 예방과 재발 방지에 필요한 중요한 정보들을 제공한다. 실태조사를 위해 표준화된 설문지가 사용된다. 설문지에는 학교폭력의 명확한 개념을 포함하고 있으며, 학교폭력 경험을 구체적으로 측정할 수 있는 문항이 포함된다. 설문대상은 설문내용을 충분히 이해할 수 있는 3학년 이상 학생이 적당하다. 설문이 종료되면 결과를 분석하는 과정을 거치는 데 이때 전체적인 결과뿐 아니라 학교폭력 실태를 학년과 성별로 세분화하여 분석하는

것이 바람직하다.

(5) 교직원협의회

교직원협의회는 Olweus 프로그램이 효과적으로 운영되고 있는가를 수시로 논의하는 기구이다. 프로그램의 운영현황, 운영과정에서의 어려움, 프로그램의 효과성 등을 심도 있게 논의하고 개선점과 수정할 사항들을 점검한다. 교직원협의회는 15명 이하로 구성되며 한 달에 한 번 정도 열린다. 일반적으로 학교폭력 예방위원이 교직원 협의회를 주도한다.

(6) 학교규칙과 긍정적 체벌

Olweus 프로그램은 명확한 학교규칙과 긍정적인 생활지도를 강조한다. 중요한 학교규칙은 학생들이 잘 볼 수 있게 학급에 게시하는 것이 일반적이다. 규칙 위반 학생에 대해서는 처벌보다는 스스로 잘못을 뉘우치고 행동을 개선할 수 있는 긍정적인 생활지도 혹은 훈육을 강조한다. 다음은 가장 대표적인 학교규칙이다.

- 모든 친구들을 친절하게 대한다.
- 모든 친구들을 놀이 또는 활동에 참여시킨다.
- 괴롭힘을 당하는 친구들을 도와준다.
- 누군가 괴롭힘을 당한 것을 알았다면 선생님께 말씀 드린다.

(7) 감독체제

감독체제는 학교 모든 시설을 체계적으로 관리 · 감독 할 수 있게 시스템을 마련하는 것이다. 여기에는 실태조사 결과를 바탕으로 학교폭력이 가장 많이 발생하는 교내 장소를 파악하는 것이 포함된다. 다음으로 학교폭력이 빈번히 발생하는 장소를 감독할 수 있는 대책을 마련하는 것이다. 또한 감독하는 학교 구성원이 위급한 상황에 대처할 만한 지식과 자격을 가지고 있는지도 점검한다. 마지막으로 학교 건물이나 통로 등 학교구조가 학교폭력 예방을 위해 적절한지 평가한다.

(8) 학교폭력 예방 출범식

학교폭력 예방 출범식은 학기초 전교생을 대상으로 한 해 동안 학교폭력 예방 프로그램이 어떻게 진행되는지를 소개하는 행사이다. 출범식은 학교 특성에 맞게 학생 동아리 공연, 학부모 축사, 학교폭력 실태 및 성과보고 등 창의적으로 준비되는 것이 바람직하다. 출범식에는 학교 규칙과 학교폭력과 관련된 생활지도 방침 등을 학생들에게 알려주는 것이 포함된다.

(9) 학부모 참여

학교폭력의 예방과 재발방지를 위해 학부모의 참여 또한 필수적인 요소이다. 일부 학교에서는 학교 행사 혹은 교육 프로그램 운영 시 학부모의 참여를 꺼려한다. 학부모들의 다양한 요구를 학교가 모두 수용할 수 없기 때문이다. 학부모 참여 시 학부모와 학교 사이의 의견충돌, 학부모와 학부모 사이의 의견충돌이 발생할 수 있지만 그럼에도 불구하고 많은 학부모가 참여할수록 학교는 더욱 안전해진다.

Olweus 프로그램 역시 학부모의 적극적인 참여를 권장한다. 학교폭력 예방위원회, 학교폭력 예방 출범식, 학부모 협의회, 각종 학교폭력 예방 프로그램 자원 봉사자 등 여러 분야에서 학부모들이 참여할 수 있게 한다.

(10) 그 밖의 요소

앞서 설명한 학교차원의 요소 외에도 Olweus 프로그램은 학급차원의 요소와 개인차원의 요소를 포함한다. 학급차원의 요소로는 학교규칙 게시, 학급회의, 학급 학부모협의 등이 있다. 학교규칙 게시는 학교폭력에 관계된 학교규칙을 학급에 게시하는 것을 말한다. 학급회의는 일주일에 한 번 정도 열리게 되는데 학교폭력과 관련된 사항을 교사와 학생이 함께 토론하고 대처 방법, 공감훈련, 타인관점 이해 등을 학습한다. 학급 학부모협의는 담임교사가 학부모들에게 Olweus 프로그램을 소개하고 프로그램의 효과적인 운영을 위해 가정에서의 역할과 협력사항을 알려주는 것을 말한다. 교사는 학부모들에게 프로그램 운영과정에서의 적극적인 참여를 권장한다.

개인차원의 요소로는 교직원들의 감독능력 향상과 현장에서의 대처 능력 향상이다. 감독능력은 학교폭력이 자주 발생하는 곳에서의 관리 · 감독 능력을 향상시키는 것을 말한다. 또한 학교폭력 가해 학생의 관리 · 감독 능력을 향상을 말한다. 현장에서의 대처 능력 향상은 학교폭력으로 응급상황이 발생했을 경우 적절한 대처를 할 수 있는 능력을 향상시키는 것을 말한다.

5) 학교폭력 예방 및 대책 위한 다양한 학교활동

학교폭력 예방과 재방 방지를 위해 노력하는 학교들 가운데서 교육부가 주간하는 우수사례 공모전(교육부, 2012)에 당선된 학교를 중심으로 학교폭력 예방 및 대책을 살펴보고자 한다.

 사례 1 생활지도를 통한 학교폭력 예방(계양초)
- 고등학교 자퇴학생 학업지원사업(꿈을 키우는 희망교실)
  - 교사 : 교직원 연수(10회), 워크숍(6회), 법교육 및 학교폭력 예방 관련 717시간 이수
  - 학생 : 한국법교육센터 전문 강사 연수(6회), 대전 솔로몬파크 견학(2회), 폭력 예방교육(3회)
  - 학부모 : 강사 초청 연수(5회), 가정통신문(8회), 학교 홈페이지, SMS 문자메시지 등 활용
- 소통, 참여, 화합을 위한 프로그램 운영
  - Team Work 프로그램
    교육공동체 합의에 의한 학교규칙 개정 및 학생생활협약 제정
    참여를 위한 공동체생활협약 프로젝트 수업 실시 : 생활협약 서약식, 학급헌법제정, 수업 계획
  - Yes I do 프로그램
    손자 · 손녀 학교 방문의 날 : 학급별 자치회를 통하여 활동 프로그램 전개
    학교 생활(예절 · 안전) 지킴이 활동 운영 : 등하교 시간, 점심, 방과 후 시

간 질서 및 안전 지도

학생자치동아리 주관 학교 인성 방송 조회 운영 : 매월 2, 4주 월요일 학생방송 시간

- Law Keep 프로그램

학교 규칙을 준수하고 기본 생활습관 정착을 위한 학생생활 평점제 운영

전교어린이회와 연계하여 학생자치법정 조직 및 운영

학생자치법정 동아리 리더십 캠프 실시 : 법교육 특강, 모의재판 시연, 퀴즈대회 등

- Enjoy Together 프로그램

가족과 함께하는 계양산 둘레길 걷기 : 자치회 중심 조편성, 활동 프로그램 준비

텃밭 가꾸기 활동 : 자치회 역할을 분담하여 텃밭 가꾸기 활동 참가

학교스포츠클럽 운영 및 동아리 활동 전개

■ 주요 사업효과

- Team Work 프로그램을 통하여 학칙 제ㆍ개정 및 학생생활협약안 마련ㆍ적용에 참여함으로써 자연스럽게 자신의 권리와 의무를 이해하고 준법정신 또한 향상시킴

- Yes I do 프로그램 운영을 통하여 학생 스스로 문제를 해결하는 학생자치권을 확대시켜 학생들의 참여를 통해 친구를 이해하는 마음을 가질 수 있게 됨

- Law Keep 프로그램인 학생생활평점제 및 법정동아리 활동을 통하여 보다 엄정하고 체계적인 생활지도를 실천하고 학생과 교사 사이의 불신을 극복하며, 양보하고 배려하는 마음을 가져 학교폭력에 대한 예방을 할 수 있게 되었음

- Enjoy Together 프로그램을 통하여 다양한 활동에 참여함으로써 스트레스를 해소하고 더불어 살아가는 기쁨을 느끼며 나아가 학교폭력을 줄이는 데(Stop) 도움이 됨

2 나눔과 계려의 감성교육을 통한 학교폭력 예방(영가초)

- 학교폭력 예방을 위한 MOU 체결 및 유관 기관 협력
- 학교폭력 예방교육 프로그램
  - 학교폭력 예방을 위한 의지 다지기 선서식

    나의 다짐 선서식

    학교규칙 지키기 선서식

    안동경찰서 초청 학교폭력 예방 교육
  - 학교폭력 예방 학부모 연수회 : 연 4회
- 학교폭력 예방을 위한 상담 활동 프로그램
  - 정신보건 협약식 및 상담 활동
  - 폭력성 인터넷 게임 중독 예방교육 및 상담 치료
  - 심리 · 정서적 안정을 위한 상담 활동
  - 학교장과 및 학부모 자원 봉사자 상담 활동
- 언어폭력 예방을 위한 프로그램 운영
  - 바른언어 사용 캠페인
  - 바른말 고운말 바른 언어 사용 실천 목걸이 제작 활용
  - 학교폭력 예방을 '영가바름이' 행사
- 학교폭력 예방을 위한 감성코칭 프로그램 운영
  - 학부모와 함께하는 토요푸르미 원예치료 교실
  - 樂(악)동들의 난장판 : 두드림 난타교실
  - 정서 순화를 위한 기타교실
- 스포츠 활동을 통한 학교폭력 예방 프로그램 운영
  - 안동 시 유소년 주말 축구 리그전
  - 토요 피구 동아리 활동
  - 토요 Sport-day 매주 운영
- 자존감 기르기 프로그램을 통한 학교폭력 예방
  - 나의 자존감 형성을 통한 인성교육 : 힐링캠프, 병영캠프

- 내고장 역사 인물 탐방을 통한 인성 교육
- 동아리 봉사 활동을 통한 인성 교육
- 안동경찰서, 청년회의소 주최 학교폭력 예방 UCC 공모전

■ 주요 사업효과

- 학교폭력 예방을 위한 다양한 프로그램 운영으로 학교폭력 ZERO화
  학교폭력 전수 조사시 16.8%인 학교폭력 피해 건수가 자체 조사 0%로
  긍정적 효과
  다양한 감성 코칭 인성교육 프로그램으로 정서적 안정과 학력 향상
  학교폭력 예방과 따돌림 없는 학교로 인근학교 부적응 학생들이 전학
  옴 : 5명
- 학교폭력 예방 프로그램을 통한 성과
  학교폭력 예방 UCC 대회 최우수상 수상 : 안동경찰서, 청년회의소 주관
  실천하는 인성 교육으로 학교폭력 Zero 실현
  자존감 향상으로 6학년 국가 수준 학업성취도평가 부진학생 0%
  스포츠 클럽 피구부 안동 시 1위, 경북 2위 수상
  교육홍보 우수 최우수학교 선정 : 안동교육지원청

사례 3 언어교육을 통한 학교폭력 예방(인천여상)

■ 선플운동 확산을 위한 나만의 선플 선언문 선서식

- 선플운동을 통해 바르고 아름다운 언어사용을 습관화하고, 칭찬하는 긍
  정적인 힘이 청소년의 문화를 바꾸기 위한 토대로 선플운동의 의미와 선
  플 운동에 적극적으로 참여하고자 하는 의지를 다지는 기회를 마련함

■ 인터넷상 선플 달기를 통한 사이버상 언어습관 개선

- 기간 : 2012년 7월 13일 이후 연중 실시
- 인터넷상 악플에 댓글 달기로 봉사활동 인정
  인정시간 : 선플게시판에 선플 달기는 일주일 최대 2시간

■ 학급 홈페이지 내 선플방 운영

- 온라인상의 학급 구성원 간의 친목을 도모하고, 교사와 학생 등 교육공동체의 소통의 장으로서 서로에게 격려 메시지를 전달할 수 있는 공간을 마련
- 한글 사랑 주간을 통한 올바른 언어 습관 계기 교육 실시
  - 한글의 가치를 되새기고, 학생들의 올바른 언어 문화 형성과 언어습관 개선을 위한 한글 주간을 운영
- 청소년 언어 습관 개선을 위한 계기 교육 실시
  - 실생활 사례를 중심으로 기획된 활동지를 통해 욕설과 비방이 만연한 거친 청소년의 언어 습관을 되돌아보고 바르고 아름다운 언어사용으로 전환시키는 활동을 마련
  - 친구들과의 관계, 어른들과의 관계에 있어 예의를 갖추며 서로를 배려하는 언어생활의 구체적인 방법을 익히는 시간을 가짐
- 감사와 존경의 SMS 보내기를 통한 긍정의 소통 문화 확산
  - 올바른 인터넷 문화를 선도하기 위한 선플 달기의 일환으로 감사와 존경의 SMS 문자 보내기 행사를 실시하여 평소 표현하지 못한 감사와 존경의 마음을 표현함
  - 방법 : 시 구절을 활용하여 학부모님께나 선생님께 존경과 감사의 메시지를 보내고 회신 문자메시지 함께 나누기 활동을 진행
- 주요 사업효과
  - 학교 전반에 격려와 응원문화의 확산으로 학교폭력 예방에 기여
  - 바람직한 언어사용의 습관화로 욕설과 비방과 같은 언어 습관이 많이 개선됨
  - 건전한 인터넷 문화 정착 및 인성 교육 기회 제공
  - 긍정의 힘으로 학교 문화가 전반적으로 밝고 긍정적으로 변화

사례 4 인성교육을 통한 학교폭력 예방(인천여상)
- 학교폭력 예방 또래조정 상담제 운영

- 또래상담 사례 나눔 및 보수 교육(인천시청소년상담센터 연계)

  연합 캠프 참가(학생상담봉사자로 활동 할 수 있는 자격 부여)

  교육 이수 후 청소년상담원 또래상담수료증 발급
- 학급 내 갈등 관리 및 중재자

  소외되고 외로운 또래 친구 되기

  도움 요청 학생 상담실과 연계 활동

  또래 상담일지 관리

■ 예술적 감긱을 살린 학교폭력 예방 분예대회 개최

- 학교폭력 예방 교내외 표어, 포스터, UCC 공모전 및 웅변대회 참가

■ 친구 데이(7.9day) 운영 : 넌 나의 비타민

- 건강 비타민 주고받으며 정감 표현하기
- 화목한 학급 사진 콘테스트로 어울려 사는 공동체사회 실천
- 사랑의 문자 발송으로 언어순화 및 모든 친구에게 관심 갖기

■ 폭력 근절 문화예술 동아리 종합 발표회

- 교내 학예 및 동아리 활동에 자발적으로 참여하고 자유로운 자기표현의 기회를 통하여 개성과 소질을 신장시키며, 풍부한 정서 생활을 위하여 종합 예술제를 실시
- 전시 — 폭력 예방 표어, 포스터, 캐릭터 인형의 행진으로 교육적 효과
- 이벤트 부스 운영 — 30개의 부스진행으로 생명존중, 꿈 디자인, 폭력예방 체험활동을 진행
- 무대공연 — 사제동행으로 패션쇼, 트렌드 댄스, 줄넘기, 부채춤 등을 공연함으로써 사제지간의 공감대를 형성하여 즐겁고 만족스런 학교생활을 이끌어 내어 학교폭력을 미연에 방지함

■ 주요 사업효과

- 또래상담 동아리 운영으로 자살과 따돌림 및 학교폭력 등 다양한 문제 예방 도모
- 자기표현 및 집단의사소통 훈련으로 타인조망, 감정조절 능력이 향상되

어 정서가 안정됨

- 친구 데이(7.9day) 확산을 통하여 친하지 않았던 학급친구와 화합의 장을 통한 우정 제고
- 사랑의 문자 발송의 지속적인 릴레이로 친구사랑 확산 및 서로 돕는 공동체 의식이 함양됨
- 각 동아리, 학급 학생들의 축제 참여도가 높아 각종 이벤트 행사를 다양하게 마련하여 전교생이 학교폭력 예방 및 친구사랑, 이해와 배려 등의 교육적인 체험활동이 잘 이뤄짐
- 동아리 발표회인 축제준비에 있어서 학생들과 교사, 학부모, 동창회, 지역 주민간의 협력과 상호화합을 바탕으로 학기 초부터 30개의 이벤트 부스를 오랜 시간 계획, 준비, 운영하여 유대관계와 네트워크 형성이 극대화되어 신뢰감 있고, 안전한 학교생활을 영위함
- 예술적 감성을 활용으로 방송제, 요들, 오카리나 연주, 노래, 합창, 워십, 줄리피트니스, 댄스, 슈퍼Mr.I선발대회, 외국어 스피치, 영상편지, 마술 등 20가지의 무대공연 프로그램을 준비하면서 긍정적 마인드가 향상되어 행복지수가 높은 즐거운 학교 문화 조성에 기여함

2. 학급에서의 대책

국내에서 실시된 학교폭력 실태조사에 의하면 학교폭력이 가장 많이 일어나는 장소는 교실이다. 학급에 대한 소속감을 느끼고, 새로운 것을 학습하고, 미래의 꿈을 키워야 할 교실에서 가장 일어나서는 안 될 비극적인 상황이 일어나고 있는 것이다. 앞서 살펴본 것과 같이 학교폭력이 발생하면 그 피해는 폭력을 당한 학생만의 것이 아니다. 가해 학생, 목격 학생, 담임교사 등 모두가 우려할 만한 수준의 피해를 입게 된다. 만약 교실에서 발생한 폭력 사안이 심각하다면, 그리고 반 학생들 대부분이 그 사안을 목격했다면, 학생들은 교실에 들어서자마자 비극적인 순간을 다시 떠올리게 될 것이다. 심각한 학교폭력이 발생한 교실

은 이전처럼 학습을 위한 공간이 될 수 없다. 설령 폭력 사안이 잘 해결되었다 하더라고 적어도 몇몇 학생들에게는 당시의 기억과 아픔이 상당 기간 진행되기 때문이다.

학교마다 학교폭력의 발생률, 피해율, 폭력수준이 다르듯이 학급마다 학교폭력의 실태 또한 다르다. 학급에서 어떻게 대처했는가에 따라 학교폭력 발생률이 4~5배 정도 차이가 난다(Olweus, 1993). 폭력이 없는 교실, 평화롭고 행복한 학급을 만들기 위해 어떠한 노력이 필요한 것일까?

1) 교사 역할모델

담임교사는 학급 운영에 전반적이고 최종적인 책임을 진다. 담임교사는 학급 규칙을 만드는 과정에 참여하는 유일한 성인이며, 교과수업을 통해 객관적 지식을 제공할 뿐 아니라 생활지도를 통해 자신의 가치관을 의식적으로 혹은 무의식적으로 끊임없이 전달한다(김동현, 이규미, 2012). 초등학교, 중학교, 고등학교 어디서든 학교·급을 떠나 교사와 관련된 에피소드는 모든 학생들의 대화에 등장하는 단골 메뉴이다. 학생들은 교사의 언어적·비언어적 행동에 매우 민감하다. 학생들은 교사가 개별 학생들을 상대할 때 나타내는 사소한 태도의 차이, 예를 들면 얼굴표정, 눈빛, 몸동작, 전체적 분위기 등 작은 차이도 구별할 수 있다. 따라서 교사는 학생들의 관찰대상 1호가 된다. 학년이 올라감에 따라 변화가 있지만 교사의 말과 행동은 학생들에게 많은 영향력을 끼친다. 교사, 특히 담임교사가 학생들에게 어떤 역할모델을 보여주는가에 따라 학급의 학교폭력은 증가될 수도 있고 반대로 감소될 수도 있다. 이런 점에서 교사의 역할모델은 학교폭력의 중요한 요인 중 하나이다.

(1) 감정

흔히 아이들은 때 묻지 않은 순수한 영혼이라고 표현한다. 상대방과의 상호작용 또는 대인관계를 함에 있어 자신의 이익을 계산하기보다 관계 자체에 관심을 가지기 때문이다. 상대방이 좋으면 자신의 입장을 고려하지 않고 무엇이든 주려고 하고, 친구와 함께 있는 자체만으로도 좋아한다. 성인에 비해 학생들은 순수한 면이 많다. 하지만 학생들과 늘 함께 생활해보면 순수함의 이면 속에 이기심, 무책임, 반항적 성향, 게으름과 같은 부정적인 모습이 예상보다 훨씬 많다는 것을 쉽게 발견할 수 있다.

교사라면 어느 누구도 격한 감정에서 자유로울 수 없다. 하루에도 몇 번씩 화를 낼 기회가 찾아온다. 학생들에게 애정이 있는 교사, 학생들에 대한 기대가 높은 교사라면 더욱 그럴 수 있다. 교사가 어떻게 화를 다스리고 표출하는가는 매우 중요한 문제이다. 특히 가해학생들은 화를 많이 표출하기 때문에 이들에게 화난 감정을 어떻게 조절하는가를 보여주는 교사의 모습은 좋은 모델링이 될 수 있다.

우선 화의 빈도적인 측면을 생각해 보자. 화가 날 수는 있지만 화가 날 때마다 그것을 모두 표현하는 것은 바람직하지 않다. 다시 말해서 쉽게 화를 내는 교사는 좋은 모델링이 되지 않는다. 화가 날 때 잠시 모든 것을 멈추고 심호흡을 하거나, 그 상황을 잠시 떠나거나, 화제를 전환하는 등 각자에게 적합한 방법으로 화를 다스려야 한다. 이렇게 교사가 화를 통제할 수 있다면 화가 났을 때 어떻게 대처해야 하는지 학생들에게 알려주는 좋은 단서를 제공할 수 있다.

둘째는 화의 수단적인 측면이다. 학생들의 폭력행동이 매우 심각한 수준이거나 또는 상황이 여의치 않아 교사가 화를 낸 경우이다. 교사가 화를 표출하는 그 자체는 큰 문제가 되지 않을 것이다. 누구나 감정을 표출할 수 있는 자유가 있고, 감정을 적절히 표출할 때 더 심리·정서적으로 건강해진다. 하지만 격한 감정의 표출을 통하여 학생들의 행동을 교정하려는 수단으로 사용하는 것은 바람직하지 않다. 화가 난 상태에서 잘못된 행동들을 일일이 지적하고, 비난하고, 그 이유를 밝히고자 하는 것은 좋은 자세가 아니다. 화가 난 상태에서 교사는 합리적이고 효과적인 결정과 처치를 내리기가 어렵다. 따라서 교사가 화를 낸 상황이라면, 중요한 결정이나 후속적인 조치를 잠시 미루는 것이 좋다(단 위급한 경우 제외). 감정이 가라앉은 다음 학생들 행동들에 대한 조치를 취하는 것이 바람직하다.

(2) 공정함

수업에 뛰어난 재능이 있는 교사라 할지라도 학생들에 대한 공정함을 잃은 교사는 학생들로부터 신뢰를 받지 못한다. 앞서 이야기하였듯이 학생들은 교사의 반응에 매우 민감하다. 다른 학생과 비교하여 조금이라도 공정하게 대우받지 못했다고 생각한다면 불만을 가지거나 섭섭하게 여길 것이다. 교사가 모든 학생들을 공정하고 공평하게 대해 주는 것은 학교폭력 예방을 위해 중요하다. 하지만 공정함을 논의함에 있어 고려해야 할 사항이 있다.

첫째는 교사가 가해 학생들(가해행동이 우려되는 학생)의 지위와 힘을 인정하는 경우이다. 괜히 가해 학생들을 건드리면 학급이 시끄러워질 수 있기에 정도가 심한 경우를 제외하고 가해 학생들이 저지르는 사소한 폭력이나 문제행동을 인정하는 것이다. 이러한 방법은 단기적으로 효과가 있을지 모르지만 장기적으로 학급에 상당한 악영향을 끼친다. 그렇지 않아도 가해 학생들은 학급에서 특권을 누릴 가능성이 큰데, 교사마저 이를 용인하는 모양새가 되어 건전한 학급 문화를 형성할 수가 없기 때문이다.

둘째는 교사가 가해 학생들의 지위와 힘 등을 전혀 인정하지 않는 경우이다. 말하자면 사소한 잘못에도 더 엄정한 대처를 하는 등 가해 학생들을 문제 학생으로 낙인 찍는 것이다. 이럴 경우 교사와 가해 학생들은 물과 기름처럼 반목하며 지내기 쉽다. 이것 역시 효과적인 방법이 아니다. 학생들이 존중하고 배려하는 학급 문화를 경험하기보다는 언제 교사와 학생이 충돌할지 모른다는 긴장감과 초조를 경험할 가능성이 높기 때문이다. 결론적으로 교사는 가해 학생들에게 더욱 공정함을 잃지 않게 노력하는 것이 중요하다. 또한 따뜻함으로 이들을 대하는 것이 중요하다.

(3) 따뜻함

따뜻함에 대한 설명은 햇빛과 바람의 이야기로 대신할 수 있을 것이다. 지나가는 행인의 옷을 벗길 수 있었던 것은 거센 바람이 아니라 봄볕 같은 따뜻한 햇살이었다. 교사에게 요구되는 자질이 여러 가지가 있겠지만 사람에 대한 따뜻한 마음, 공감하는 마음, 이해하는 마음이 핵심이 되는 자질일 것이다. 교사는 모든 학생들을 따뜻하게 대해야 하지만 누구보다도 피해 학생(피해가 우려되는 학생)에게 따뜻한 마음을 가지는 것이 좋겠다. 대개 피해 학생들은 또래지위가 낮기 때문에 혼자 있을 때가 많고, 소수의 학생들과만 상호작용을 하기 마련이다. 교사가 먼저 다가가 관심을 표현하거나 혹은 피해 학생들이 다가올 때 적극적으로 관심을 기울이는 것이 필요하겠다. 이때 주의할 점은 역시 공정함을 잃지 않는 것이다. 피해 학생들에게 지나치게 관대하면 이 역시 건강한 학급 문화를 해칠 수 있다. 만약 교사가 피해 학생들에게 좀 더 특별한 도움을 제공할 필요가 있다고 생각되면 학급 전체 학생들에게 이해를 구하는 조치가 선행될 필요가 있다.

(4) 경청

학교폭력으로 인한 피해를 당했음에도 불구하고 상당수의 피해 학생들은 이를 보고하지 않는다. 국내·외에서 실시된 학교폭력 실태조사는 이러한 결과를 일관되게 보고하고 있다. 2장에서도 살펴보았듯이 학교폭력을 당한 학생들 중 33.8%는 부모, 친구, 교사 등 아무에게도 도움을 요청하지 않았다(청소년학교폭력 예방재단, 2013). 또한 가해 학생의 경우 27.6%는 학교폭력을 저지르고도 아무런 조치를 받지 않는 것으로 나타났다(청소년학교폭력 예방재단, 2013). 이러한 실태조사 결과는 '보고되지 않는 폭력은 멈출 수 없다'는 사실을 뚜렷이 보여준다.

피해 학생들이 도움을 청하지 않는 이유로는 '일이 커질 것 같아서'(29.8%), '이야기해도 소용이 없을 것 같아서'(25.8%)가 주된 원인으로 밝혀졌다(청소년학교폭력 예방재단, 2013). 안타깝게도 피해 학생들 중에서는 교사와 부모와 같은 성인으로부터 실질적인 도움을 받지 못하는 학생들이 많다는 것을 알 수 있다.

교사의 경청은 학급에서 일어날 수 있는 미래의 폭력을 예방하는 효과적인 방법이다. 학생들의 사소한 이야기, 어려움 등에 귀를 기울일 때 학생들은 교사를 신뢰하고 학교폭력과 같은 문제를 자유롭게 보고할 수 있다. 교사가 학생들로부터 작은 것에 신뢰를 쌓지 못하면 큰 일이 닥쳤을 때도 교사를 신뢰하기 어려운 법이다. 학생들이 학교생활에서 직면하는 불만과 도움요청을 일일이 상대하기란 쉽지 않다. 하지만 교사들은 경청의 훈련이 매우 중요한 일임을 기억하고 시간의 우선순위를 조정할 필요가 있다.

2) 학급경영

학교폭력이 없는 학급을 만들기 위해 우선적으로 고려해야 할 학급경영 요인에는 어떤 것들이 있을까? 간단히 답하자면 거시적인 안목을 가지고 건강하고 안전한 학급 문화를 형성하는 데 초점을 두는 것이 중요하다. 학교폭력은 단순히 현상으로 드러난 것처럼 가해 학생이 피해 학생을 폭행, 폭언, 위협, 협박, 갈취하는 것뿐만 아니라 그 이면에는 가해 학생의 개인적 요인과 발달과정상의 요인, 피해 학생의 개인적 요인과 발달과정상의 요인, 목격 학생들의 역할, 사회적 요인 등 다양한 요인들이 영향을 미치고 있기 때문이다.

(1) 학급 문화

건강하고 안전한 학급 문화는 무엇을 의미하는가? 학생들이 서로 존중하고, 배려하고, 이해하고, 공감하는 태도와 분위기로 요약할 수 있을 것이다. 설명은 이렇듯 쉽지만 이를 실천하기란 결코 쉬운 일이 아니다. 학급 내에서 상호 간에 존중과 배려 그리고 이해와 공감이 형성되기 위해서는 패러다임에 변화가 우선되어야 한다. 구체적으로 힘, 권력, 권위, 강자 등 이른바 힘이 있는 사람에 대한 패러다임이 변화되어야 한다.

힘을 가진 사람은 다른 사람을 통제하고, 지배하고, 군림하고, 자기 마음대로 좌지우지하려 한다. 이는 단순히 학급 내에만 국한되는 것은 아니다. 어쩌면 인류의 역사는 지배자의 통제를 벗어나기 위한 고통과 노력의 역사라 볼 수 있을 것이다. 현재는 많은 나라에서 민주주의가 가장 보편적인 정치형태로 자리 잡았지만 이를 이루기까지 수많은 사람들의 희생과 수고가 있었다는 것을 역사는 증명하고 있다. 민주주의를 실천하고 있는 나라들은 과연 힘을 가진 사람들의 통제로부터 자유로운 것인가? 그렇지 않다. 단순한 예로 우리 사회에서도 대다수의 사람들은 정치권이나 검찰, 경찰, 감사원, 금융감독원 등의 정부기관, 대기업이 중심으로 하는 기업 등등 소위 힘 있는 주체로부터 존중과 배려 그리고 이해와 공감을 경험하지 못한다. 국제적으로도 마찬가지이다. 우리는 힘이 있는 선진국들, 예를 들면 미국, 영국, 프랑스, 독일, 일본, 중국, 러시아 등의 국가로부터 존중과 배려 그리고 이해와 공감을 경험하지 못한다. 이처럼 힘이 있는 세력 또는 사람들이 힘이 없는 사람들을 통제하고 지배하는 것을 사회는 암묵적으로 동의한다.

힘의 패러다임을 설명하는 범위가 다소 넓어진 측면이 있지만 강조하고 싶은 것은 이러한 패러다임을 학생들이 그대로 가지고 있다는 것이다. 그리고 학급에도 보이지 않는 불문율로 자리잡고 있는 것이다. 학생들은 학년이 높아질수록 힘에 대한 지배를 당연시 어긴다 (김동현, 이규미, 2010). 고학년이 될수록 또래지위가 높고 인기 있는 학생들이 또래지위가 낮고 학생들에게 주목받지 못하는 학생들을 놀리고, 따돌리고, 지배하는 것을 자연스러운 것으로 받아들인다. 마치 버스가 전용차선도 모자라 일반도로에서 쉽게 차선과 신호를 무시하고 다니는 것을 당연한 것으로 받아들이는 것처럼 말이다.

우리가 가장 만들고 싶은 학급 문화는 힘 있는 학생과 힘 없는 학생들이 어떻게 이해하고 더불어 생활할 수 있는 공간을 만들 수 있는가이다. 그러기 위해서 중요한 것은 담임교

학교 문화와 더불어 학급 문화 역시 학교폭력 예방을 위한 중요한 요소이다. 위계질서가 뚜렷하고 힘과 질서가 강조되는 학급은 학교폭력이 발생하기 쉽다.

사와 교사의 역할이다. 교실에 휴지가 떨어진 것을 보고 교사가 학생들을 시켜서 휴지를 줍게 시키는 일이 매번 반복된다면 학생들은 '힘 있는 사람이 지시하고 통제한다' 라는 패러다임을 학습하게 된다. 결론적으로 건강하고 안전한 학급 문화 형성을 위해서 교사는 자신이 가지고 있는 패러다임을 먼저 점검하고 자신의 행동이 학급에 어떤 영향을 미치는지 주의해야 한다. 교사는 힘이 있는 사람의 좋은 모범을 보여주어야 할 것이다.

(2) 학급규칙

학급규칙 제정은 학급 내 힘의 패러다임을 변화시키는 좋은 방법이 될 수 있다. 가해 학생 혹은 교사와 같이 힘을 가진 존재에 의한 통제와 규제보다 학급규칙에 의한 통제와 규제는 건강한 학급 문화를 위해서도 진일보한 것이다. 학급규칙 제정에서 가장 중요한 요인은 학급 전체 학생의 참여이다. 만약 힘 있는 소수에 의해 학급규칙이 제정된다면 학교폭력 예방 측면에서 학급규칙 제정이 가지는 의미를 상실한 것이다.

소수의 의견까지도 받아들이는 가운데 학급 전체가 동의하는 학급규칙이 만들어진다면 그 자체만으로 상당한 의미를 가진다. 학급 내 사회적 강자와 약자가 공감하고 이해하는 방법을 학급규칙을 만드는 과정을 통하여 학습할 수 있기 때문이다. 또한 함께 시간과 노력을 들여서 만들어진 학급규칙이어야 학생 스스로가 잘 지킬 수 있기 때문이다.

(3) 학교폭력에 대한 처벌과 지도

교사가 좋은 모범을 보이고, 학급규칙이 잘 만들어졌을지라도 폭력이나 문제행동을 보이는 학생들이 생겨난다. 학생들의 개인적·환경적 요인이 영향으로 학급규칙을 위반하거나 교사의 지도에 반항 또는 무책임하게 반응하는 학생이 있게 마련이다. 어쩌면 학교폭력 예방을 위한 교사의 진정한 싸움은 바로 이 순간부터일지 모른다. 우선적으로 꼭 피해야 할 사항을 점검해 보자.

- 짜증과 화부터 낸다.
- 화가 난 상태에서 문제를 해결하고 처벌한다.
- 폭력행동 자체보다 폭행을 저지른 학생을 비난한다.
- 문제를 단시간에 해결하려고 노력한다.

학생들을 대상으로 오랜 기간에 걸쳐 생활지도를 한 결과 얻어진 중요한 결론 중 하나는 '단시간에 해결하려고 시도한 대책은 가장 효과적이지 않다'라는 사실이다. 시간과 노력을 기울이지 않은 즉각적인 조치와 지도는 학교폭력 예방 또는 재발 방지에 효과적이지 않다. 예를 들면 "어이구 또 너야! 이번이 몇 번째야! 너 머리에는 도대체 뭐가 든거니?"와 같은 학생에 대한 비난, "니 한 빈만 더 그러면 가만두지 않는다. 부모님 불러다가 지난 번 일까지 다 말씀드린다."와 같은 위협 및 폭언, 신체적 체벌이 해당한다. 그렇다면 바람직한 처벌과 지도방법은 무엇인가?

- 근본적인 문제해결에 초점을 맞춘다.
- 육체적 고통 또는 청소와 같은 보복적인 처벌이 아닌 좋은 글 따라 쓰기, 착한 일 하고

서명 받기와 같은 생산적인 처벌을 준다.
- 어떠한 경우에라도 학생의 인격을 존중한다.
- 장기적인 관점에서 시간을 두고 문제를 해결하려고 한다.

가해 학생들 중 상당수는 처벌을 받은 후에 "난 이제 벌을 받았으니 됐어. 이제부터 내가 한 일에 대해 더 이상 뭐라 하지마."와 같은 반응을 보인다. 처벌을 받았으니 이제 본인들이 한 것에 대해 모든 대가를 지불했다는 식이다. 이처럼 보복적인 처벌은 가해 학생들에게 교육적인 효과를 충분히 줄 수 없다. 오히려 죄책감에서 벗어나 떳떳함을 누리게 하는 수단으로 전락 될 수 있다.

따라서 폭력이나 문제행동 발생 시 생산적이고 창조적인 지도방법을 강구해야 한다. 친구, 교사, 부모님을 도와주고 서명 받기, 인터넷을 통해 학교폭력 피해를 당한 학생들을 조사하고 발표하기 등과 같은 것들이 좋은 예일 것이다.

(4) 경쟁을 지양하는 학습활동

때때로 경쟁은 수업에 활력과 에너지를 공급한다. 하지만 지나친 경쟁은 승자와 패자를 구분하고 패배감을 맛보게 한다. 패자들은 원인을 찾게 마련이고 이 과정 속에서 학습에 뒤처지거나 다른 학생에 비해 학습기능이 떨어지는 학생을 지목하기 십상이다. 경쟁은 개인차를 드러내고 확대하며 때로는 과장한다. 그림 그리기, 달리기, 수학시험, 영어시험, 리코더 연주, 조별발표, 정보검색 등 어떤 학습이든지 가장 잘하는 학생을 구별하는 것은 지양할 필요가 있다. 잘하는 학생은 잘하는 학생대로 못하는 학생은 못하는 학생대로 인정을 받을 수 있는 학습활동이 전개될 필요가 있다. 또한 서로 협력하는 활동을 강화하는 학습 형태가 바람직할 것이다.

> 비경쟁식 토론수업 〈이윤경, '민주시민 교과서 활용수업 우수사례(2014) 중에서'〉
> 학교 폭력에 관한 예방교육으로 영상교육을은 자주 활용한다. 하지만 거의 대부분 단지
> 감상하고 소감문 적는 것으로 끝나 버리는 경우가 많아 다른 친구들의 생각을 나누거나
> 반성할 기회가 없으므로 피드백 과정으로 쉽고 편하게 나눌 수 있는 비경쟁식 토론수업

을 함으로써 자신의 생각을 정리하고 다른 사람의 생각을 공감할 수 있는 기회를 줄 필요가 있다.

비경쟁식 토론수업은 일반적인 찬반 형식의 토론이 아니라 모둠별로 진행하는 토론의 형태로 집단지성을 활용한 토론방법이다. 비경쟁식 토론수업의 특징은

- 일반적으로 알고 있는 말로만 하는 방법이 아니라 쓰면서 토론하는 방법으로 자신의 생각을 정리할 시간이 주어지며 다른 사람들의 다양한 의견을 통해 다양한 생각을 할 수 있도록 도와주는 서로 존중받는 형식의 토론이다.
- 토론에서 중요한 것은 경청의 자세로 귀로만 경청하는 것이 아니라 입과 눈으로 충분히 경청함으로써 가족 같은 편안한 분위기에서 상대방의 의도를 파악하고 잘 모르면 질문도 해 가면서 잘 들어주는 특별함이 중요하다.
- 토론만 하고 끝나는 것이 아니라 성찰하는 것이 중요하므로 토론에서 배우고 느끼고 성찰한 실천할 점을 찾아 나누는 것이 마지막 단계이다.
- 이 모든 토론의 과정에서는 소통도구(교육도구)가 필요하다. 다른 사람으로부터 내 생각을 간섭받지 않고 자신 있게 참여하고 평등하게 기회를 얻도록 하는 포스트잇, 쉽고 재미있게 공감과 동의를 표현하고 빠르고 쉽게 의사결정을 돕는 스티커, 주제에 대한 다양한 생각을 쉽게 풀어 나가도록 돕는 그림이나 사진 자료, 긍정카드 등을 활용하여 자신의 생각을 편하게 쓰고, 입과 귀로 경청하며 모둠별로 돌아가면서 발표하고, 눈과 귀로 서로 이야기를 나눌 수 있는 편하고 쉬운 방법이다.

(5) 자리배치

다른 어떤 요인보다 학급 내 자리배치는 중요한 문제이다. 옆 자리에 누구 앉는가는 학생들에게 성적 결과와 비슷하리만큼 중요한 이슈이기 때문이다. 반드시 지켜져야 할 중요한 원칙은 학생들이 원하는 대로 자리를 배치하면 안 된다는 것이다. 교실 내 자리배치와 체학학습 등 버스자석 배치도 마찬가지이다. 학생들에게 자리배치를 맡기면 또래지위가 낮은 학생들은 교실 한 구석으로 또는 버스 구석자리로 밀리게 될 확률이 매우 높다.

또한 자주 다툼이 일어나는 학생들끼리 가까운 자리에 앉지 않게 배치하는 것도 중요할

것이다. 교사는 전문성을 가지고 학생들의 자리를 배치해야 한다. 사전에 사회성 검사를 실시하거나 학생들의 의견을 물어 자리배치 시 활용하는 것도 좋을 것이다.

(6) 학기 초 오리엔테이션

학기 초 오리엔테이션은 지금까지 설명한 내용들을 학기 초에 학생들에게 자세히 안내하는 것을 말한다. 학급규칙, 자리배치, 처벌과 지도방법 등을 사전에 알려주면 학생들이 학교생활을 예측하는 데 많은 도움을 줄 수 있다. 가장 나쁜 방법은 폭력 사안이 발생한 후에 이러한 내용들을 알리는 것이다. 국가적으로 중대한 일이 발생하면 곧이어 정부대책이 발표된다. 하지만 적지 않은 사람들이 그 실효성에 의문을 가진다. 이처럼 학급 내에서 어떤 일이 발생하고 난 후에 각종 대책을 말하면 학생들은 그 실효성에 의문을 가지기 마련이다. 따라서 오리엔테이션은 학기 초에 실시하는 것이 무엇보다 중요하다.

이상으로 우리는 Olweus의 학교폭력 예방프로그램을 중심으로 학교와 학급장면에서 학교폭력 예방 및 대처를 위한 방법들을 살펴보았다. 여기서 제시하는 방법들은 학교폭력 예방을 위해 학교와 학급에서 꼭 실천해야 하는 기초적인 것들이다. 이 토대 위에 각 학교와 학급마다 창조적이고 특색 있는 대책 또는 방법들이 개발된다면 모두가 바라는 안전하고도 행복한 학교를 만들 수 있을 것이다. 또한 교육부가 운영하고 있는 학교폭력예방 포털 서비스(http://www.stopbullying.or.kr)에 학교 및 학급에서 활용할 수 있는 다양한 자료들을 많이 탑재되어 있다는 점을 참고하기 바란다.

학교폭력 예방 및 대책에 관한 법률

[시행 2014.1.31] [법률 제11948호, 2013.7.30, 일부개정]

교육부 (학교폭력대책과) 02-2100-6659

제1조(목적) 이 법은 학교폭력의 예방과 대책에 필요한 사항을 규정함으로써 피해 학생의 보호, 가해 학생의 선도·교육 및 피해 학생과 가해 학생 간의 분쟁조정을 통하여 학생의 인권을 보호하고 학생을 건전한 사회구성원으로 육성함을 목적으로 한다.

제2조(정의) 이 법에서 사용하는 용어의 정의는 다음 각 호와 같다. 〈개정 2009.5.8, 2012.1.26, 2012.3.21〉

1. '학교폭력'이란 학교 내외에서 학생을 대상으로 발생한 상해, 폭행, 감금, 협박, 약취·유인, 명예훼손·모욕, 공갈, 강요·강제적인 심부름 및 성폭력, 따돌림, 사이버 따돌림, 정보통신망을 이용한 음란·폭력 정보 등에 의하여 신체·정신 또는 재산상의 피해를 수반하는 행위를 말한다.

1의2. '따돌림'이란 학교 내외에서 2명 이상의 학생들이 특정인이나 특정집단의 학생들을 대상으로 지속적이거나 반복적으로 신체적 또는 심리적 공격을 가하여 상대방이 고통을 느끼도록 하는 일체의 행위를 말한다.

1의3. '사이버 따돌림'이란 인터넷, 휴대전화 등 정보통신기기를 이용하여 학생들이 특정 학생들을 대상으로 지속적, 반복적으로 심리적 공격을 가하거나, 특정 학생과 관련된 개인정보 또는 허위사실을 유포하여 상대방이 고통을 느끼도록 하는 일체의 행위를 말한다.

2. '학교'란「초·중등교육법」제2조에 따른 초등학교·중학교·고등학교·특수학교 및 각종 학교와 같은 법 제61조에 따라 운영하는 학교를 말한다.

3. '가해 학생'이란 가해자 중에서 학교폭력을 행사하거나 그 행위에 가담한 학생을 말한다.

4. '피해 학생'이란 학교폭력으로 인하여 피해를 입은 학생을 말한다.

5. '장애학생'이란 신체적·정신적·지적 장애 등으로「장애인 등에 대한 특수교육법」제15조

에서 규정하는 특수교육을 필요로 하는 학생을 말한다.

제3조(해석·적용의 주의의무) 이 법을 해석·적용함에 있어서 국민의 권리가 부당하게 침해되지 아니하도록 주의하여야 한다.

제4조(국가 및 지방자치단체의 책무) ① 국가 및 지방자치단체는 학교폭력을 예방하고 근절하기 위하여 조사·연구·교육·계도 등 필요한 법적·제도적 장치를 마련하여야 한다.

② 국가 및 지방자치단체는 청소년 관련 단체 등 민간의 자율적인 학교폭력 예방활동과 피해 학생의 보호 및 가해 학생의 선도·교육활동을 장려하여야 한다.

③ 국가 및 지방자치단체는 제2항에 따른 청소년 관련 단체 등 민간이 건의한 사항에 대하여는 관련 시책에 반영하도록 노력하여야 한다.

④ 국가 및 지방자치단체는 제1항부터 제3항까지의 규정에 따른 책무를 다하기 위하여 필요한 행정적·재정적 지원을 하여야 한다.〈개정 2012.3.21〉

제5조(다른 법률과의 관계) ① 학교폭력의 규제, 피해 학생의 보호 및 가해 학생에 대한 조치에 있어서 다른 법률에 특별한 규정이 있는 경우를 제외하고는 이 법을 적용한다.

② 제2조제1호 중 성폭력은 다른 법률에 규정이 있는 경우에는 이 법을 적용하지 아니한다.

제6조(기본계획의 수립 등) ① 교육부장관은 이 법의 목적을 효율적으로 달성하기 위하여 학교폭력의 예방 및 대책에 관한 정책 목표·방향을 설정하고, 이에 따른 학교폭력의 예방 및 대책에 관한 기본계획(이하 '기본계획'이라 한다)을 제7조에 따른 학교폭력대책위원회의 심의를 거쳐 수립·시행하여야 한다.〈개정 2012.3.21, 2013.3.23〉

② 기본계획은 다음 각 호의 사항을 포함하여 5년마다 수립하여야 한다. 이 경우 교육부장관은 관계 중앙행정기관 등의 의견을 수렴하여야 한다.〈개정 2012.3.21, 2013.3.23〉

1. 학교폭력의 근절을 위한 조사·연구·교육 및 계도

2. 피해 학생에 대한 치료·재활 등의 지원

3. 학교폭력 관련 행정기관 및 교육기관 상호 간의 협조·지원

4. 제14조제1항에 따른 전문상담교사의 배치 및 이에 대한 행정적·재정적 지원

5. 학교폭력의 예방과 피해 학생 및 가해 학생의 치료·교육을 수행하는 청소년 관련 단체(이하 '전문단체'라 한다) 또는 전문가에 대한 행정적·재정적 지원

6. 그 밖에 학교폭력의 예방 및 대책을 위하여 필요한 사항

③ 교육부장관은 대통령령으로 정하는 바에 따라 특별시·광역시·특별자치시·도 및 특별자치도(이하 '시·도'라 한다) 교육청의 학교폭력 예방 및 대책과 그에 대한 성과를 평가하고, 이를 공표하여야 한다.〈신설 2012.1.26, 2013.3.23〉

제7조(학교폭력대책위원회의 설치·기능) 학교폭력의 예방 및 대책에 관한 다음 각 호의 사항을 심의하기 위하여 국무총리 소속으로 학교폭력대책위원회(이하 '대책위원회'라 한다)를 둔다. 〈개정 2012.3.21〉

1. 학교폭력의 예방 및 대책에 관한 기본계획의 수립 및 시행에 대한 평가

2. 학교폭력과 관련하여 관계 중앙행정기관 및 지방자치단체의 장이 요청하는 사항

3. 학교폭력과 관련하여 교육청, 제9조에 따른 학교폭력대책지역위원회, 제10조의2에 따른 학교폭력대책지역협의회, 제12조에 따른 학교폭력대책자치위원회, 전문단체 및 전문가가 요청하는 사항

[제목개정 2012.3.21]

제8조(대책위원회의 구성) ① 대책위원회는 위원장 2명을 포함하여 20명 이내의 위원으로 구성한다.

② 위원장은 국무총리와 학교폭력 대책에 관한 전문지식과 경험이 풍부한 전문가 중에서 대통령이 위촉하는 사람이 공동으로 되고, 위원장 모두가 부득이한 사유로 직무를 수행할 수 없을 때에는 국무총리가 지명한 위원이 그 직무를 대행한다.

③ 위원은 다음 각 호의 사람 중에서 대통령령이 위촉하는 사람으로 한다. 다만, 제1호의 경우에는 당연직 위원으로 한다. 〈개정 2013.3.23〉

1. 기획재정부장관, 미래창조과학부장관, 교육부장관, 법무부장관, 안전행정부장관, 문화체육관광부장관, 보건복지부장관, 여성가족부장관, 방송통신위원회 위원상, 경찰청장

2. 학교폭력 대책에 관한 전문지식과 경험이 풍부한 전문가 중에서 제1호의 위원이 각각 1명씩 추천하는 사람

3. 관계 중앙행정기관에 소속된 3급 공무원 또는 고위공무원단에 속하는 공무원으로서 청소년 또는 의료 관련 업무를 담당하는 사람

4. 대학이나 공인된 연구기관에서 조교수 이상 또는 이에 상당한 직에 있거나 있었던 사람으로서 학교폭력 문제 및 이에 따른 상담 또는 심리에 관하여 전문지식이 있는 사람

5. 판사·검사·변호사

6. 전문단체에서 청소년보호활동을 5년 이상 전문적으로 담당한 사람

7. 의사의 자격이 있는 사람

8. 학교운영위원회 활동 및 청소년보호활동 경험이 풍부한 학부모

④ 위원장을 포함한 위원의 임기는 2년으로 하되, 1차에 한하여 연임할 수 있다.

⑤ 위원회의 효율적 운영 및 지원을 위하여 간사 1명을 두되, 간사는 교육부장관이 된다. 〈개정 2013.3.23〉

⑥ 위원회에 상정할 안건을 미리 검토하는 등 안건 심의를 지원하고, 위원회가 위임한 안건을 심의하기 위하여 대책위원회에 학교폭력대책실무위원회(이하 '실무위원회'라 한다)를 둔다.

⑦ 그 밖에 대책위원회의 운영과 실무위원회의 구성·운영에 필요한 사항은 대통령령으로 정한다.

[전문개정 2012.3.21]

제9조(학교폭력대책지역위원회의 설치) ① 지역의 학교폭력 문제를 해결하기 위하여 시·도에 학교폭력대책지역위원회(이하 '지역위원회'라 한다)를 둔다.〈개정 2012.1.26〉

1. 학교폭력의 근절을 위한 조사·연구·교육 및 계도

2. 피해 학생에 대한 치료·재활 등의 지원

3. 학교폭력 관련 행정기관 및 교육기관 상호 간의 협조·지원

4. 제14조제1항에 따른 전문상담교사의 배치 및 이에 대한 행정적·재정적 지원

5. 학교폭력의 예방과 피해 학생 및 가해 학생의 치료·교육을 수행하는 청소년 관련 단체(이하 '전문단체'라 한다) 또는 전문가에 대한 행정적·재정적 지원

6. 그 밖에 학교폭력의 예방 및 대책을 위하여 필요한 사항

③ 교육부장관은 대통령령으로 정하는 바에 따라 특별시·광역시·특별자치시·도 및 특별자치도(이하 '시·도'라 한다) 교육청의 학교폭력 예방 및 대책과 그에 대한 성과를 평가하고, 이를 공표하여야 한다.〈신설 2012.1.26, 2013.3.23〉

제7조(학교폭력대책위원회의 설치·기능) 학교폭력의 예방 및 대책에 관한 다음 각 호의 사항을 심의하기 위하여 국무총리 소속으로 학교폭력대책위원회(이하 '대책위원회'라 한다)를 둔다.〈개정 2012.3.21〉

1. 학교폭력의 예방 및 대책에 관한 기본계획의 수립 및 시행에 대한 평가

2. 학교폭력과 관련하여 관계 중앙행정기관 및 지방자치단체의 장이 요청하는 사항

3. 학교폭력과 관련하여 교육청, 제9조에 따른 학교폭력대책지역위원회, 제10조의2에 따른 학교폭력대책지역협의회, 제12조에 따른 학교폭력대책자치위원회, 전문단체 및 전문가가 요청하는 사항

[제목개정 2012.3.21]

제8조(대책위원회의 구성) ① 대책위원회는 위원장 2명을 포함하여 20명 이내의 위원으로 구성한다.

② 위원장은 국무총리와 학교폭력 대책에 관한 전문지식과 경험이 풍부한 전문가 중에서 대통령이 위촉하는 사람이 공동으로 되고, 위원장 모두가 부득이한 사유로 직무를 수행할 수 없을 때에는 국무총리가 지명한 위원이 그 직무를 대행한다.

③ 위원은 다음 각 호의 사람 중에서 대통령이 위촉하는 사람으로 한다. 다만, 제1호의 경우에는 당연직 위원으로 한다. 〈개정 2013.3.23〉

1. 기획재정부장관, 미래창조과학부장관, 교육부장관, 법무부장관, 안전행정부장관, 문화체육관광부장관, 보건복지부장관, 여성가족부장관, 방송통신위원회 위원장, 경찰청장

2. 학교폭력 대책에 관한 전문지식과 경험이 풍부한 전문가 중에서 제1호의 위원이 각각 1명씩 추천하는 사람

3. 관계 중앙행정기관에 소속된 3급 공무원 또는 고위공무원단에 속하는 공무원으로서 청소년 또는 의료 관련 업무를 담당하는 사람

4. 대학이나 공인된 연구기관에서 조교수 이상 또는 이에 상당한 직에 있거나 있었던 사람으로서 학교폭력 문제 및 이에 따른 상담 또는 심리에 관하여 전문지식이 있는 사람

5. 판사 · 검사 · 변호사

6. 전문단체에서 청소년보호활동을 5년 이상 전문적으로 담당한 사람

7. 의사의 자격이 있는 사람

8. 학교운영위원회 활동 및 청소년보호활동 경험이 풍부한 학부모

④ 위원장을 포함한 위원의 임기는 2년으로 하되, 1차에 한하여 연임할 수 있다.

⑤ 위원회의 효율적 운영 및 지원을 위하여 간사 1명을 두되, 간사는 교육부장관이 된다.〈개정 2013.3.23〉

⑥ 위원회에 상정할 안건을 미리 검토하는 등 안건 심의를 지원하고, 위원회가 위임한 안건을 심의하기 위하여 대책위원회에 학교폭력대책실무위원회(이하 '실무위원회'라 한다)를 둔다.

⑦ 그 밖에 대책위원회의 운영과 실무위원회의 구성 · 운영에 필요한 사항은 대통령령으로 정한다.

[전문개정 2012.3.21]

제9조(학교폭력대책지역위원회의 설치) ① 지역의 학교폭력 문제를 해결하기 위하여 시 · 도에 학교폭력대책지역위원회(이하 '지역위원회'라 한나)를 둔나. 〈개성 2012.1.26〉

② 특별시장 · 광역시장 · 특별자치시장 · 도지사 및 특별자치도지사는 지역위원회의 운영 및 활동에 관하여 시 · 도의 교육감(이하 '교육감'이라 한다)과 협의하여야 하며, 그 효율적인 운영을 위하여 실무위원회를 둘 수 있다.〈개정 2012.1.26〉

③ 지역위원회는 위원장 1인을 포함한 11인 이내의 위원으로 구성한다.

④ 지역위원회 및 제2항에 따른 실무위원회의 구성 · 운영에 필요한 사항은 대통령령으로 정한다.

제10조(학교폭력대책지역위원회의 기능 등) ① 지역위원회는 기본계획에 따라 지역의 학교폭력 예방 대책을 매년 수립한다.

② 지역위원회는 해당 지역에서 발생한 학교폭력에 대하여 교육감 및 지방경찰청장에게 관련 자료를 요청할 수 있다.

③ 교육감은 지역위원회의 의견을 들어 제16조제1항제1호부터 제3호까지나 제17조제1항제5호에 따른 상담 · 치료 및 교육을 담당할 상담 · 치료 · 교육 기관을 지정하여야 한다.〈개정 2012.1.26〉

④ 교육감은 제3항에 따른 상담 · 치료 · 교육 기관을 지정한 때에는 해당 기관의 명칭, 소재지, 업무를 인터넷 홈페이지에 게시하고, 그 밖에 다양한 방법으로 학부모에게 알릴 수 있도록 노력하여야 한다.〈신설 2012.1.26〉

[제목개정 2012.1.26]

제10조의2(학교폭력대책지역협의회의 설치 · 운영) ① 학교폭력예방 대책을 수립하고 기관별 추진계획 및 상호 협력 · 지원 방안 등을 협의하기 위하여 시 · 군 · 구에 학교폭력대책지역협의회(이하 '지역협의회'라 한다)를 둔다.

② 지역협의회는 위원장 1명을 포함한 20명 내외의 위원으로 구성한다.

③ 그 밖에 지역협의회의 구성 · 운영에 필요한 사항은 대통령령으로 정한다.

[본조신설 2012.3.21]

제11조(교육감의 임무) ① 교육감은 시 · 도교육청에 학교폭력의 예방과 대책을 담당하는 전담부서를 설치 · 운영하여야 한다.

② 교육감은 관할 구역 안에서 학교폭력이 발생한 때에는 해당 학교의 장 및 관련 학교의 장에게 그 경과 및 결과의 보고를 요구할 수 있다.

③ 교육감은 관할 구역 안의 학교폭력이 관할 구역 외의 학교폭력과 관련이 있는 때에는 그 관할 교육감과 협의하여 적절한 조치를 취하여야 한다.

④ 교육감은 학교의 장으로 하여금 학교폭력의 예방 및 대책에 관한 실시계획을 수립 · 시행하도록 하여야 한다.

⑤ 교육감은 제12조에 따른 자치위원회가 처리한 학교의 학교폭력빈도를 학교의 장에 대한 업무수행 평가에 부정적 자료로 사용하여서는 아니 된다.

⑥ 교육감은 제17조제1항제8호에 따른 전학의 경우 그 실현을 위하여 필요한 조치를 취하여야 하며, 제17조제1항제9호에 따른 퇴학처분의 경우 해당 학생의 건전한 성장을 위하여 다른 학교 재입학 등의 적절한 대책을 강구하여야 한다.〈개정 2012.1.26, 2012.3.21〉

⑦ 교육감은 대책위원회 및 지역위원회에 관할 구역 안의 학교폭력의 실태 및 대책에 관한 사항을 보고하고 공표하여야 한다. 관할 구역 밖의 학교폭력 관련 사항 중 관할 구역 안의 학교와 관련된 경우에도 또한 같다.〈개정 2012.1.26, 2012.3.21〉

⑧ 교육감은 학교폭력의 실태를 파악하고 학교폭력에 대한 효율적인 예방대책을 수립하기 위하여 학교폭력 실태조사를 연 2회 이상 실시하여야 한다.〈신설 2012.3.21〉

⑨ 교육감은 학교폭력 등에 관한 조사, 상담, 치유프로그램 운영 등을 위한 전문기관을 설치·운영할 수 있다.〈신설 2012.3.21〉

⑩ 교육감은 관할 구역에서 학교폭력이 발생한 때에 해당 학교의 장 또는 소속 교원이 그 경과 및 결과를 보고함에있어 축소 및 은폐를 시도한 경우에는 「교육공무원법」 제50조 및 「사립학교법」 제62조에 따른 징계위원회에 징계의결을 요구하여야 한다.〈신설 2012.3.21〉

⑪ 교육감은 관할 구역에서 학교폭력의 예방 및 대책 마련에 기여한 바가 큰 학교 또는 소속 교원에게 상훈을 수여하거나 소속 교원의 근무성적 평정에 가산점을 부여할 수 있다.〈신설 2012.3.21〉

⑫ 제1항에 따라 설치되는 전담부서의 구성과 제8항에 따라 실시하는 학교폭력 실태조사 및 제9항에 따른 전문기관의 설치에 필요한 사항은 대통령령으로 정한다.〈개정 2012.3.21〉

제11조의2(학교폭력 조사·상담 등) ① 교육감은 학교폭력 예방과 사후조치 등을 위하여 다음 각 호의 조사·상담 등을 수행할 수 있다.

1. 학교폭력 피해 학생 상담 및 가해 학생 조사

2. 필요한 경우 가해 학생 학부모 조사

3. 학교폭력 예방 및 대책에 관한 계획의 이행 지도

4. 관할 구역 학교폭력서클 단속

5. 학교폭력 예방을 위하여 민간 기관 및 업소 출입·검사

6. 그 밖에 학교폭력 등과 관련하여 필요로 하는 사항

② 교육감은 제1항의 조사·상담 등의 업무를 대통령령으로 정하는 기관 또는 단체에 위탁할 수 있다.

③ 교육감 및 제2항에 따른 위탁 기관 또는 단체의 장은 제1항에 따른 조사·상담 등의 업무를 수행함에 있어 필요한 경우 관계 기관의 장에게 협조를 요청할 수 있다.

④ 제1항에 따라 조사·상담 등을 하는 관계 직원은 그 권한을 표시하는 증표를 지니고 이를 관계인에게 보여주어야 한다.

⑤ 제1항제1호 및 제4호의 조사 등의 결과는 학교의 장 및 보호자에게 통보하여야 한다.

[본조신설 2012.3.21]

제11조의3(관계 기관과의 협조 등) ① 교육부장관, 교육감, 지역 교육장, 학교의 장은 학교폭력과 관련한 개인정보 등을 경찰청장, 지방경찰청장, 관할 경찰서장 및 관계 기관의 장에게 요청할 수 있다.〈개정 2013.3.23〉

② 제1항에 따라 정보제공을 요청받은 경찰청장, 지방경찰청장, 관할 경찰서장 및 관계 기관의 장은 특별한 사정이 없으면 이에 응하여야 한다.

③ 제1항 및 제2항에 따른 관계 기관과의 협조 사항 및 절차 등에 필요한 사항은 대통령령으로 정한다.

[본조신설 2012.3.21]

제12조(학교폭력대책자치위원회의 설치 · 기능) ① 학교폭력의 예방 및 대책에 관련된 사항을 심의하기 위하여 학교에 학교폭력대책자치위원회(이하 '자치위원회'라 한다)를 둔다. 다만, 자치위원회 구성에 있어 대통령령으로 정하는 사유가 있는 경우에는 교육감의 보고를 거쳐 둘 이상의 학교가 공동으로 자치위원회를 구성할 수 있다.〈개정 2012.1.26〉

② 자치위원회는 학교폭력의 예방 및 대책 등을 위하여 다음 각 호의 사항을 심의한다.〈개정 2012.1.26〉

1. 학교폭력의 예방 및 대책수립을 위한 학교 체제 구축

2. 피해 학생의 보호

3. 가해 학생에 대한 선도 및 징계

4. 피해 학생과 가해 학생 간의 분쟁조정

5. 그 밖에 대통령령으로 정하는 사항

③ 자치위원회는 해당 지역에서 발생한 학교폭력에 대하여 학교장 및 관할 경찰서장에게 관련 자료를 요청할 수 있다.〈신설 2012.3.21〉

④ 자치위원회의 설치 · 운영 등에 필요한 사항은 지역 및 학교의 규모 등을 고려하여 대통령령으로 정한다.〈개정 2012.3.21〉

제13조(자치위원회의 구성 · 운영) ① 자치위원회는 위원장 1인을 포함하여 5인 이상 10인 이하의 위원으로 구성하되, 대통령령으로 정하는 바에 따라 전체위원의 과반수를 학부모전체회의에서 직접 선출된 학부모대표로 위촉하여야 한다. 다만, 학부모전체회의에서 학부모대표를 선출하기 곤란한 사유가 있는 경우에는 학급별 대표로 구성된 학부모대표회의에서 선출된 학부모대표로 위촉할 수 있다.〈개정 2011.5.19〉

② 자치위원회는 분기별 1회 이상 회의를 개최하고, 자치위원회의 위원장은 다음 각 호의 어

느 하나에 해당하는 경우에 회의를 소집하여야 한다.〈신설 2011.5.19, 2012.1.26, 2012.3.21〉

1. 자치위원회 재적위원 4분의 1 이상이 요청하는 경우

2. 학교의 장이 요청하는 경우

3. 피해 학생 또는 그 보호자가 요청하는 경우

4. 학교폭력이 발생한 사실을 신고받거나 보고받은 경우

5. 가해 학생이 협박 또는 보복한 사실을 신고받거나 보고받은 경우

6. 그 밖에 위원장이 필요하다고 인정하는 경우

③ 자치위원회는 회의의 일시, 장소, 출석위원, 토의내용 및 의결사항 등이 기록된 회의록을 작성 · 보존히여야 힌다.〈신설 2011.5.19〉

④ 그 밖에 자치위원회의 구성 · 운영에 필요한 사항은 대통령령으로 정한다.〈개정 2011.5.19〉

[제목개정 2011.5.19]

제14조(전문상담교사 배치 및 전담기구 구성) ① 학교의 장은 학교에 대통령령으로 정하는 바에 따라 상담실을 설치하고, 「초 · 중등교육법」 제19조의2에 따라 전문상담교사를 둔다.

② 전문상담교사는 학교의 장 및 자치위원회의 요구가 있는 때에는 학교폭력에 관련된 피해 학생 및 가해 학생과의 상담결과를 보고하여야 한다.

③ 학교의 장은 교감, 전문상담교사, 보건교사 및 책임교사(학교폭력문제를 담당하는 교사를 말한다) 등으로 학교폭력문제를 담당하는 전담기구(이하 '전담기구'라 한다)를 구성하며, 학교폭력 사태를 인지한 경우 지체 없이 전담기구 또는 소속 교원으로 하여금 가해 및 피해 사실 여부를 확인하도록 한다.〈개정 2012.3.21〉

④ 전담기구는 학교폭력에 대한 실태조사(이하 '실태조사'라 한다)와 학교폭력 예방 프로그램을 구성 · 실시하며, 학교의 장 및 자치위원회의 요구가 있는 때에는 학교폭력에 관련된 조사 결과 등 활동결과를 보고하여야 한다.〈개정 2012.3.21〉

⑤ 피해 학생 또는 피해 학생의 보호자는 피해사실 확인을 위하여 전담기구에 실태조사를 요구할 수 있다.〈신설 2009.5.8, 2012.3.21〉

⑥ 국가 및 지방자치단체는 실태조사에 관한 예산을 지원하고, 관계 행정기관은 실태조사에 협조하여야 하며, 학교의 장은 전담기구에 행정적 · 재정적 지원을 할 수 있다.〈개정 2009.5.8, 2012.3.21〉

⑦ 전담기구는 성폭력 등 특수한 학교폭력사건에 대한 실태조사의 전문성을 확보하기 위하여 필요한 경우 전문기관에 그 실태조사를 의뢰할 수 있다. 이 경우 그 의뢰는 자치위원회 위원장의 심의를 거쳐 학교의 장 명의로 하여야 한다.〈신설 2012.1.26, 2012.3.21〉

⑧ 그 밖에 전담기구 운영 등에 필요한 사항은 대통령령으로 정한다.〈신설 2012.3.21〉

제15조(학교폭력 예방교육 등) ① 학교의 장은 학생의 육체적·정신적 보호와 학교폭력의 예방을 위한 학생들에 대한 교육(학교폭력의 개념·실태 및 대처방안 등을 포함하여야 한다)을 학기별로 1회 이상 실시하여야 한다.〈개정 2012.1.26〉

② 학교의 장은 학교폭력의 예방 및 대책 등을 위한 교직원 및 학부모에 대한 교육을 학기별로 1회 이상 실시하여야 한다.〈개정 2012.3.21〉

③ 학교의 장은 제1항에 따른 학교폭력 예방교육 프로그램의 구성 및 그 운용 등을 전담기구와 협의하여 전문단체 또는 전문가에게 위탁할 수 있다.

④ 교육장은 제1항부터 제3항까지의 규정에 따른 학교폭력 예방교육 프로그램의 구성과 운용 계획을 학부모가 쉽게 확인할 수 있도록 인터넷 홈페이지에 게시하고, 그 밖에 다양한 방법으로 학부모에게 알릴 수 있도록 노력하여야 한다.〈개정 2012.1.26〉

⑤ 그 밖에 학교폭력 예방교육의 실시와 관련한 사항은 대통령령으로 정한다.〈개정 2011.5.19〉

[제목개정 2011.5.19]

제16조(피해 학생의 보호) ① 자치위원회는 피해 학생의 보호를 위하여 필요하다고 인정하는 때에는 피해 학생에 대하여 다음 각 호의 어느 하나에 해당하는 조치(수 개의 조치를 병과하는 경우를 포함한다)를 할 것을 학교의 장에게 요청할 수 있다. 다만, 학교의 장은 피해 학생의 보호를 위하여 긴급하다고 인정하거나 피해 학생이 긴급보호의 요청을 하는 경우에는 자치위원회의 요청 전에 제1호, 제2호 및 제6호의 조치를 할 수 있다. 이 경우 자치위원회에 즉시 보고하여야 한다.〈개정 2012.3.21〉

1. 심리상담 및 조언

2. 일시보호

3. 치료 및 치료를 위한 요양

4. 학급교체

5. 삭제〈2012.3.21〉

6. 그 밖에 피해 학생의 보호를 위하여 필요한 조치

② 자치위원회는 제1항에 따른 조치를 요청하기 전에 피해 학생 및 그 보호자에게 의견진술의 기회를 부여하는 등 적정한 절차를 거쳐야 한다.〈신설 2012.3.21〉

③ 제1항에 따른 요청이 있는 때에는 학교의 장은 피해 학생의 보호자의 동의를 받아 7일 이내에 해당 조치를 하여야 하고 이를 자치위원회에 보고하여야 한다.〈개정 2012.3.21〉

④ 제1항의 조치 등 보호가 필요한 학생에 대하여 학교의 장이 인정하는 경우 그 조치에 필요한 결석을 출석일수에 산입할 수 있다.〈개정 2012.3.21〉

⑤ 학교의 장은 성적 등을 평가함에 있어서 제3항에 따른 조치로 인하여 학생에게 불이익을 주지 아니하도록 노력하여야 한다.〈개정 2012.3.21〉

⑥ 피해 학생이 전문단체나 전문가로부터 제1항제1호부터 제3호까지의 규정에 따른 상담 등을 받는 데에 사용되는 비용은 가해 학생의 보호자가 부담하여야 한다. 다만, 피해 학생의 신속한 치료를 위하여 학교의 장 또는 피해 학생의 보호자가 원하는 경우에는「학교안전사고 예방 및 보상에 관한 법률」제15조에 따른 학교안전공제회 또는 시·도 교육청이 부담하고 이에 대한 구상권을 행사할 수 있다.〈개정 2012.1.26, 2012.3.21〉

1. 삭제〈2012.3.21〉

2. 삭제〈2012.3.21〉

⑦ 학교의 장 또는 피해 학생의 보호자는 필요한 경우「학교안전사고 예방 및 보상에 관한 법률」제34조의 공제급여를 학교안전공제회에 직접 청구할 수 있다.〈신설 2012.1.26, 2012.3.21〉

⑧ 피해 학생의 보호 및 제6항에 따른 지원범위, 구상범위, 지급절차 등에 필요한 사항은 대통령령으로 정한다.〈신설 2012.3.21〉

제16조의2(장애학생의 보호) ① 누구든지 장애 등을 이유로 장애학생에게 학교폭력을 행사하여서는 아니 된다.

② 자치위원회는 학교폭력으로 피해를 입은 장애학생의 보호를 위하여 장애인전문 상담가의 상담 또는 장애인전문 치료기관의 요양 조치를 학교의 장에게 요청할 수 있다.

③ 제2항에 따른 요청이 있는 때에는 학교의 장은 해당 조치를 하여야 한다. 이 경우 제16조제6항을 준용한다.〈개정 2012.3.21〉

[본조신설 2009.5.8]

제17조(가해 학생에 대한 조치) ① 자치위원회는 피해 학생의 보호와 가해 학생의 선도·교육을 위하여 가해학생에 대하여 다음 각 호의 어느 하나에 해당하는 조치(수 개의 조치를 병과하는 경우를 포함한다)를 할 것을 학교의 장에게 요청하여야 하며, 각 조치별 적용 기준은 대통령령으로 정한다. 다만, 퇴학처분은 의무교육과정에 있는 가해 학생에 대하여는 적용하지 아니한다.〈개정 2009.5.8, 2012.1.26, 2012.3.21〉

1. 피해 학생에 대한 서면사과

2. 피해 학생 및 신고·고발 학생에 대한 접촉, 협박 및 보복행위의 금지

3. 학교에서의 봉사

4. 사회봉사

5. 학내외 전문가에 의한 특별 교육이수 또는 심리치료

6. 출석정지

7. 학급교체

8. 전학

9. 퇴학처분

② 제1항에 따라 자치위원회가 학교의 장에게 가해 학생에 대한 조치를 요청할 때 그 이유가 피해 학생이나 신고·고발 학생에 대한 협박 또는 보복 행위일 경우에는 같은 항 각 호의 조치를 병과하거나 조치 내용을 가중할 수 있다.〈신설 2012.3.21〉

③ 제1항제2호부터 제4호까지 및 제6호부터 제8호까지의 처분을 받은 가해 학생은 교육감이 정한 기관에서 특별교육을 이수하거나 심리치료를 받아야 하며, 그 기간은 자치위원회에서 정한다.〈개정 2012.1.26, 2012.3.21〉

④ 학교의 장은 가해 학생에 대한 선도가 긴급하다고 인정할 경우 우선 제1항제1호부터 제3호까지, 제5호 및 제6호의 조치를 할 수 있으며, 제5호와 제6호는 병과조치할 수 있다. 이 경우 자치위원회에 즉시 보고하여 추인을 받아야 한다.〈개정 2012.1.26, 2012.3.21〉

⑤ 자치위원회는 제1항 또는 제2항에 따른 조치를 요청하기 전에 가해 학생 및 보호자에게 의견진술의 기회를 부여하는 등 적정한 절차를 거쳐야 한다.〈개정 2012.3.21〉

⑥ 제1항에 따른 요청이 있는 때에는 학교의 장은 14일 이내에 해당 조치를 하여야 한다.〈개정 2012.1.26, 2012.3.21〉

⑦ 학교의 장이 제4항에 따른 조치를 한 때에는 가해 학생과 그 보호자에게 이를 통지하여야 하며, 가해 학생이 이를 거부하거나 회피하는 때에는「초·중등교육법」제18조에 따라 징계하여야 한다.〈개정 2012.3.21〉

⑧ 가해 학생이 제1항제3호부터 제5호까지의 규정에 따른 조치를 받은 경우 이와 관련된 결석은 학교의 장이 인정하는 때에는 이를 출석일수에 산입할 수 있다.〈개정 2012.1.26, 2012.3.21〉

⑨ 자치위원회는 가해 학생이 특별교육을 이수할 경우 해당 학생의 보호자도 함께 교육을 받게 하여야 한다.〈개정 2012.3.21〉

⑩ 가해 학생이 다른 학교로 전학을 간 이후에는 전학 전의 피해 학생 소속 학교로 다시 전학 올 수 없도록 하여야 한다.〈신설 2012.1.26, 2012.3.21〉

⑪ 제1항제2호부터 제9호까지의 처분을 받은 학생이 해당 조치를 거부하거나 기피하는 경우 자치위원회는 제7항에도 불구하고 대통령령으로 정하는 바에 따라 추가로 다른 조치를 할 것을 학교의 장에게 요청할 수 있다.〈신설 2012.3.21〉

⑫ 가해 학생에 대한 조치 및 제11조제6항에 따른 재입학 등에 관하여 필요한 사항은 대통령령으로 정한다.〈신설 2012.3.21〉

제17조의2(재심청구) ① 자치위원회 또는 학교의 장이 제16조제1항 및 제17조제1항에 따라 내린 조치에 대하여 이의가 있는 피해 학생 또는 그 보호자는 그 조치를 받은 날부터 15일 이내, 그 조치가 있음을 안 날부터 10일 이내에 지역위원회에 재심을 청구할 수 있다.〈신설 2012.3.21〉

② 자치위원회가 제17조제1항제8호와 제9호에 따라 내린 조치에 대하여 이의가 있는 학생 또는 그 보호자는 그 조치를 받은 날부터 15일 이내, 그 조치가 있음을 안 날로부터 10일 이내에 「초·중등교육법」 제18조의3에 따른 시·도학생징계조정위원회에 재심을 청구할 수 있다.〈개정 2012.3.21〉

③ 지역위원회가 제1항에 따른 재심청구를 받은 때에는 30일 이내에 이를 심사·결정하여 청구인에게 통보하여야 한다.〈신설 2012.3.21〉

제20조의3(정보통신망에 의한 학교폭력 등) 제2조제1호에 따른 정보통신망을 이용한 음란·폭력 정보 등에 의한 신체상·정신상 피해에 관하여 필요한 사항은 따로 법률로 정한다.

[본조신설 2012.3.21]

제20조의4(정보통신망의 이용 등) ① 국가·지방자치단체 또는 교육감은 학교폭력 예방 업무 등을 효과적으로 수행하기 위하여 필요한 경우 정보통신망을 이용할 수 있다.

② 국가·지방자치단체 또는 교육감은 제1항에 따라 정보통신망을 이용하여 학교 또는 학생(학부모를 포함한다)이 학교폭력 예방 업무 등을 수행하는 경우 다음 각 호의 어느 하나에 해당하는 비용의 전부 또는 일부를 지원할 수 있다.

1. 학교 또는 학생(학부모를 포함한다)이 전기통신설비를 구입하거나 이용하는 데 소요되는 비용

2. 학교 또는 학생(학부모를 포함한다)에게 부과되는 전기통신역무 요금

③ 그 밖에 정보통신망의 이용 등에 관하여 필요한 사항은 대통령령으로 정한다.

[본조신설 2012.3.21]

제20조의5(학생보호인력의 배치 등) ① 국가·지방자치단체 또는 학교의 장은 학교폭력을 예방하기 위하여 학교 내에 학생보호인력을 배치하여 활용할 수 있다.

② 다음 각 호의 어느 하나에 해당하는 사람은 학생보호인력이 될 수 없다.〈신설 2013.7.30〉

1. 「국가공무원법」제33조 각 호의 어느 하나에 해당하는 사람

2. 「아동·청소년의 성보호에 관한 법률」에 따른 아동·청소년대상 성범죄 또는 「성폭력범죄의 처벌 등에 관한 특례법」에 따른 성폭력범죄를 범하여 벌금형을 선고받고 그 형이 확정된 날부터 10년이 지나지 아니하였거나, 금고 이상의 형이나 치료감호를 선고받고 그 집행이 끝나거나 집행이 유예·면제된 날부터 10년이 지나지 아니한 사람

3. 「청소년 보호법」제2조제5호가목3) 및 같은 목 7)부터 9)까지의 청소년 출입·고용금지업소의 업주나 종사자

③ 국가·지방자치단체 또는 학교의 장은 제1항에 따른 학생보호인력의 배치 및 활용 업무를 관련 전문기관 또는 단체에 위탁할 수 있다.〈개정 2013.7.30〉

④ 제3항에 따라 학생보호인력의 배치 및 활용 업무를 위탁받은 전문기관 또는 단체는 그 업무를 수행함에 있어 학교의 장과 충분히 협의하여야 한다.〈개정 2013.7.30〉

⑤ 국가·지방자치단체 또는 학교의 장은 학생보호인력으로 배치하고자 하는 사람의 동의를 받아 경찰청장에게 그 사람의 범죄경력을 조회할 수 있다.〈신설 2013.7.30〉

⑥ 제3항에 따라 학생보호인력의 배치 및 활용 업무를 위탁받은 전문기관 또는 단체는 해당 업무를 위탁한 국가·지방자치단체 또는 학교의 장에게 학생보호인력으로 배치하고자 하는 사람의 범죄경력을 조회할 것을 신청할 수 있다.〈신설 2013.7.30〉

⑦ 학생보호인력이 되려는 사람은 국가·지방자치단체 또는 학교의 장에게 제2항 각 호의 어느 하나에 해당하지 아니한다는 확인서를 제출하여야 한다.〈신설 2013.7.30〉

[본조신설 2012.3.21]

제20조의6(영상정보처리기기의 통합 관제) ① 국가 및 지방자치단체는 학교폭력 예방 업무를 효과적으로 수행하기 위하여 교육감과 협의하여 학교 내외에 설치된 영상정보처리기기(「개인정보 보호법」제2조제7호에 따른 영상정보처리기기를 말한다. 이하 이 조에서 같다)를 통합하여 관제할 수 있다. 이 경우 국가 및 지방자치단체는 통합 관제 목적에 필요한 범위에서 최소한의 개인정보만을 처리하여야 하며, 그 목적 외의 용도로 활용하여서는 아니 된다.

② 제1항에 따라 영상정보처리기기를 통합 관제하려는 국가 및 지방자치단체는 공청회·설명회의 개최 등 대통령령으로 정하는 절차를 거쳐 관계 전문가 및 이해관계인의 의견을 수렴하여야 한다.

③ 제1항에 따라 학교 내외에 설치된 영상정보처리기기가 통합 관제되는 경우 해당 학교의 영상정보처리기기운영자는 「개인정보 보호법」제25조제4항에 따른 조치를 통하여 그 사실을 정보주체에게 알려야 한다.

④ 통합 관제에 관하여 이 법에서 규정한 것을 제외하고는 「개인정보 보호법」을 적용한다.

⑤ 그 밖에 영상정보처리기기의 통합 관제에 필요한 사항은 대통령령으로 정한다.

[본조신설 2012.3.21]

제21조(비밀누설금지 등) ① 이 법에 따라 학교폭력의 예방 및 대책과 관련된 업무를 수행하거나 수행하였던 자는 그 직무로 인하여 알게 된 비밀 또는 가해 학생·피해 학생 및 제20조에 따른 신고자·고발자와 관련된 자료를 누설하여서는 아니 된다. 〈개정 2012.1.26〉

② 제1항에 따른 비밀의 구체적인 범위는 대통령령으로 정한다.

③ 제16조, 제16조의2, 제17조, 제17조의2, 제18조에 따른 자치위원회의 회의는 공개하지 아니한다. 다만, 피해 학생·가해 학생 또는 그 보호자가 회의록의 열람·복사 등 회의록 공개를 신청한 때에는 학생과 그 가족의 성명, 주민등록번호 및 주소, 위원의 성명 등 개인정보에 관한 사항을 제외하고 공개하여야 한다. 〈개정 2011.5.19, 2012.3.21〉

제22조(벌칙) ① 제21조제1항을 위반한 자는 300만 원 이하의 벌금에 처한다. 〈개정 2012.3.21〉

② 제17조제9항에 따른 자치위원회의 교육 이수 조치를 따르지 아니한 보호자에게는 300만 원 이하의 과태료를 부과한다. 〈신설 2012.3.21〉

부칙

〈제11948호, 2013.7.30〉

제1조(시행일) 이 법은 공포 후 6개월이 경과한 날부터 시행한다.

제2조(학생보호인력에 대한 적용례) 제20조의5제2항 및 제5항부터 제7항까지의 개정규정은 이 법 시행 후 최초로 배치하는 학생보호인력부터 적용한다.

참고문헌

제1장

Olweus, D. (1993). *Bullying at school: What we know and what we can do.* NY: Blackwell.

제2장

청소년학교폭력예방재단 (2012). 전국학교폭력실태조사 결과.

청소년학교폭력예방재단 (2013). 전국학교폭력실태조사 결과.

LA중앙일보 (2011.1.10). 미 고교내 '집단 괴롭힘' 만연 ⋯학생 41% "왕따 당한 적 있다".

Nansel T. R., Overpeck M., Pilla R. S., Ruan W. J., Simons-Morton B, Scheidt P. (2001). Bullying behaviors among US youth: Prevalence and association with psychosocial adjustment. *Journal of America Medicine Association 285*, 2094–2100.

O'Connell, P., Sedighdeilami, F., Pepler, D. J., Craig, W., Connolly, J., Atlas, R., Smith, C., Charach, A. (1997). *Prevalence of Bullying and Victimization among Canadian Elementary and Middle School Children.* Poster session presented at the meeting of the Society for Research in Child Development, Washington, D.C.

Jing W., Ronald J. I., & Tonja R. N. (2009). School bullying among adolescents in the United States: Physical, verbal, relational, and cyber. *Journal of Adolescent Health*, 45, 368–375.

WHO (2002). *World Report on Violence and Health.*

제3장

김성일 (2005). 가정폭력, 성역할 학습, 학교폭력의 관계. 청소년학연구. 12, 215–241.

김정옥, 박경규 (2002). 청소년의 가정폭력 경험과 학교폭력과의 관계 연구 — 일반청소년과 비행청소년을 중심으로. 한국가족관계학회지, 7, 93–115.

김창군, 임계령 (2010). 소년범죄의 실태와 소년사건처리에 관한 관찰. 제주대학교 법과정책연구소, 국제법무, 2, 33–59.

박민철 (1999). 공격성의 정신분석적 개념. 한국정신분석학회, 10, 3–15.

이성식, 전신현 (2000). 학교에서의 집단괴롭힘의 상황요인과 집단역학과정. 형사정책, 12, 155–

183.

이승출 (2012). 청소년의 가정폭력 노출경험과 학교폭력에 관한 연구. 청소년문화포럼, 29, 116-135.

정승민, 박영주 (2012). 가정 및 학교환경과 인터넷중독이 폭력비행에 미치는 효과분석 : 인터넷 중독의 매개효과 검증. 한국공안행정학회, 48, 273-300.

조춘범, 조남흥 (2011). 청소년의 가정폭력 노출경험이 학교폭력 가해행동에 미치는 영향 연구. 청소년학연구, 4, 75-102.

황혜자, 김종운 역 (2007). 학교 따돌림이 지도와 상담-여러 나라의 연구사례-. 서울: 동문사.

Bushman, B. J., & Huesmann, L. R. (2001). Effects of televised violence on aggression. In D. Singer & J. Singer (Eds.), *handbook of children and the media* (pp. 225-268). Thousand Oaks, CA: Sage Publications.

Elliott D. S, Huizinga D, Menard S. (1989). *Multiple problem youth: Delinquency, substance use, and mental health problems*. New York, NY, Springer-Verlag.

Olweus, D. (1993). *Bullying at school: What we know and what we can do*. NY: Blackwell.

Wadsworth, M. E. J. (1978). Delinquency prediction and its uses: the experience of a 21-year follow-up study. *International Journal of Mental Health*, 7, 43-62.

제4장

교육과학기술부 (2012). 학년도별 교권침해 현황.

김재엽, 이근영 (2010). 학교폭력 피해청소년의 자살생각에 대한 연구. 청소년학연구, 17, 121-149.

김재엽, 정윤경 (2007). 학교폭력 피해경험이 우울에 미치는 영향에서 가족요인의 조절효과. 한국 가족복지학, 19, 5-28.

김현숙 (2013). 지속된 학교폭력 피해경험이 청소년의 신체발달, 사회정서발달, 인지발달에 미치는 영향. 청소년복지연구, 15, 121-143.

윤명숙, 조혜정 (2008). 청소년의 폭력경험유형이 우울 및 음주행위에 미치는 영향 : 가정폭력, 학교폭력, 중복폭력 피해경험을 중심으로. 정신보건과 사회사업, 29, 295-329.

이동은, 한기주, 권세원, 장은혜 (2013). 청소년의 자살생각에 대한 중학생 시기 학교폭력 피해경험의 종단적 영향과 우울의 매개효과. 청소년학연구, 20, 205-231

청소년학교폭력예방재단 (2013). 전국학교폭력실태조사 결과.

이규미, 손강숙 (2013). 폭력 피해 교사의 심리사회적 후유증에 관한 질적 연구. 한국심리학회지 : 학교, 10, 159-178.

이은희, 손정민 (2011). 학교폭력 피해 청소년의 정신건강 영향 요인 연구 ─ 탄력성 모델을 이용하여. 청소년복지연구, 13, 149-171.

한국형사정책연구원 (2012). 교실 내 폭력의 현황과 대책 : 교사의 폭력피해를 중심으로.

홍지영, 유정이 (2013). 학교폭력 사건 피해학생 학부모의 경험에 대한 질적 연구. 청소년상담연구, 21, 107-146.

황혜자, 김종운 역 (2007). 학교 따돌림이 지도와 상담 ─ 여러 나라의 연구사례 ─. 서울 : 동문사.

Fekkes, M., Pijpers, F., & Verloove-Vanhorick, S. (2004). Bullying behavior and associations with psychosomatic complaints and depression in victims. *Journal of Pediatrics*, 144, 17-22.

Maguire, K., & Pastore, A. L. (1998). *Sourcebook of criminal justice statistics* (U.S. Department of Justice, Office of Justice Programs, Bureau of Justice Statistics, NCJ 176356). Washington, DC: U.S. Government Printing Office.

Nagin, D., & Tremblay, R. E. (1999). Trajectories of boys' physical aggression, opposition, and hyperactivity on the path to physically violent and nonviolent juvenile delinquency. *Child Development, 70*, 1181-1196.

제5장

김정옥, 박경규 (2002). 청소년의 가정폭력 경험과 학교폭력과의 관계연구 : 일반청소년과 비행 청소년을 중심으로. 한국가족관계학회지, 7, 93-115.

김정옥, 장덕희 (1999). 가정폭력이 청소년 학교폭력에 미치는 영향. 한국가족관계학회지, 4, 153-186.

장덕희 (2004). 가정폭력 경험이 자녀의 정서적 행동적 사회적 부적응에 미치는 영향. 청소년학연구, 11, 65-91.

청소년학교폭력예방재단 (2013). 전국학교폭력실태조사 결과.

Campbell, S. B., Shaw, D. S. & Gilliom, M. (2000). Early external behaviour problems Toddlers and pre-schoolers at risk for later maladjustment. *Development and psychopathology, 12*, 467-488.

Frank Vitaro, Mara Brendgen, and Edward D. Barker. (2006). Subtypes of aggressive behaviors: A developmental perspective. *International journal of Behavioral Development 30*, 12-19

Office of Juvenile Justice and Delinquency Prevention (1999). *Highlights of Findings From the*

Denver Youth Survey.

Loeber, R., & Farrington, D. P. (1998). Never too early, never too late: Risk factors and successful interventions for serious and violent juvenile offenders. *Studies on Crime and Crime Prevention*, *7*, 7–30.

Olweus, D. (1991). Bully/victim problems among school children: Basic facts and effects of a school based intervention program. In I. Rubin & D. Pepler (Eds.), *The development and treatment of childhood aggression* (pp. 411–447). Hillsdale, NJ: Erlbaum.

제6장

박순진 (2009). 청소년 폭력에 있어서 피해-가해 경험의 발전. 한국정책연구. 20(1), 71–94.

박순진 (2006). 청소년 폭력 비행에 있어서 피해-가해 연계의 변화. 한국정책연구. 17(1), 47–88.

오인수 (2010). 괴롭힘을 목격한 주변인의 행동에 영향을 미치는 심리적 요인: 공감과 공격성을 중심으로. 한국초등교육학회, 23, 45–63.

청소년학교폭력예방재단 (2013). 전국학교폭력실태조사.

Atlas, R. S., & Pepler, D. J (1998). Observations of bullying in the classroom. *Journal of Educational Research*, *92*, 86–99.

Andreou, E. (2001). Bully/victim problems and their association with coping behavior in conflictual peer interactions among school-age children. *Educational Psychology*, *21*(1), 59–66.

Austin, S., & Joseph, S. (1996). Assessment of bully/victim problems in 8 to 11 year-olds. *British Journal of Educational Psychology*, 66, 447–56.

Craig, W. M., & Pepler, D. J. (1995). Peer processes in bullying and victimization: An observational study. *Exceptionality Education Canada*, *5*, 81–95.

Craig, W. M., & Pepler, D. J. (1997). Observations of bullying and victimization in the school yard. *Canadian Journal of School Psychology*, *13*, 41–59.

Espelage, D. L., & Holt, M. K. (2006). Dating violence and sexual harassment across the bully-victim continuum among middle and high school students. *Journal of Youth Adolescence*, *36*, 799–811.

Glew, G. M., Fan, M. Y., Katon, W., Rivara, F. P., & Kernic, M. A. (2005). Bullying, psychosocial adjustment, and academic performance in elementary school. *Archives of Pediatric Adolescence Medicine*, *159*(11), 1026–31.

Georgiou, S. N., & Stavrinides, P. (2008). Bullies, victims and bully-victims: Psychological profiles and attribution styles. *School Psychology International, 29*, 574-589.

Janson, G. R. & Hazler, R. J. (2004). Trauma reactions of bystanders and victims to repetitive abuse experiences. *Violence & Victims, 19*(2), 239-55

Juvonen, J., Graham, S., & Schuster, M. A. (2003). Bullying among young adolescents: the strong, the weak, and the troubled. *Pediatrics, 112*, 1231-7.

Hawkins, D. L., Pepler, D. J., & Craig, W. M. (2001). Naturalistic observations of peer interventions in bullying. *Social Development, 10*, 512-527.

Haynie, D. L., Nansel, T., Eitel, P., Crump, A. D., Saylor, K., Yu, K., & Simons-Morton, B. (2001). Bullies, victims, and bully/victims: Distinct groups of at-risk youth. *Journal of Early Adolescence, 21*, 29-49.

Menesini, E., Modena, M., & Tani, E. (2009). Bullying and victimization in adolescence: Concurrent and stable roles and psychological health symptoms. *Journal of Genetic Psychology, 170*, 115-133.

Nansel, T. R., Craig, W, Overpeck, M. D., Saluja, G., Ruan, W. J., & Health Behaviour in School-aged Children Bullying Analyses Working Group. (2004). Cross-national consistency in the relationship between bullying behaviors and psychosocial adjustment. *Archives of Pediatric Adolescence Medicine, 158*, 730-736.

Perren, S., & Alsaker, F. D. (2006). Social behavior and peer relationships of victims, bully/victims, and bullies in kindergarten. *Journal of Child Psychology Psychiatry, 47*(1), 45-57.

Sourander, A., Jensen, P., Rönning, J. A., Elonheimo, H., Niemelä, S., Helenius, H., Kumpulainen, K., Piha, J., Tamminen, T., Moilanen, I., & Almqvist, F. (2007a). Childhood bullies and victims and their risk of criminality in late adolescence: the Finnish From a Boy to a Man study. *Archives of Pediatric Adolescence Medicine, 161*(6), 546-52.

Stein, J. A., Dukes, R. L., & Warren, J. I. (2007). Adolescent male bullies, victims, and bully-victims: A comparison of psychosocial and behavioral characteristics. *Journal of Pediatric Psychology, 32*, 273-282.

Swearer, S. M., Song, S. Y., Cary, P., Eagle, J., & Mickelson, W. T. (2001). Psychosocial correlates in bullying and victimization: The relationship between depression, anxiety, and bully-victim status. *Journal of Emotion Abuse, 2*, 95-121.

Toblin, R. L., Schwartz, D., Gorman, A. H., Abou-ezzeddine, T. (2005). Social-cognitive and behavioral attributes of aggressive victims of bullying. *Journal of Applied Developmental Psychology*, *26*, 329-346.

Wolke, D., Woods, S., Bloomfield, L., & Karstadt, L. (2000). The Association Between Direct and Relational Bullying and Behavior Problems Among Primary School Children. *Journal of Child Psychology and Psychiatry*, *41*, 989-1002.

Atlas, R. S., & Pepler, D. J (1998). Observations of bullying in the classroom. *Journal of Educational Research*, *92*, 86-99.

제7장

교육부 (2012a). 학교폭력 사안처리 가이드북.

교육부 (2012b). 학교폭력 사안처리 Q & A.

교원대학교 교원능력개발센터 (2013). 학교폭력의 예방과 지도 연수자료.

제8장

관계부처합동 (2012). 학교폭력근절 종합대책. 서울 : 국무총리실 · 교육과학기술부 등.

관계부처합동 (2013). 현장중심 학교폭력대책. 서울 : 국무총리실 · 교육과학기술부 등.

교육인적자원부 외 (2005). 학교폭력 예방 및 대책 5개년 기본계획(2005~2009).

교육과학기술부 외 (2009). 학교폭력 예방 및 대책 5개년 기본계획(2010~2014).

노성덕 (2006). 고등학교 또래상담 정착과정에 대한 연구. 서울대학교 대학원 박사학위논문.

뉴스와이어 (2014.3.14). '현장중심 학교폭력 대책' 14년 추진계획 발표 http://www.newswire.co.kr/newsRead.php?no=740173

이민희, 이명숙, 이춘화, 정화욱 (1998). 청소년폭력 대책 모델 개발 : 청소년폭력예방 지역사회 네트워크 개발을 중심으로. 서울 : 한국청소년개발원.

한유경 외 (2013). 현장중심 학교폭력 예방 대책 수립을 위한 연구. 교육부.

제9장

교육부 (2012). 학교폭력 사안처리 가이드북.

김학일 (2005). 학교폭력 예방 및 대책에 관한 법률 일부개정안.「학교폭력 예방 및 대책에 관한 법률 전부개정법률안(이주호의원 대표발의)」에 관한 공청회. 교육위원회.

문용린, 이승수 (2010). Issue Paper : 학교폭력의 현황과 과제. 한국교육개발원

박병식 (2005). 학교폭력법의 개정방향.「학교폭력 예방 및 대책에 관한 법률 전부개정법률안(이주호의원 대표발의)」에 관한 공청회. 교육위원회.

박주형, 정제영, 김성기 (2012). 학교폭력예방 및 대책에 관한 법률과 동법 시행령의 문제점 및 개선방안 연구. 교육행정학연구, 30(4), 305-325.

법제처. 학교폭력 예방 및 대책에 관한 법률 시행령(http://www.law.go.kr/lsSc.do?menuId=0&subMenu=1&query=%ED%95%99%EA%B5%90%ED%8F%AD%EB%A0%A5#liBgcolor1)

법제처. 학교폭력 예방 및 대책에 관한 법률(http://www.law.go.kr/lsSc.do?menuId= 0&subMenu=1&query=%ED%95%99%EA%B5%90%ED%8F%AD%EB%A0%A5#liBgcolor0)

송태호 (2005). 학교폭력 예방 및 대책에 관한 법률 전부개정안.「학교폭력예방및대책에관한법률 전부개정법률안(이주호의원 대표발의)」에 관한 공청회. 교육위원회.

원혜욱 (2004). 학교폭력 예방 및 대책에 관한 법률의 문제점 및 개선방안. 소년보호연구, 7, 113-135.

이미경 (2005). 학교폭력 정의에 '성폭력'이 포함되어야.「학교폭력예방및대책에관한법률 전부개정법률안(이주호의원 대표발의)」에 관한 공청회. 교육위원회.

이민희, 이명숙, 이춘화, 정화욱 (1998). 청소년폭력 대책 모델 개발 : 청소년폭력 예방 지역사회 네트워크 개발을 중심으로. 서울 : 한국청소년개발원.

제10장

교육부 (2012a). 학교폭력 사안처리 가이드북.

교육부 (2012b). 학교폭력 사안처리 Q & A.

제11장

고성혜, 이완수, 정진희, 송말희 (2003). 학교폭력 가해학생 선도. 교육 프로그램 모형 개발. 청소년보호위원회.

곽영길 (2007). 학교폭력 피해에 대한 인식과 경험에 관한 연구. 동국대학교 박사학위논문.

곽형곤 (2013). 부모로부터의 학대경험이 학교폭력 가해행동에 미치는 영향. 동국대학교 대학원 석사학위논문.

곽형식 (1999). 십대 아동청소년기의 발달특성과 집단역동지도방안 고찰. 경산대학교 학생생활연구, 5(1), 1-22.

교육부 (2012). 학교폭력 예방 및 근절 우수사례집. www.moe.go.kr

금명자, 오혜영, 조은경, 백현주, 신주연 (2005). 학교폭력 예방 및 대처를 위한 연계체제 구축 방안. 한국청소년상담원 청소년상담연구.

김연, 황혜정 (2005). 부모와 자녀가 지각한 촉진적 의사소통이 아동의 문제행동에 미치는 영향. 열린유아교육연구, 10(4), 69-88.

김재엽, 이근영 (2010). 청소년의 음주 및 흡연경험이 학교폭력 가해행동에 미치는 영향 : 부모-자녀 상호작용의 조절효과를 중심으로. 청소년복지연구, 12(2), 53-74

김재엽, 이순호 (2011). 청소년의 부모 간 폭력 목격경험이 학교폭력 가해에 미치는 영향과 학교폭력 가해자 부모교육 및 피해자 부모교육프로그램의 개발과 효과성 평가. 공격성의 매개효과: 군산지역 청소년을 대상으로. 한국사회복지조사연구, 26, 109-137.

김재엽, 정윤경, 이진석 (2008). 부모 간 폭력 목격경험이 학교폭력 가해에 미치는 영향과 지지적 사회관계망의 조절효과. 청소년학연구, 15(4), 89-115.

노컷뉴스 (2013.9.2). 왕따시켰다며 학교 찾아가 폭행하고 20차례 고소. http://www.nocutnews.co.kr/news/1092988

도기봉 (2008). 학교폭력에 영향을 미치는 학교요인에 대한 부모양육태도의 조절효과. 사회복지개발연구, 14(4), 309-326.

문용린 외 (2005). 학교폭력 예방과 상담. 서울 : 학지사.

박효정, 정미경, 박종효 (2006). 학교폭력 대처를 위한 지원체계 구축 연구. 한국교육개발원.

박효정, 정미경, 박종효 (2007). 학교폭력 대처를 위한 지원체제 모형 타당화 연구. 한국교육개발원.

법률신문 (2013. 8. 19). 학교폭력 피해학생에 '비난 댓글' 가해자 학부모 결국 : 학폭피해자 두 번 울린 가해자 학부모. http://www.lawtimes.co.kr/LawNews/News/NewsContents.aspx?serial=77629&kind=AA01

아영아, 정원철 (2007). 부모위험요인이 학교폭력 가해행위에 이르는 발달경로. 청소년학연구, 14(3), 29-52.

여성가족부 (2013). 가출 팸 실태조사 및 정책과제 발굴.

오미경, 안지영, 김지신 (2013). 아동의 감각추구성향이 학교폭력 가해경험에 미치는 영향 부모와의 의사소통의 조절효과 청소년학연구. 아동학회지, 32(6), 63-79.

윤명숙, 이묘숙, 민수영 (2012). 청소년이 지각한 부모의 부부갈등이 학교폭력 가해경험에 미치는 영향 우울의 매개효과 검증. 청소년복지연구, 14(4), 237-259.

윤철경, 조흥식, 김향초, 이규미, 우정자, 윤진선 (2006). 위기청소년 지역사회 안전망 실태와 발전방안. 한국청소년개발원 연구보고서.

이민희, 이명숙, 이춘화, 정화욱 (1998). 청소년폭력 대책 모델 개발 : 청소년폭력 예방 지역사회 네트워크 개발을 중심으로. 서울 : 한국청소년개발원.

이민희, 이장현, 오해섭, 신순갑 (2006). 학교폭력 대책을 위한 지역사회 네트워크의 실천적 운영에 관한 연구. 서울 : 한국청소년개발원.

이민희, 임영식, 이진숙 (2003). 지역사회 네트워크를 통한 청소년폭력 대책 연구. 서울 : 한국청소년개발원.

이복실 (2007). 중학생이 인지하는 부모 양육행동이 자아존중감, 공격성, 학교폭력 경험 및 폭력허용도에 미치는 영향. 한국학교사회복지학회지, 23, 25-50.

이연 (2007). 지역사회 청소년보호체계 모형개발에 관한 연구. 강남대학교 박사학위논문.

임영식 (1998). 학교폭력에 영향을 미치는 요인에 관한 연구. 청소년학연구, 5(3), 1-26.

정제영 (2014). 학업중단 예방정책의 발전 방향. 한국청소년상담복지개발원 학업중단 예방 및 학교 밖 청소년지원 활성화를 위한 토론회 자료집.

정현주, 이호준, 김하나 (2012). 학교폭력 가피해자 부모교육 프로그램. 한국청소년상담복지개발원 청소년상담연구.

정현주, 최수미, 김하나 (2012). 학교폭력 문제해결을 위한 연계기능 강화 연구. 한국청소년상담복지개발원.

조유진 (2005). 집단괴롭힘 목격과 피해 경험의 가해화 경로에 대한 중재요인. 숙명여자대학교 대학원 박사학위논문.

조춘범 (2010). 청소년의 가정폭력 경험 및 부모-자녀상호작용이 폭력비행에 미치는 영향 : 인터넷게임중독의매개효과검증. 청소년복지연구, 12(1), 93-121.

조춘범, 조남흥 (2011). 청소년의 가정폭력 노출경험이 학교폭력 가해행동에 미치는 영향 연구 자기통제력의 매개효과 검증. 청소년학연구, 18(4), 75-102.

청소년폭력예방재단 (2010). 2009년도 전국 학교폭력 실태조사 보고서. 서울 : 청소년폭력예방재단.

최상근, 김동민, 오인수, 신을진, 김인규, 이일화, 이석영, 최보미 (2011). Wee 프로젝트 운영 성과 분석 및 발전계획 수립 연구. 한국교육개발원.

최인재, 김경준 외 (2007). 학교폭력 피해학생 치유 및 가해학생 선도 프로그램 개발연구. 한국청소년정책연구원.

통계청 (2010). 2010년 청소년 통계. www.kostat.go.kr

표갑수 (2002). 사회복지개론. 서울 : 나남출판사.

한국청소년상담복지개발원 (2013). 가족관계개선사업 사업보고서.

Burke, K., Brennan, L., & Roney, S. (2010). A randomised controlled trial of the efficacy of the ABCD Parenting Young Adolescents Program: rationale and methodology. Child and Adolescent Psychiatry and Mental Health. 4(22), 1-15.

Cassidy, T. (2009). Bullying and victimization in school children : the role of social identity problem-solving style, and family and school context. Social Psychology of Education, 12(1), 63-76.

Eva-Maria, B., Stevens, M., Beecham, J., Byford, S., & Parsonage, M. (2011). Costs and longer-term savings of parenting programmes for the prevention of persistent conduct disorder: a modelling study. *BMC Public Health*, *11*, 803-813.

Georgiou, S. N. (2008). Parental style and child bullying and victimization experiences at school. *Social Psychological Education*, *11*(3), 213-227.

Kim, S. S. (2009). *First and Second Generation in Education of the Asian American Community*. Dotoral dissertation, University of Columbia.

Olweus, D. (1995). Bullying or peer abuse at school: Facts and intervention. *Current Directions in Psychological Science*, *4*, 196-200.

Olweus, D. (2003). A profile of bullying at school. *Educational Leadership*, *60*(6), 12-17.

Osher, D. (2008). *School-and Communisty-Based Apporaches to Preventing Bullying, Suicide and Bad Outcomes*. American Instititues for Research the Counsil of State Governments Healthy States Meeting.

Roberts Jr, W. B., & Morotti, A. (2000). The bully as victim. Professional School *Counseling*, *4*, 148-156.

제12장

김동현, 이규미 (2010). 초등학생의 또래지위와 공격성과의 관계: 선호도, 인기도를 중심으로. 초등교육연구, 23(2), 175-194.

김동현, 이규미 (2012). 초등학생의 사회적 행동특성과 또래지위 관계에서 교사 선호도의 중재효과. 한국심리학회지 : 학교, 9(1), 1-24.

황혜자, 김종운 역 (2007). 학교 따돌림이 지도와 상담-여러 나라의 연구사례-. 서울 : 동문사.

Clemens, E. V., Milson, A., & Cashwell, C. S. (2009) Using Leader-Member Exchange Theory to Examine Principal-School Counselor Relationships, School Counselors' Roles, Job Satisfaction, and Turnover Intentions. *Professional School Counseling*, *13*, 75-85.

Olweus, D. (1993). *Bullying at school: What we know and what we can do*. NY: Blackwell.

Olweus, D., Limber, S. P., Flerx, V., Mullin, N., Riese, J., & Snyder. M. (2007). *Olweus Bullying Prevention Program Schoolwide Guide*. Center City. MN: Hazelden.

Sugai, G., & Horner, R. H. (2002). The evolution of discipline practices: School-wide positive behavior supports. *Child & Family Behavior Therapy, 24*, 23–50.

Ttofi, M. M., & Farrington, D. P. (2009). What works in preventing bullying: Effective elements of anti-bullying programmes. *Journal of Aggression*, Conflict and Peace Research, *1*, 13–24.

찾아보기